von Rosenstiel · Motivation managen

Über die Reihe »Management und Karriere«

In der Reihe »Management und Karriere« werden relevante Fragestellungen der Führung, der Zusammenarbeit und des Personalmanagements von renommierten Hochschulprofessor/innen sowie von erfahrenen Praktikern anwendungsorientiert dargestellt.
Diese Reihe will einen Beitrag zur Verbesserung der Führung und Zusammenarbeit in Unternehmen leisten. Ihr Kennzeichen ist die Verbindung von Praxis und Wissenschaft: Wissenschaftlich fundierte Ergebnisse werden anwendungsorientiert dargestellt und mit Hinweisen für die Umsetzung in der Unternehmenspraxis verbunden. Die komprimierte und anschauliche Darstellung erlaubt es, einen schnellen Überblick über das jeweilige Thema und die damit verbundenen Fragestellungen zu gewinnen.
Die einzelnen Bände richten sich an Praktiker ebenso wie an Wissenschaftler, die sich mit Fragen der Veränderung und Umsetzung in Organisationen beschäftigen, und an Studenten der entsprechenden Fachrichtungen.

Die Herausgeber

Prof. Dr. *Friedemann W. Nerdinger*, Jg. 1950. Seit 1993 Professor für Wirtschafts- und Organisationspsychologie an der Universität Rostock.
Prof. Dr. *Erika Regnet*, Jg. 1962. Seit 1997 Professorin für Personalwirtscbaft und Allgemeine BWL an der FH Würzburg-Schweinfurt.
Prof. Dr. *Lutz von Rosenstiel*, Jg. 1938. Seit 1977 Professor für Wirtschafts- und Organisationspsychologie an der Universität München und Leiter des Institutsbereichs für Organisations- und Wirtschaftspsychologie. Seit 1992 Prorektor der Universität München.

Lutz von Rosenstiel

Motivation managen

Psychologische Erkenntnisse ganz praxisnah

Beltz Verlag · Weinheim, Basel, Berlin

Lektorat: Ingeborg Sachsenmeier

www.beltz.de
Herstellung, Satz: Knecht Verlag, Landau
Druck: Druckhaus Beltz, Hemsbach
Umschlagfoto: Getty Images Deutschland GmbH, München
Printed in Germany

ISBN 3-407-36030-4

Inhaltsverzeichnis

Einführung

Motivation – ein Streit um Worte

Die Psychologie lässt sich als eine Wissenschaft verstehen, die sich mit dem **menschlichen Erleben und Verhalten auf erfahrungswissenschaftliche Weise** – also empirisch – auseinander setzt. Daher ist nahezu jeder in einem vorwissenschaftlichen Sinne Psychologe. Denn es interessiert wohl jeden, was man selbst erlebt oder was andere erleben, was sie tun und wovon all dies abhängt. Eine Wissenschaft, die sich bemüht, in einer fundierten Weise auf diesem Feld Antworten zu geben, darf entsprechend mit dem offenen Ohr breiter Kreise rechnen, die weit über die Fachgrenzen hinausreichen.

So verwundert es nicht, dass populärwissenschaftliche Darstellungen psychologischer Forschungsergebnisse zu Bestsellern werden und Fachworte der Psychologie rasch in die Alltagssprache eindringen. Man denke in diesem Zusammenhang zum Beispiel an Frustration – kurz als »Frust« bezeichnet –, an den Intelligenzquotienten – meist mit »IQ« abgekürzt –, an Neurose, Ödipuskomplex, Traumdeutung, Beziehungsebene, Eltern-Ich, Verdrängung oder auch Motivation. Die Übernahme dieser und vieler anderer Worte in die Alltagssprache bringt Vor- und Nachteile mit sich. Einerseits erleichtert dies die Aufnahme neuer Erkenntnisse auch außerhalb des engen Kreises der Fachgelehrten, andererseits birgt es die Gefahr des Missverständnisses in sich bis hin zu dem Extremfall, dass jeder unter einem gleichen Wort etwas anderes versteht oder dies zumindest wenig mit dem Begriff zu tun hat, der in der Wissenschaft Gegenstand von Untersuchungen war. So jedenfalls steht es auch um die Motivation, von der in diesem Buch die Rede sein soll.

Gebildete Laien haben weitgehend vergessen, dass es sich hier um ein Fachwort handelt, so selbstverständlich ist es ihnen bereits geworden. Motivation – es scheint klar, was damit gemeint ist. Der

Schein aber trügt. Das wird deutlich, wenn man verschiedene Personen danach fragt, was sie darunter verstehen. Es wird meist Unterschiedliches sein. So wird auch verständlich, dass verschiedene Autoren die Bedeutung der Motivation höchst unterschiedlich einschätzen. Die einen bezeichnen sie als ein »irreführendes Konstrukt«, von dem man sich verabschieden könne. Andere sprechen mit Blick auf die Praxis der Führung in Organisationen von einem »Mythos Motivation« (Sprenger 1998), denken dabei aber in erster Linie an Zuckerbrot und Peitsche und fordern stattdessen Verantwortung und selbst bestimmtes Handeln, was wiederum für andere Grundprinzipien der Motivation sind.

Wie bedeutsam diese Thematik für das praktische Handeln vieler Menschen ist, sieht man daran, dass so genannte »Motivationsgurus« mit ihren Vorträgen trotz beachtlich hoher Eintrittspreise große Hallen zu füllen wissen und Begeisterung auslösen. Es bleibt jedoch offen, ob es zu langfristig positiven Effekten kommt. Einige dieser Gurus lösen Staunen und Verzückung sogar dadurch aus, dass sie mit Hilfe von Motivation Hunderte über glühende Kohlen schreiten lassen.

Weitgehend unbeeinflusst von derartigen modischen Erscheinungen hat sich in der Psychologie die Thematik der **Motivation** mehr als hundert Jahre als unbestrittenes Forschungsthema etabliert. Es geht dabei um die Frage nach dem **»Warum« menschlichen Handelns**. Warum entscheidet sich zum Beispiel der eine für den Beruf des Technikers und nicht den des Lehrers? Warum bleibt ein anderer seinem Ziel, sich beruflich selbstständig zu machen, trotz erheblicher Widerstände treu? Warum strengt sich ein Dritter so viel stärker an als alle anderen, die sich um ähnliche Aufgaben bemühen? Wer die Beweggründe, die Motive handelnder Menschen kennt, der wird – so die Annahme – diese zum einen besser verstehen und zum anderen den Schlüssel dafür in die Hand bekommen, diese anderen in ihrem Handeln zielgerichtet beeinflussen zu können. Motivationsforschung hat – so verstanden – eine aufklärende Funktion und steht im Dienste des Erkenntnisgewinnes. Sie erweist sich auf der anderen Seite als nützlich, was dann allerdings zugleich die Frage aufwirft: Nützlich für wen?

Die Bedeutung der Motivation für das Handeln

Bei der Analyse menschlichen Tuns wird häufig zwischen **Verhalten** und **Handeln** unterschieden. Der Begriff des Verhaltens geht von einem letztlich passiven Menschen aus, der von außen durch Anregungsbedingungen der Situation und die belohnenden oder bestrafenden Konsequenzen, die seinem Tun folgen, gesteuert wird. Eine derartige Sicht hat viel zum Verständnis und zur gezielten Einflussnahme auf menschliches Tun beigetragen. Zum Beispiel gilt dies auf dem Feld elterlicher oder schulischer Erziehung, der Entstehung und verhaltenstherapeutischen Behandlung psychischer Störungen, aber auch des Führungsverhaltens in Organisationen der Wirtschaft und Verwaltung. Dennoch ist ein derartiger Begriff des Verhaltens zu eng, um menschliches Tun insgesamt zu erklären. Der Einzelne ist nicht (nur) passiv; er setzt sich selbst Ziele, plant, wie er zu den Zielen gelangen kann und übernimmt Verantwortung für das Ergebnis und dessen Konsequenzen. All dies wird mit dem Begriff des Handelns umschrieben, der ohne Rückgriff auf die Motivation nicht zu verstehen ist. Ein besonders bedeutsames Handlungskonzept stammt von Heckhausen (1989), das vielfach als Handlungsphasenmodell bezeichnet wird.

Das Handlungsmodell nach Heckhausen

Motivation	Volition		Motivation
prädezisional	präaktional	aktional	postaktional
Wählen	**Zielsetzung**	**Handeln**	**Bewerten**

Der Mensch steht beim Handeln vor Alternativen: Er kann sich für oder gegen Möglichkeiten entscheiden. Er kann bislang noch nicht bedachte Wege und Ziele ins Kalkül ziehen. Er kann sich dafür oder dagegen entscheiden, sich anzustrengen, und vieles andere mehr. Er ist gewissermaßen ein König im Feld des Denk- und Wünschbaren. Hier aber kann er, einem Hamlet gleich, von des »Gedankens Blässe angekränkelt«, nicht stehen bleiben, sondern er muss sich konkrete

Ziele setzen und damit eine von vielen Möglichkeiten realisieren und zugleich auf andere verzichten. Dabei ist vielfach **Volition**, Wille, dafür erforderlich, dass es nicht weiter zum Pendeln zwischen verschiedenen Wegen, sondern zur Bindung an das einmal gewählte Ziel kommt und die Alternativen, die immer wieder ins Bewusstsein drängen, abgeschirmt werden. Um die Ziele erreichen zu können, muss geplant, müssen Barrieren umgangen oder überwunden werden.

Was hilft aber die schönste Strategie, wenn das Operative nicht gelingt? Hier also ist wiederum eine Unterstützung durch den Willen erforderlich, damit auch gegen innere Widerstände das Ziel erreicht wird. Danach freilich – in der Phase der Bewertung – geht es um ein erneutes Abwägen. Hat man sich für das richtige Ziel entschieden? Wären nicht die anderen Alternativen doch die besseren, die realistischeren gewesen? Antworten auf diese Fragen werden dann wichtig bei den nachfolgenden Handlungsschritten sein, die einen neuen Prozess der Handlungsphasen einleiten.

> **Der Handelnde** – das zeigen diese Überlegungen – hängt nicht passiv an den Bedingungen der äußeren Umgebung wie die Marionette an den Fäden des Puppenspielers, sondern er **wählt die Wege**, die es zu gehen gilt. Die Wahl dieser Wege ist ein ganz zentral motivationaler Prozess.

Handeln in Organisationen

Organisationen lassen sich als ihrer Umwelt gegenüber offene Systeme verstehen, die zeitlich überdauernd existieren und spezifische Ziele verfolgen. Sie setzen sich aus Individuen beziehungsweise Gruppen zusammen und sind somit soziale Gebilde, die eine bestimmte Struktur aufweisen. Diese ist meist durch Arbeitsteilung, Koordination des arbeitsteiligen Handelns sowie durch eine Hierarchie von Verantwortung gekennzeichnet. Der dieser Begriffsbestimmung zu Grunde liegende Gedanke der Zweckrationalität hat für das Handeln des Einzelnen in Organisationen eine erhebliche Bedeutung. Er ist nicht frei in der Wahl seiner Ziele, sondern das, was er anstrebt, soll ein Beitrag zu den Zwecken der Organisation sein. Es ist aber auch undenkbar, dass er – einem Rädchen im Getriebe gleich – völlig fremdbestimmt, gesteuert durch die Hierarchie der Verantwortung (die Führung) seine Aufgaben erfüllt. Er muss als Spezialist im Rahmen des ihm vorgegebenen Zielsystems handeln und eigene Verantwortung übernehmen.

Es ist also eine Konfliktsituation, eine Spannung zwischen Selbst- und Fremdbestimmung, an der Motivation zerbrechen, aber auch herausgefordert werden kann. Ob und wie dies gelingt, ist eine Frage nach dem »Wie« der Koordination und damit nach der Art und Weise der Führung.

> **Führung** hat also für die Motivation des Mitarbeiters eine herausragende Bedeutung. Es sollte gelingen, selbstständige und selbstbewusste Mitarbeiter für Organisationsziele zu gewinnen und ihr eigenverantwortliches Handeln so zu steuern, dass sie ihren Beitrag zum Ganzen erbringen (Comelli/v. Rosenstiel 2003).

Führung als bewusste und zielbezogene Verhaltensbeeinflussung

Führung von Menschen in Organisationen lässt sich als eine zielbezogene und bewusste Verhaltensbeeinflussung verstehen (Baumgarten 1977). Im Unternehmen sind dabei zwei grundsätzlich verschiedene Wege voneinander abzuheben, auch wenn es zwischen diesen mancherlei Überschneidungen und Überlappungen gibt. Da ist auf der einen Seite die Führung durch Technik, Vorschriften, ungeschriebene Regeln und Selbstverständlichkeiten, die sich zur Unternehmenskultur verdichten, aber auch durch Anreizsysteme und vieles andere mehr.

Beispiel: Sieht man in einem Klassiker der Stummfilmzeit – »Moderne Zeiten« – Charly Chaplin in der Rolle eines Fließbandarbeiters agieren, so erkennt man leicht, dass dieses Fließband ihn »führt«. Die Technik sagt »dem Arbeiter Charly«, welche Handgriffe er wie in welcher Geschwindigkeit zu erledigen hat. Natürlich stand ursprünglich der Wille eines Menschen, des Arbeitsgestalters, dahinter. Er hat sich aber von diesem abgelöst und ist Teil des Systems geworden. Führung wurde anonymisiert und löste sich von der Person.

Führung durch Systeme, durch Papier und Technik, auch häufig als Führungssubstitut umschrieben, hat in der Wissenschaft und in der Praxis erhebliches Interesse gefunden. So ist im so genannten bürokratischen Organisationsmodell, wie es von Max Weber (1921), dem Vater der Soziologie, beschrieben wurde, alles durch Vorschriften so minuziös geregelt, dass der Vorgesetzte tatsächlich nur im Ausnahmefall einzugreifen braucht und letztlich auf diese Weise zum »Lückenbüßer der Organisation« wird. In diesem Sinne findet man in der Praxis – etwa in tradierten Großunternehmen oder in der öffentlichen Verwaltung – die Neigung, alles nur Erdenkbare zu regeln und das bislang noch nicht Verwaltete mit Verwaltungsvorschriften zu überziehen. Dem individuellen Vorgesetzten bleibt kaum noch Raum, selbst steuernd einzugreifen.

Tatsächlich aber erfolgt die bewusste und zielbezogene Einflussnahme innerhalb dieser Strukturen vielfach durch das Handeln eines Vorgesetzten, und zwar meist durch verbale oder nonverbale Kommunikation. Der Mitarbeiter wird informiert, Ziele werden mit ihm vereinbart, sein Handeln wird in Teambesprechungen mit jenem der anderen koordiniert. Unterstützung, Beratung, Coaching werden bei Schwierigkeiten angeboten. Bei Misserfolgen wird konstruktive Kritik geübt, bei Erfolgen Anerkennung ausgesprochen. Von Zeit zu Zeit werden bilanzierende Beurteilungsgespräche mit dem Mitarbeiter geführt und dabei Wege der Förderung und der denkbaren Karriere aufgezeigt. Bei all dem geht es auch im Wesentlichen um die Motivation eines jeden Mitarbeiters.

Warum ist die Motivation für den Prozess der Führung so wichtig?

Es erscheint selbstverständlich, dass Menschen in der Regel in einer Organisation das tun, was sie tun sollen, sodass wir kaum darüber nachdenken. Tatsächlich aber ist es ja keine Selbstverständlichkeit, dass Sachbearbeiter selbst bei schönem Wetter im Büro an ihrem PC sitzen und ihre Aufgaben erledigen, statt einen Spaziergang im Park zu unternehmen oder im nahe gelegenen Waldsee zum Baden zu gehen. Wie also kontrolliert die Organisation ihre Mitarbeiter, wie sorgt sie dafür, dass sie das tun, was sie tun sollen?

Der Soziologe Etzioni (1965) ist dieser Frage nachgegangen und hat stark vereinfacht drei Wege aufgezeigt, die Sie in exemplarischer Weise der folgenden Abbildung entnehmen können.

Wie kontrolliert eine Organisation ihre Mitglieder?

	Beispiel	**Kontrollform**
Organisation mit entfremdetem Engagement	Galeere	Zwang
Organisation mit kalkulativem Engagement	Produktionsunternehmung	Belohnung und Belohnungsentzug
Organisation mit moralischem Engagement	religiöse Gemeinschaft	internalisierte Normen und Werte

Diese drei Wege, die man – zumindest auch – im Sinne einer historisch-gesellschaftlichen Entwicklung interpretieren darf, weisen auf gravierende Veränderungen bei der Arbeit in Organisationen hin.

Da steht zunächst das **Modell des Zwanges**, das mit dem Beispiel der Galeere illustriert wird. Auf diesen zwei- oder dreistöckigen Schiffen des klassischen Roms waren die »Mitarbeiter« Sklaven, die durch Ketten daran gehindert wurden, von der Arbeit fernzubleiben. Ein Vorgesetzter, der »Sklaventreiber«, nutzte als Führungsmittel schiere Gewalt, etwa die Lederpeitsche. Zwang und Bestrafung waren die Wege des Führens. Und – man erinnere sich – dieses Modell war erfolgreich. Rom hat ein Weltreich erobert. Dennoch kann hier kaum ein Vorbild für heutige Bedingungen in modernen Industriestaaten gesehen werden. Zum einen widerspräche es grundsätzlich den heutigen Wertvorstellungen und gesetzlichen Regelungen, zum anderen aber – und das sei hier betont – entsprechen die modernen Bedingungen der Arbeit dem Zwangsmodell in keiner Weise. Der Sklaventreiber hatte die fachliche Kompetenz: Er konnte nicht nur die Arbeitsergebnisse, sondern auch den Arbeitsvollzug eines jeden Sklaven beurteilen und sofort darauf reagieren. Er sah, wer das Ruder in der richtigen Weise durchzog und wer nicht. Diese Bedingung ist in einer verwissenschaftlichten und durch Spezialisierung gekennzeichneten modernen Arbeitswelt nicht mehr gegeben. Immer mehr Vorgesetzte haben Mitarbeiter zu führen, die im Detailwissen ihrem Chef fachlich weit überlegen sind. Wie soll denn auch ein Vorgesetzter, der als Betriebswirt ausgebildet wurde und Informatiker, Ingenieure oder Juristen im Team hat, konkret beurteilen, ob diese ihre Arbeit richtig machen? Wie soll er bei einer Mitarbeiterin, die vor dem PC sitzt, einschätzen können, ob sie über ihre Arbeit nachdenkt oder vom vergangenen Urlaub träumt?

Das ein wenig nostalgische Bild der Führung, das sich am Meister orientiert, der alles besser weiß als der Geselle oder der Lehrbub, ist längst Vergangenheit. Führung wird mehr und mehr zu einer Koordination der Spezialisten. Dem aber wird das soeben skizzierte Zwangsmodell der Kontrolle in Organisationen nicht gerecht.

Was tritt an dessen Stelle? Es ist das **Modell des Kontraktes**, das letztlich auf einem marktwirtschaftlichem Prinzip beruht. Zwischen der Leistung und der Gegenleistung soll ein Gleichgewicht hergestellt werden. Adäquate Leistungsergebnisse werden belohnt. Belohnung beziehungsweise Belohnungsentzug werden zu Kontrollmechanismen. Es gilt nach diesem Ansatz für die Arbeit das gleiche Prinzip wie für den Gang der Wirtschaft insgesamt: Angebot und Nachfrage treffen aufeinander und finden ohne Steuerung von außen, also durch die berühmte »unsichtbare Hand« des Adam Smith, einen Ausgleich. Gerade in jüngerer Zeit dominiert ja eine Sichtweise, Organisationen wie den Konsum- oder Rohstoffmarkt zu interpretieren, als ein Zusammenspiel organisationsinterner Angebots- und Nachfrageprozesse.

In ähnlicher Weise wie marktwirtschaftliche Prinzipien an den Regeln, die sich die Gesellschaft gegeben hat oder die sich ergeben haben, ihre Grenzen findet, stößt auch das Austauschprinzip als Kontrollmechanismus des Arbeitsverhaltens an Grenzen.

Beispiel: Bei absinkender Leistung wird nur im Ausnahmefall – zum Beispiel im Verkauf – unmittelbar eine Kürzung der Entlohnung die Folge sein. Meist verhindern tarifvertragliche Regelungen oder individuell ausgehandelte Verträge, dass Unternehmen auf veränderte Leistungsergebnisse mit modifiziertem Lohn reagieren können.

Hinzu kommt, dass aus den zuvor genannten Gründen Vorgesetzte vielfach gar nicht in der Lage sind, die Leistung eines einzelnen Mitarbeiters angemessen zu beurteilen. Dies kann daran liegen, dass der Vorgesetzte – beispielsweise wegen seiner betriebswirtschaftlichen Ausbildung – das Programm seines als Informatiker ausgebildeten Mitarbeiters fachlich nicht angemessen bewerten kann. Die Leistungsergebnisse des Mitarbeiters könnten auch in starkem Maße von den Leistungen interner Kooperationspartner oder von technischen Strukturen abhängen und so dem Einzelnen gar nicht zugerechnet werde.

Dennoch gilt im Grundprinzip für die Berufsarbeit in marktwirtschaftlich organisierten Gesellschaften das Austauschprinzip, das allerdings an deutliche Grenzen stößt. Etwas überspitzt lässt sich formulieren, dass es Belohnungen finanzieller Art in der Regel für die Mitgliedschaft in der Organisation gibt und nur in zweiter Linie für die dort erbrachte Leistung.

Beispiel: Ein junger Wissenschaftler bewirbt sich um eine ausgeschriebene Professorenstelle an einer Universität. Die Eingangskontrolle ist scharf. Seine bisher erbrachten Leistungen – gemessen an der Zahl und Qualität seiner Publikationen – werden durch eine Berufungskommission und durch externe Gutachter bewertet. Der Fachbereichsrat der Fakultät, Rektorat und Senat der Hochschule sowie der zuständige Fachminister überprüfen den Berufungsvorschlag. Wird er schließlich nach sorgfältiger Kontrolle erteilt, so ist es nahezu mit aller Verfahrens- und Ergebniskontrolle zu Ende. Die Besoldung erfolgt nach »C3«, also einer klar und generell geltenden Entlohnungsstufe. Ob der junge Professor sich in seiner Position nun mehr oder weniger engagiert, hat mit der Entlohnung nichts mehr zu tun, sondern ist davon abhängig, ob ihn die Aufgaben als Hochschullehrer und Forscher motivieren, ob er in einem Team mit starker Leistungsorientierung arbeitet oder ob ihn das Ansehen anstachelt, das er aufgrund seiner Publikationen erwerben kann.

Da ganz offensichtlich das auf materieller Entlohnung beruhende Kontraktprinzip als Kontrollform, besonders im qualifizierten Bereich, an Grenzen stößt, wird – als wichtige Ergänzung, nicht als Alternative – die Identifikation des Einzelnen mit seiner Aufgabe, mit dem Projekt, mit der Abteilung oder der Organisation notwendig, um eine hochwertige Leistung zu sichern. Religiöse Gruppierungen oder politische Parteien sind dafür ein anschauliches Beispiel.

Wer sich am Ende einer Reise auf mitteleuropäischen Bahnhöfen umschaut, wird dort häufig bescheiden in einer Ecke nahe der Ausgangstür zwei Menschen stehen sehen, die Broschüren und Zeitschriften anbieten. Es sind Zeugen Jehovas, die dort für ihre Religion werben. Niemand zwingt sie in der Regel, dort zu stehen. Ihre Tätigkeit wird auch nicht bezahlt. Warum – darf man fragen – tun sie dies? Sie sind überzeugt von der Sinnhaftigkeit ihres Tuns und identifizieren sich mit der Botschaft, die sie anbieten.

Da Zwang oder finanzielle Entlohnung als Kontrolle nicht oder nur zum Teil ausreichend für die Sicherung des Leistungsniveaus sind, bemühen sich Organisationen der Wirtschaft und Verwaltung auf unterschiedliche Weise vermehrt darum, Menschen für ihre Aufgaben zu motivieren. Die Unternehmen suchen nach Wegen, um ihre Mitarbeiter mit den Zielen der Aufgabenstellung oder denen des ganzen Unternehmens zu identifizieren, sie dafür zu begeistern. Entsprechend wird in vielen Organisationen nach einem Leitbild gesucht, oder es wird eine Vision kommuniziert. Andere Wege mit gleichem Ziel gehen dahin, die Mitarbeiter durch erlebnisintensive gemeinsame »Events« in das Unternehmen einzubinden oder sie zu Teilen einer bewusst gestalteten Unternehmenskultur zu machen.

Man erkennt: Weder »Peitsche« (Zwang) noch »Zuckerbrot« (finanzielle Entlohnung) – als von außen wirkende Mittel – reichen alleine aus, Menschen dazu zu bewegen, das zu tun, was sie tun sollen. Es muss Druck von innen dazukommen. Dieser Drang, dieser Antrieb von innen, gehört nun zentral ins Feld der Motivation. Ein bekannter Ausspruch des Vorstandsvorsitzenden eines japanischen Unternehmens ist dafür Zeugnis und Beispiel:

»Wir werden siegen und der industrielle Westen wird verlieren. Es gibt nicht viel, was ihr im Westen dagegen tun könnt, denn die Ursache eures Niedergangs liegt in euch selbst. Eure Firmen basieren auf dem Taylor-Modell, euer Denken ist tayloristisch. Bei euch denken die Bosse, und die Arbeiter führen nur aus. Ihr seid zutiefst überzeugt, dass dies die beste Methode ist zu managen. Wir sind längst über das Taylor-Modell hinweg. Der heutige Wettbewerb ist so komplex und schwierig, das Überleben einer Firma ständig gefährdet, das Umfeld so unvorhersehbar, konkurrenzintensiv und riskant, dass dauerhafter Erfolg die allzeitige Mobilisierung der ganzen Intelligenz eines jeden einzelnen Mitarbeiters im Unternehmens erfordert.« *(Konosuke Matsushita)*

Motivationsmanagement als Führungsaufgabe

Wer Mitarbeiter in einer Organisation führt, soll gemeinsam mit diesen zu Zielen gelangen, die ein Teil des Zwecks der Organisation sind. Die Aufgabe des Führenden kann sich dabei nicht auf die rein funktionalen Managementprozesse wie Entscheiden, Planen, Kontrollieren beschränken. Der Führende muss auch aus bestimmter Perspektive als Psychologe wirken; er muss Menschen beurteilen, angemessen einsetzen, beraten, unterstützen, fördern, coachen und eben auch motivieren. So wird **Motivationsmanagement** (von Rosenstiel 1988) zu einer wichtigen Führungsaufgabe neben anderen. Diese Aufgabe hat unterschiedliche Schwerpunkte.

- Da Menschen sich selbst Ziele setzen, aktiv handeln und etwas gestalten wollen, gilt es zum einen, die dabei auftretenden **Barrieren** zu **beseitigen** und so die Demotivation des an sich engagierten Mitarbeiters zu verhindern.

- Zum anderen gilt es, **Bedingungen** zu **schaffen, die den Mitarbeiter anregen** das zu tun, was getan werden muss. Hier sind jene Anreizprogramme zu nennen, die in der Alltagssprache als die zentralen Motivationsmittel gelten, angefangen von einem Leistungslohn und Prämiensystem über Aktienoptionen für Manager, mittelfristige Karrierepläne bis hin zu Incentivereisen und vielem anderen mehr.
- Drittens sei an Maßnahmen der **Personalentwicklung** gedacht, an die langfristige Förderung und Qualifizierung des Mitarbeiters. Bedenkt man, dass jeder in der Regel das gerne tut, was er gut zu leisten in der Lage ist, so lässt sich daraus ableiten, dass jede Qualifikation ihre eigene Motivation ist. Wer zum Beispiel zunächst vor selbstständiger Arbeit zurückschreckt, kann dadurch, dass der Vorgesetzte ihn bei kleineren selbstständigen Projekten von einem Erfolgserlebnis zum nächsten führt, Freude an der Selbstständigkeit gewinnen.
- Viertens ist schließlich an das zu denken, was zuvor angesprochen wurde: Die Einbindung der Mitarbeiter in eine Vision oder Mission des Unternehmens, die Mitarbeiter somit für das begeistern, was sie tun und dabei über ihre **Identifikation** mit der Aufgabe dafür zu sorgen, dass ihr Handeln Sinn und Bedeutung gewinnt.

Der Aufbau des Buches

In diesem Buch soll – das wurde bereits in der Einführung deutlich – Motivation aus der Perspektive »Management und Karriere« gesehen werden, die für diese Buchreihe charakteristisch ist. Entsprechend kann es nicht der Anspruch sein, die Thematik der Motivation in ihren Grundlagen und in ihrer vielfältigen Bedeutung für ganz unterschiedliche Felder menschlichen Handelns aufzuzeigen. Wer hier vertiefende Informationen sucht, sei auf die allgemeine psychologische Fachliteratur, zum Beispiel auf die Werke von Heckhausen (1989) oder Weiner (1996), verwiesen. Die Themenbreite ist in diesem Buch so zugeschnitten, dass Führungskräfte und Personalfachleute nützliches Wissen aus dem breiten Fundus einschlägiger Fachkenntnisse herausgefiltert bekommen.

Im ersten Kapitel »Grundlegung« werden zunächst zentrale Begriffe geklärt und wesentliche Prozesse beschrieben, die für das motivationale Geschehen bedeutsam erscheinen. Dabei werden die Theorien und zentrale Wissensbestände der Motivation skizziert, die für das weitere Verständnis wichtig sind.

Im dann folgenden zweiten Kapitel geht es um die Perspektive des einzelnen Organisationsmitglieds, um seine Motivation beim Handeln in Organisationen. Hier soll deutlich werden, welche Antriebskräfte ihn in der Organisation bewegen, was er dabei zu erreichen sucht, welche Enttäuschungen er erleben und was ihn zur inneren Kündigung oder gar zum Verlassen der Organisation bewegen kann. Dabei wird jeweils auf theoretische Grundannahmen, aktuelle empirische Forschungsbefunde sowie Hinweise aus der Praxis Bezug genommen.

Im dritten Kapitel wird die Perspektive gewechselt und die Sichtweise der Organisation und ihrer Führungskräfte aufgezeigt. Die Frage lautet: Was kann die Organisation insgesamt, was können Führungskräfte tun, um erfolgreich Motivationsmanagement zu betreiben, also die Leistungsbereitschaft der Mitarbeiter zu ermöglichen und zu verbessern? Dabei wird aufgezeigt, dass die Diagnose, das Feststellen des Ist-Zustandes, vor der Therapie, dem eingreifenden Handeln, stehen sollte. Danach wird darauf hingewiesen, welche Barrieren des motivierten Handelns es gibt, was also bereits bestehende Motivation zerstören kann. Es wird aber auch grundsätzlich an konkreten Beispielen dargelegt, wie man durch unterschiedliche Anreize auf den Ebenen der Entlohnung, der Aufgaben, der Führung, der Arbeitsgruppe oder der Gesamtorganisation bestehende Motive aktivieren und so Leistungsbereitschaft steigern kann.

Im vierten Kapitel wird dann verdeutlicht, wie Maßnahmen der Personalentwicklung zu diesem Ziel beitragen können und wie letztlich dadurch, dass das berufliche Handeln Sinn und Bedeutung erfährt, Identifikation mit dem Tun erfolgt und damit die Motivation gesteigert werden kann.

Kapitel 1
Grundlegung

Von je her haben Menschen versucht Probleme zu lösen und ihr dabei gewonnenes Wissen an andere in ihrem Umfeld weiterzugeben. So entstanden Traditionen, ja ganze kulturelle Systeme als Versuche, **die Herausforderungen der Umwelt zu bewältigen**.

Zum Beispiel berichteten Großmütter ihren Enkeln, welche Kräuter bei welchen Leiden meist helfen. Schamanen lehrten, durch welche Rituale die Gewalten der Natur gebändigt werden können und Priester wussten Rat, durch welche Sühneopfer der Zorn der Götter zu beschwichtigen sei. Aber auch ganz alltägliche Dinge wurden aufgrund des Erfahrungswissens von Generationen erklärt, wofür die Bauernregeln ein gutes Beispiel sind. Sie zeigen uns, wann beispielsweise mit einer längeren Schönwetterphase gerechnet werden darf, was auf einen harten Winter hinweist und wann eine reiche Ernte oder süßer Wein erwartet werden können.

Systematische wissenschaftliche Analysen zeigen zum Teil, dass viele dieser Regeln einen beachtlichen Wahrheitsgehalt haben. In einem alltagssprachlichen Sinne sind sie »wahr«.

Alltagswissen und Wissenschaft

Was aber unterscheidet wissenschaftlich gesichertes Wissen von dem soeben angesprochenen Erfahrungswissen? Obwohl die Übergänge fließend erscheinen, sind zwei Aspekte besonders hervorzuheben. Zum einen wird bei der Erkenntnisgewinnung beim wissenschaftlich gesicherten Wissen systematisch unter möglichst kontrollierten Bedingungen vorgegangen, ganz im Gegensatz zu den eher zufälligen und unsystematischen Beobachtungen beim Erfahrungswissen. Zum anderen ist es das Bemühen um eine kausale Erklärung, also der Versuch eine Antwort darauf zu geben, ob und warum das Ereignis A das Ereignis B zur Folge hat. Da nun meist nicht nur ein Ereignis A ein Folgeereignis B verursacht, sondern mehrere Bedingungen – vielfach in Interaktion miteinander – zum Ereignis B führen, ist das Erkunden der Erklärungszusammenhänge ein schwieriges Unterfangen. Das erfordert differenzierte Forschungspläne bis hin zu gut kontrollierten Experimenten und äußerst komplexen statistischen Auswertungssystemen. So gelangt man dann im günstigsten Fall zu Gesetzen, wofür die insbesondere von der Physik gefundenen Naturgesetze ein Beispiel sind. Bei bescheidenen Ansprüchen kommt man zu Gesetzmäßigkeiten oder zu Wahrscheinlichkeitsaussagen.

Derartige Wahrscheinlichkeitsaussagen sind nun in der Psychologie die Regel. Der Grund dafür liegt in erster Linie in der Vielfalt der Bedingungen, die für unser Erleben und Verhalten ausschlaggebend sind oder doch ausschlaggebend sein können.

Beispiel: Es sind nur wenige Bedingungen für die Geschwindigkeit eines frei fallenden Steines auf der Erde ursächlich. Diese lassen sich von der Physik benennen, messen und kontrollieren, sodass man zu allgemein gültigen Gesetzesaussagen kommt. In der Psychologie dagegen ist es ungleich schwerer anzugeben, unter welchen Bedingungen ein Mensch Angst erleben wird. Denn dies hängt von vielerlei Faktoren ab: der genetischen Ausstattung, der frühkindlichen oder späteren Erfahrung, der Einschätzung von Umfeldbedingungen sowie der eigenen Möglichkeiten, damit umzugehen. Es erscheint unmöglich, all diese Einflussgrößen genau zu erfassen; somit besteht auch keine Aussicht, allgemeine psychologische Gesetze der Angstentstehung zu formulieren, die für alle Menschen gleichermaßen gelten. Es lässt sich lediglich sagen, dass unter diesen oder jenen Bedingungen mit erhöhter Wahrscheinlichkeit Angst entstehen wird.

Ohnehin muss offen bleiben, ob jemals in der Psychologie strenge, allgemein gültige Gesetze des Erlebens und Verhaltens grundsätzlich formuliert werden können. Dies würde ja voraussetzen, dass wir als

Menschen in dem, was wir erleben und tun, völlig determiniert sind. Dem steht die Annahme eines zumindest bedingt freien Willens entgegen. Einen derartigen freien Willen erleben wir subjektiv. Es ist jedoch offen, und das scheint wissenschaftlich kaum untersuchbar, ob es diesen freien Willen tatsächlich gibt.

Hebt man Stufen des wissenschaftlichen Prozesses in einer anwendungsbezogenen Wissenschaft, die beim Lösen von Problemen behilflich sein will, voneinander ab, so lassen sich unterscheiden:

- Die Beschreibung des interessierenden Phänomens.
- Die Messung dieses Phänomens, also die Formulierung von Messvorschriften, die es ermöglichen, das Phänomen wissenschaftlich fassbar zu machen.
- Die Erklärung, also das Aufzeigen, unter welchen Bedingungen das interessierende Phänomen entsteht beziehungsweise sich verändert und welche Folgen es nach sich zieht. Das Phänomen steht dann also in einem Netzwerk von Wenn-dann-Beziehungen.
- Die Prognose, die es nun erlaubt, auf der Grundlage der gefundenen Erklärungszusammenhänge das Entstehen oder sich Verändern des Phänomens vorherzusagen.
- Die Kontrolle, verstanden als ein gezieltes Eingreifen, um das interessierende Phänomen zu beeinflussen, was ja in der Praxis – sei es in der Technik, in der Medizin, in der Psychotherapie oder bei der Führung – meist das Ziel des Handelns sein wird.

Grundlagenwissenschaft und anwendungsorientierte Forschung

Grundlagenwissenschaft begnügt sich in der Regel damit, den interessierenden Tatbestand um seiner selbst Willen zu beschreiben, zu messen und zu erklären. Praktischer Nutzen wird nicht bewusst angestrebt, kann sich aber gelegentlich unerwartet einstellen.

Beispielsweise wurden Straßen und Wohnungen vor eineinhalb Jahrhunderten noch durch Petroleum- oder Gaslaternen erhellt. Ein Bemühen anwendungsorientierter Forschung, die Beleuchtung zu verbessern, hätte hier durch das Optimieren der Brennsysteme, durch Maßnahmen gegen die Verrußung des Glases und Ähnliches vielleicht Helligkeitssteigerungen um 20 oder 30 Prozent erbracht. Zur gleichen Zeit experimentierte ein Grundlagenwissenschaftler mit einer höchst geheimnisvollen Substanz, der Elektrizität, ohne im geringsten Anwendungsziele im Sinne eines praktischen Nutzens dabei anzustreben. Und doch gelang dem Grundlagenwissenschaftler Thomas Edison die Revolutionierung der Beleuchtung.

Die **anwendungsorientierte Forschung** versucht gezielt eine Antwort auf Fragen zu geben, die aus einem Anwendungsfeld kommen, um so durch Prognosen oder Möglichkeiten des Eingreifens das Problem zu lösen. Dabei wird sie vielfach auf Erkenntnisse der Grundlagenwissenschaft Bezug nehmen. Angewandte Motivationsforschung im Kontext der Wirtschaftspsychologie wird also in diesem Sinne zu erkunden suchen, wie Motive der Wirtschaftsakteure – zum Beispiel der Nachfrager – so überformt oder angeregt werden können, dass die Nachfrage sich erhöht, oder aber – das in diesem Buch im Mittelpunkt stehende Thema – was in einer Organisation unternommen werden kann, damit die Motive der Mitarbeiter so geprägt oder aktiviert werden, dass sich daraus eine höhere Bereitschaft zum erwünschten Verhalten, insbesondere eine erhöhte Leistungsbereitschaft, ergibt.

Der Anspruch der Wissenschaft, zu allgemein gültigen Aussagen zu kommen, setzt Abstraktion voraus und fordert zugleich Beschränkung auf wenige Phänomene aus der Vielzahl aller denkbaren. Dadurch kommt es gerade in der Psychologie häufig zu Missverständnissen und zu Kontroversen mit interessierten Laien.

Wenn also beispielsweise eine psychologische Wahrscheinlichkeitsaussage lauten würde: »Auf Frustration folgt Aggression«, so hat der Wissenschaftler bestimmte Messvorschriften vor Augen, mit deren Hilfe Frustration und Aggression operationalisiert, also messbar gemacht werden. Der Laie dagegen hat möglicherweise gänzlich andersartige Vorstellungen von Frustration und Aggression. Er verbindet mit diesen Worten andere, häufig wenig präzis definierte Begriffe. Außerdem ist die Aussage – wie betont – ja eine Wahrscheinlichkeitsaussage, die keineswegs in jedem Einzelfall zutreffen muss. Dies ist für Laien irritierend, die häufig – um eine derartige wissenschaftlich gestützte Aussage zu kritisieren oder gar aus den Angeln zu heben – auf widersprechende Einzelfälle verweisen – im Sinne eines: »Aber ich habe einmal jemanden gekannt …«

Für den wissenschaftlichen Fortschritt können derartig widersprechende Einzelfälle zwar gelegentlich eine Herausforderung darstellen, da man lernt, zusätzliche Bedingungen zu beachten und die Erklärungszusammenhänge zu differenzieren. Sie sind jedoch nicht dafür geeignet, eine Wahrscheinlichkeitsaussage zu widerlegen.

Zentrale Begriffe und Befunde der Motivationspsychologie

Die Motivationspsychologie ist fast so alt wie die wissenschaftliche Psychologie selbst. Dies überrascht nicht, denn durch motivationspsychologische Forschung sollen Richtung, Intensität und Ausdauer menschlichen Handelns erklärt werden. Dies sind ganz zentrale Fragen, denen man sich entsprechend früh gestellt hat.

Erklären und Beschreiben

Motivation ist einerseits ein **Erklärungsbegriff**. Er dient dazu, das Handeln eines anderen Menschen zu erklären, ohne dass man dessen Motivation unmittelbar beobachten kann.

Beispiel: Man beobachtet, dass ein Wanderer, der nichts Trinkbares auf seine Tour mitgenommen hatte, nach seiner Ankunft in der Berghütte zwei Liter Wasser trinkt. Dieses Verhalten wird damit erklärt, dass er erheblichen Durst erlebt habe, obwohl man diesen Durst selbst nicht beobachten kann und auch den Wanderer nicht danach gefragt hat.

Motivation ist andererseits ein **Beschreibungsbegriff**. Man erlebt die Motivation als Drang, als Wunsch, als Ausrichtung auf ein Ziel. Die Motivation ist also im Erleben unmittelbar gegeben.

Beispiel: Man war selbst auf der Bergwanderung an einem sehr warmen, sonnigen Tag und bedauert bald, nichts Trinkbares mitgenommen zu haben. Immer wieder stellt man sich vor, wie man bei der Ankunft an der Berghütte mehrere große Gläser kühlen Wassers trinken wird. Beim Sichtbarwerden der Berghütte ist man ganz vom Drang nach diesem Wasser erfüllt. Der Durst nimmt nahezu das ganze Bewusstsein in Anspruch.

Motivation als Beschreibungsbegriff ist allerdings wissenschaftlich ein problematisches Konzept. Wissenschaft fordert ja, dass der Untersuchungsgegenstand objektivierbar zu sein habe, d.h. von mehreren unabhängigen Beobachtern übereinstimmend beschrieben werden muss. Das Erlebnis des Durstes aber ist ja nur dem Erlebenden selbst gegeben, d.h., es ist im strengen Sinne nicht, wie gefordert, objektivierbar. Fragt man den Erlebenden, so sind die von ihm verwendeten Worte zwar Indikatoren des Erlebnisses, jedoch nicht das Erlebnis selbst.

Motiv – Anreiz – Motivation

Zum Grundverständnis der Motivation ist die Erläuterung einiger Begriffe erforderlich, die die folgende Darstellung verdeutlicht.

Das Verhältnis zwischen Motiv, Motivstruktur, aktiviertem Motiv und Motivation

	Innerhalb eines bestimmten Klassifikationssystems sich als	
	isoliert darstellender Tatbestand	**Zusammenhang mehrerer Bestandteile darstellender Tatbestand**
Durch bestimmte Anregungsbedingungen aktivierte Verhaltensbereitschaft	aktiviertes Motiv	Motivation
Der unmittelbaren Beobachtung nicht zugängliche spezifische Verhaltensbereitschaft	Motiv	Motivstruktur

Zentral ist der Begriff **Motiv**. Motive sind weder der Selbst- noch der Fremdbeobachtung unmittelbar zugänglich. Es handelt sich also um Erklärungsbegriffe, die helfen, bestimmte Formen menschlichen Erlebens und Verhaltens verständlich zu machen beziehungsweise zu erklären. Gelegentlich wird das Motiv auch als »Disposition« verstanden und zwar im Sinne einer Bereitschaft, sich in bestimmten Situationen durch spezifisches Verhalten zu manifestieren. Ein in der Person angenommenes Motiv wird also dazu verwendet zu erklären, wieso bei einem bestimmten Menschen in einer spezifischen Situation besonders oft ein bestimmtes Verhalten auftritt oder warum dieses Verhalten bei ihm häufiger als bei anderen Personen anzutreffen ist.

Sucht beispielsweise ein Mensch häufig die Nähe von Kolleginnen und Kollegen, nimmt er intensiver als andere Personen mit diesen Kontakt auf und beobachtet man gehäuft bei ihm Unruhe und Irritation, wenn er über längere Zeit allein sein muss, so wird ihm als Motiv ein stark ausgeprägtes Kontaktbedürfnis zugeschrieben. Das Kontaktbedürfnis dieses Menschen dient also dazu, das bei ihm auffallende Handeln zu erklären.

Motive werden durch Bedingungen in der Person oder im Umfeld aktiviert. Mit einem **aktivierten Motiv** ist dann zu rechnen, wenn aufgrund längerfristiger Deprivation des Bedürfnisses ein innersomatischer Störreiz auftritt oder wenn in der Umwelt eine bedürfnisspezifische Anregungssituation als Anreiz wahrgenommen wird.

Der Wanderer erlebt zum Beispiel nach einem langen Marsch in der Sonne Trockenheit am Gaumen. Dieser innersomatische Störreiz löst bei ihm das Bedürfnis aus, etwas zu trinken. Er erlebt also den Durst bewusst. Das Motiv wurde aktiviert.
Ein anderer Wanderer kommt nach zwei Stunden durch eine kleine Ortschaft. Bisher hatte er nicht ein einziges Mal an das Trinken gedacht. Im Ort allerdings sieht er auf einer Plakatwand Werbung für Bier, die überdimensional ein offensichtlich kühles, beschlagenes Bierglas zeigt, das – frisch eingeschenkt – schaumgekrönt ist. Dieser Anblick weckt schlagartig das Bedürfnis, etwas zu trinken. Das Plakat wirkte als Anreiz.

Die Qualität der den Menschen umgebenden und von ihm wahrgenommenen Situation, Motive anzuregen und zu aktivieren, wird als Anreiz bezeichnet. Meist werden solche wahrgenommenen Situationen zum Anreiz, die als Gelegenheit zur Befriedigung des jeweiligen Motivs interpretiert werden, wobei diese Interpretation zutreffend sein kann oder nicht.

Im Sonnenschein spielende Kinder sehen auf dem Terrassentisch einen Krug voller süßem Himbeersaft. Ihr Durst wird aktiviert. Sie trinken den Saft in großen Mengen, doch wird der Durst durch den übersüßen Trank nicht gestillt. Andere Kinder in einer ähnlichen Situation sehen einen Krug voller Eistee. Auch ihr Durst wird aktiviert. Sie trinken und finden Befriedigung ihres Bedürfnisses.

Man erkennt: Die Anreize haben aufgrund ihres spezifischen, mit dem Bedürfnis korrespondierenden Inhalts einen Aufforderungscharakter dafür, bedürfnisbefriedigende Handlungen einzuleiten und auszuführen sowie entsprechend andere alternative Handlungspläne nicht umzusetzen. So betrachtet, erklären einerseits die Motive und andererseits die Anreize vielfach das Handeln, wobei jeweils auf das Wechselspiel zwischen Motiv und Anreiz geachtet werden sollte.

Menschen sind nun allerdings nicht nur durch ein einziges Motiv gekennzeichnet, sondern durch eine Vielzahl inhaltlich voneinander abgrenzbarer Motive, die zum Teil angeboren und zum Teil durch die Lerngeschichte des Einzelnen überformt und spezifiziert wurden. Die Gesamtheit dieser Motive in ihrer für den einzelnen Menschen kennzeichnenden Ausprägung macht die **Motivstruktur** aus. In konkreten Situationen des Alltags wird nur selten ein Motiv isoliert aktiviert, sondern meist mehrere, woraus dann konkret die für das Handeln ausschlaggebende **Motivation** wird.

Beispiel: Ein junger Ingenieur, der seine ersten Berufserfahrungen im deutschen Stammwerk eines Maschinenbauunternehmens erwarb, erhält von der Unternehmensleitung das Angebot, drei Jahre in Brasilien zu arbeiten. Nach kurzer Überlegung willigt er ein. Das Angebot war für ihn ein vielschichtiger Anreiz. Es weckte seinen Ehrgeiz, da er sich vom Auslandsaufenthalt erhöhte Karrierechancen erhoffte. Es aktivierte seine Neugierde auf Erfahrungen in einer fremden Kultur. Möglicherweise sah er in dem Angebot zugleich eine Chance, sich aus seiner bisherigen Beziehung zu lösen, die ihm zunehmend lästig geworden war. Es wurden also ganz unterschiedliche Motive durch die Situation aktiviert und so insgesamt die für seine Entscheidung relevante Motivation in Gang gesetzt.

Volition

Was aber ist nun die **Volition**, von der zuvor (s. S. 9f.) bereits die Rede war? Volition ließe sich am ehesten mit Wille übersetzen. Volition wird dann erforderlich, wenn die Motivation zu schwach ist, um unser Handeln zu einem angestrebten Ziel zu führen. Motiviertes Handeln macht Spaß; wir führen es gerne aus, weil es befriedigend ist beziehungsweise Befriedigung verspricht. Gelegentlich aber werden wir auf dem Weg zum Ziel aufgehalten.

Dies kann an äußeren Widerständen, an Barrieren liegen. Dann ist es ratsam, unsere Denkmittel einzusetzen und mit Hilfe von Problemlösungen diese Barrieren zu überwinden.

Gelegentlich aber liegen die Widerstände auch in uns selbst. Der Spaß am Handeln verebbt, ablenkende Gedanken ziehen uns vom Wege ab, innere Konflikte weisen uns auf die Zwiespältigkeit des Handlungsplanes hin. Hier ist nun die Volition, der Wille, gefordert, der uns »bei der Stange« hält und uns dabei unterstützt, die Zielbindung zu intensivieren, ablenkende Gedanken abzuwehren oder das Austragen des intrapsychischen Konfliktes auf einen späteren Zeitpunkt, also nach der Zielerreichung, zu verschieben.

Nur selten wird in Situationen des Spiels der Einsatz der Volition erforderlich sein. In derartigen Situationen macht man ja in der Regel das, was einem Spaß bereitet. Beim beruflichen Handeln allerdings sieht dies anders aus. Hier muss vieles getan werden, was zwar notwendig erscheint, um übergeordnete Ziele zu erreichen, jedoch nicht unbedingt mit Freude verbunden ist. Hier nun ist die Volition gefordert, um dennoch zum Ziel zu kommen.

Wie lassen sich Motive voneinander unterscheiden?

Es wurde bereits darauf hingewiesen, dass die Motivstruktur des Einzelnen aus vielfältigen, miteinander in Wechselwirkung stehenden und von Person zu Person unterschiedlich ausgebildeten Motiven besteht. Es ist ein Ziel des interessierten Laien, aber auch der Fachwissenschaft Psychologie, derartige Motive zu benennen und zu klassifizieren. Die häufigste Art des Bemühens auf diesem Gebiet ist die **Ordnung der Motive nach ihren Zielen**, also nach dem, was inhaltlich angestrebt wird. So wird im Alltag davon gesprochen, dass diese oder jene Handlung vor allem auf den Ehrgeiz, die Prestigesucht, die Kooperationsbereitschaft, das Kontaktstreben oder das Sicherheitsbedürfnis des Handelnden zurückzuführen sei. Die Problematik derartiger Aussagen im Alltag besteht darin, dass man beobachtbares Verhalten mit dem Bedürfnis zu erklären sucht, eben dieses Verhalten zu zeigen, was dann aber zirkulär ist. Wenn etwa jemand immer wieder die Nähe zu anderen Menschen sucht, so schließt man aus diesem Verhalten auf ein ausgeprägtes Kontaktbedürfnis und nutzt dieses gleichzeitig zur Erklärung des Beobachteten. Dies wäre schlicht ein Zirkelschluss und brächte keinen Erkenntnisgewinn. Anders sieht dies aus, wenn man von der beobachteten Situation und dem angenommenen Motiv zutreffend auf Verhaltensweisen in ganz anderen Situationen schließen könnte.

Beispiel: Ein Personalfachmann erfährt in einem Interview, dass der Bewerber in seiner Kindheit als 13-Jähriger während eines halbjährigen Auslandsaufenthalts seines Vaters in Spanien dort auf eigenen Wunsches eine spanische Schule besuchte, obwohl als Alternative eine deutschsprachige zur Diskussion stand. Er hatte den Kontakt zu gleichaltrigen Spaniern gesucht, Freundschaften aufgebaut, steht mit einigen dieser damaligen Freunde noch heute im Kontakt. Er beherrscht seither die spanische Sprache zumindest im Wort (weniger ausgeprägt in der Schrift). Noch heute spricht er positiv über diese Zeit als einer Phase anregender Herausforderung.

Der Bewerber wird eingestellt und vom Personalfachmann für einen Auslandseinsatz in Südamerika empfohlen. Denn aufgrund des im Interview Erfahrenen schließt er auf ein Bedürfnis des Bewerbers, sich mit neuen Herausforderungen auseinander zu setzen und geht von einer entsprechenden Lernbereitschaft aus. Tatsächlich bewährt sich der neu Eingestellte bereits in den ersten Monaten des Auslandsaufenthaltes in Brasilien – einem portugiesisch sprechenden Land – hervorragend, und er zeigt Freude daran, in einer anderen Kultur heimisch zu werden.

Motivlisten

Auch in der Wissenschaft gibt es eine Vielzahl von Versuchen, Motive nach ihren Inhalten zu klassifizieren, wobei einige dieser Ansätze – die so genannten monothematischen – dadurch gekennzeichnet sind, dass sie alle sich im Alltag zeigenden Strebungen aus einem Grundmotiv – zum Beispiel dem Streben nach Lust oder dem Streben nach Macht – zu erklären suchen. Wichtiger erscheinen demgegenüber polythematische Ansätze, die zu einer Klassifikation vielfältiger Motivziele gelangten, wofür so genannte Bedürfnislisten ein Beispiel sind. Eine solche Liste wurde von Madsen (1968) vorgestellt, der folgende Motive anführt:

- Hungermotiv,
- Durstmotiv,
- Sexualmotiv,
- Pflegemotiv,
- Temperaturmotiv,
- Schmerzvermeidungsmotiv,
- Ausscheidungsmotiv,
- Atmungsmotiv,
- Ruhe- und Schlafmotiv,
- Sicherheitsmotiv (oder Furcht),
- Aktivitätsmotiv,
- Aggressionsmotiv.

Solche frühen Klassifikationen der Wissenschaft unterscheiden sich allerdings kaum vom Bemühen des Laien, zwischen verschiedenen

Motiven zu differenzieren. Derartige Listen haben nur einen geringen Erklärungswert. Etwas anspruchsvoller ist demgegenüber der über die Grenzen der Psychologie hinaus sehr bekannt gewordene Versuch von Maslow (1954), fünf unterschiedliche hierarchisch geordnete Motive voneinander zu unterscheiden. Diese werden vielfach in Form einer Pyramide dargestellt.

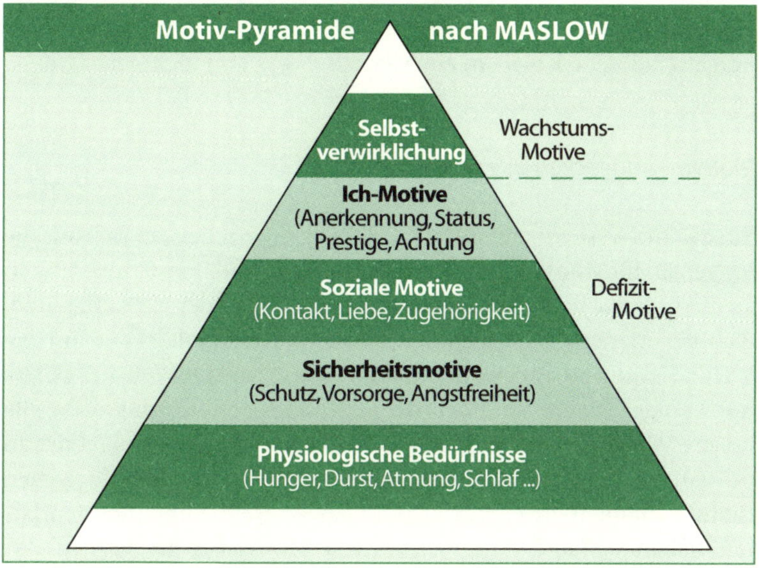

Der zentrale Anspruch dieses Modells besteht zum einen darin, dass die Existenz dieser fünf Motivgruppen als in der Natur des Menschen liegend angenommen wird. Die entsprechenden Motive werden also nicht im Zuge der Sozialisation erworben. Zum anderen liegt der zweite zentrale Anspruch in der Aussage, dass das jeweils »höhere« Motiv nur dann aktiviert werden kann, wenn das jeweils tiefere grundsätzlich befriedigt ist. Dies lässt sich in Anlehnung an Maslow in die paradoxe Formulierung kleiden: Der Mensch lebt wohl vom Brot allein, nämlich dann, wenn er kein Brot hat!

Der empirischen Motivationsforschung gelang es nicht, die universelle Geltung der fünffachen Gliederung nachzuweisen oder das von Maslow behauptete Hierarchieprinzip schlüssig zu belegen. Dennoch hat dieses Modell bis heute seinen heuristischen Wert bewahrt. So hilft es zum Beispiel der betrieblichen Personalpolitik dabei, inhaltlich unterschiedliche Anreize zu konzipieren, die dann jeweils den Grundbedürfnissen, den Sicherheitsbedürfnissen, den Bedürfnissen nach Zugehörigkeit, nach Anerkennung beziehungsweise nach Selbstverwirklichung zugeordnet sind.

Das hierarchische Motivationsmodell zählt zu den Inhaltstheorien der Motivation, die auch beim Laien besonderes Interesse gefunden haben, weil sie eine leicht nachvollziehbare Antwort auf die Frage versprechen, warum ein Mensch dieses und nicht jenes tut.

Motive – angeboren oder erlernt?

Ein zweites wesentliches Klassifikationsmerkmal bezieht sich auf die Frage, ob die Motive angeboren oder erlernt sind. Extrempositionen zu dieser Frage haben sich nicht halten lassen. Weder die Auffassung, dass der Mensch als ungeprägtes Wesen, als »tabula rasa«, auf die Welt kommt und entsprechend alles, was er anstrebt, Ausdruck seiner Lerngeschichte sei, noch die gegenteilige Auffassung, dass alle unsere Wünsche bereits in den Genen liegen und so von Geburt an präsent sind, beziehungsweise sich im Zuge der psychophysischen Reifung unabhängig von den jeweiligen Umweltbedingungen entfalten, haben Bestand. Eine Vielzahl von Motiven ist in ihrer inhaltlichen Spezifität ohne Frage in unsere Wiege gelegt worden. Man denke zum Beispiel an Bedürfnisse nach Ruhe, nach Sicherheit und Geborgenheit, nach menschlicher Zuwendung und Liebe, nach Kontrolle der eigenen Situation, nach selbst bestimmtem autonomen Handeln und viele andere mehr. Immer wieder lässt sich zeigen, dass sich diese Wünsche auch unter widrigen Umständen aktivieren lassen und fast so etwas wie eine Konstante des Wesens von Menschen ausmachen. Derartige angeborene Motive werden auch gelegentlich als primäre Motive bezeichnet.

Auf der anderen Seite gibt es eine Vielzahl von Beweggründen, die Widerspiegelung oder Ausdruck jener gesellschaftlichen Verhältnisse sind, unter denen ein Mensch aufwuchs (vgl. S. 180f.). Häufig lassen sich diese Beweggründe zwar auf angeborene, primäre, zurückführen, wurden aber durch Erfahrung und **Gewohnheitsbildung** inhaltlich spezifiziert.

Differenzierung eines zunächst unspezifischen Motivs

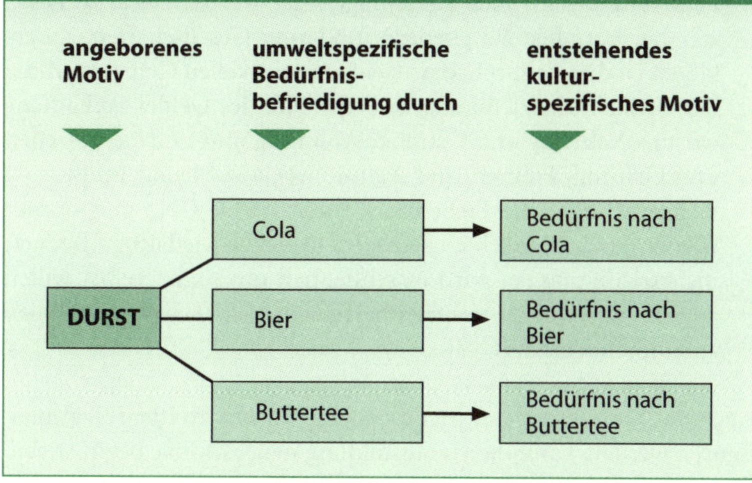

Durst ist fraglos ein angeborenes, für das physische Überleben des Menschen wesentliches Motiv. Durst richtet sich auf Trinkbares. Dieses Ziel ist abstrakt. Trinkbares begegnet uns je nach gesellschaftlicher Norm in unterschiedlicher Form, in Bayern häufig als Bier, in den USA als ein Cola-Getränk, in Tibet als Buttertee. Macht nun ein Mensch die Erfahrung, dass sein Durst immer wieder mit Bier, Cola beziehungsweise Buttertee gelöscht wird, so wird schließlich das primäre Motiv überformt. Es wird nicht einfach Durst erlebt, sondern konkret Durst auf das jeweilige Getränk. Der Dürstende ist enttäuscht und frustriert, wenn ihm statt des erwarteten Biers ein anderes Getränk angeboten wird.

Auch andere Lernprinzipien führen zur Herausbildung neuer Motive, zum Beispiel die so genannte **»funktionale Autonomie der Motive«**. Was ist damit gemeint? Wird etwas immer wieder als Mittel zum Zwecke der Bedürfnisbefriedigung eingesetzt, so wird es schließlich um seiner selbst Willen angestrebt.

Besonders überzeugend lässt sich dies am Beispiel des Geldes zeigen. Selbst überaus sparsame oder gar geizige Menschen werden kaum behaupten, dass beim Menschen das Bedürfnis nach Geld angeboren sei. Dennoch findet sich – wenn auch von Person zu Person unterschiedlich ausgeprägt – der Wunsch, Geld zu besitzen, bei fast allen Mitgliedern moderner Gesellschaften. Zu erklären ist dies dadurch, dass Geld auf sehr vielen Gebieten Mittel der Bedürfnisbefriedigung ist. Mit Hilfe des Geldes »erkaufen« wir uns Nahrung und Getränk, Wohnung und Wärme, Ansehen und Geltung, Freiheit und Autonomie, Macht und Einfluss, ja vielleicht sogar die Liebe eines Partners. Da Geld also immer wieder ein erfolgreich einsetzbares Mittel zu vielfältiger Bedürfnisbefriedigung ist, wird es schließlich um seiner selbst willen angestrebt. Geld zu besitzen befriedigt; nicht darüber verfügen zu können frustriert.

Auch das Vorbild anderer Menschen, die für uns zu Identifikationsfiguren werden, kann die Herausbildung neuer Motive begünstigen. Man spricht hier vom **»Lernen am Modell«**. Wenn eine Person, die wir als uns selbst ähnlich und als sympathisch erleben, ein Verhalten zeigt, zu dem wir uns in der Lage wähnen, und wenn dieses Verhalten zu einem Erfolg führt, den wir als erstrebenswert einstufen, so wird bei uns das Bedürfnis wachsen, dieses Verhalten zu zeigen.

Beispiel: Ein Jugendlicher beobachtet immer wieder, dass ein Gleichaltriger mit virtuosem Gitarrenspiel die Zuwendung von Angehörigen des anderen Geschlechts gewinnt. Ihm selbst bleibt eine derartige von ihm intensiv gewünschte Zuwendung versagt. Mit der Zeit entsteht daher der Wunsch in ihm, das Gitarrenspiel zu erlernen.

Dies wiederum lenkt den Blick auf die **Erziehung**, die zum Teil, aber keineswegs nur auf die Vorbildwirkung der Eltern zurückzuführen ist. Wenn elterliche Erziehungswerte sich im Zuge gesellschaftlicher Veränderung wandeln, so darf man annehmen, dass auch die Motive der Heranwachsenden sich verändern. Die folgende Darstellung illustriert dies.

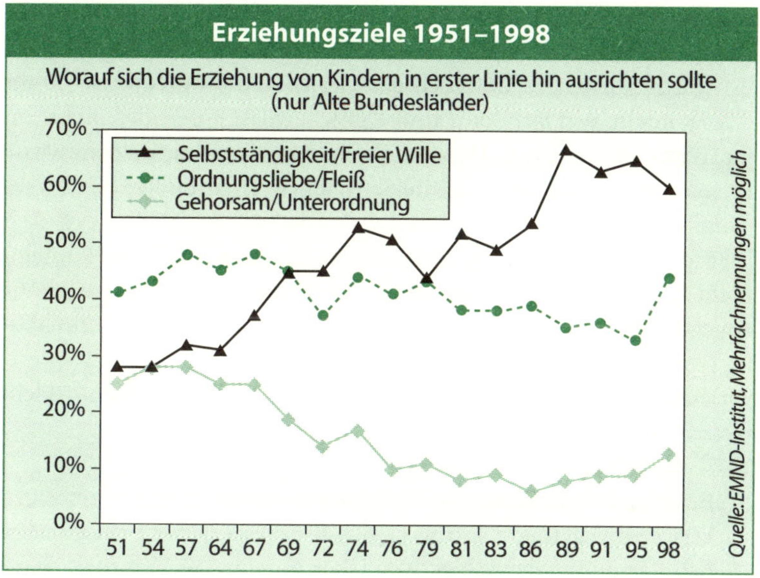

Erziehungsziele 1951–1998

Worauf sich die Erziehung von Kindern in erster Linie hin ausrichten sollte (nur Alte Bundesländer)

Wenn also über einen Zeitraum von knapp 50 Jahren in der deutschen Gesellschaft bei Eltern der Erziehungswert der Selbstständigkeit deutlich gestiegen, jener von Gehorsam und Unterordnung deutlich gesunken ist, so darf man annehmen, dass das Bedürfnis zu selbstständigem Tun bei den Heranwachsenden gewachsen ist, dagegen jenes, sich unterzuordnen, entsprechend reduziert wurde.

Weiterer Wege des Erwerbs neuer Motive ließen sich schildern (s. auch S. 176ff.). Darauf wird hier jedoch nicht weiter eingegangen.

> Wichtig dagegen erscheint für die konkreten Zielsetzungen betrieblicher Personalarbeit, dass nicht nur Wissen und Können lehrbar sind, sondern in Grenzen auch das vermittelt werden kann, was Mitarbeiter anstreben, was ihnen wünschenswert erscheint und was sie interessiert.

Bewusste und unbewusste Motive

Erhebliches Interesse hat auch der Gesichtspunkt gefunden, ob die das Handeln auslösenden Motive uns bewusst sind oder nicht. Intensiviert wurde diese Debatte vor allem durch die Arbeiten von Freud und die von ihm initiierte tiefenpsychologische Schulrichtung. Hier wurde durch vielerlei Beobachtung nahe gelegt, dass Menschen in nicht wenigen Situationen die Gründe ihres Handelns nicht zu nennen wissen oder aber schlicht nicht zutreffende Gründe angeben, ohne dabei bewusst zu lügen. Interpretiert wurde dies häufig damit, dass die wahren Gründe – da sie als peinlich, selbstwertverletzend oder gesellschaftlichen Normen widersprechend erlebt werden – verdrängt worden seien.

Beispiel: Der Besitzer eines luxuriösen Automobils der Premiumklasse wird gefragt, warum er sich für dieses Modell entschieden habe. Er gibt in der subjektiven Überzeugung, die Wahrheit zu sagen, als Kaufmotive die Bequemlichkeit des Fahrzeugs, den hohen Grad passiver Sicherheit sowie den hohen Wiederverkaufswert an. – Untersuchungen mit tiefenpsychologischen Methoden (zum Beispiel der Verwendung projektiver Fragen) machen allerdings wahrscheinlich, dass insbesondere Geltungssucht als Kaufmotiv wirkte. Da dies allerdings mit dem Selbstbild des Käufers im Widerspruch steht und zudem gesellschaftlichen Normen widerspricht, wurde es verdrängt und aus dem Bewusstsein verbannt.

Tatsächlich findet man vielfach, dass sich Menschen zutreffend darüber äußern können, welche Motive für ihre Entscheidungen und Handlungen ausschlaggebend waren oder dass ihnen doch zumindest im Rahmen eines zur Reflexion anregenden Gesprächs diese Beweggründe bewusst werden. Auf der anderen Seite lässt sich aber auch zeigen, dass Menschen »sich selbst etwas vormachen« und damit auch andere nicht zutreffend über das informieren können, was sie zum Handeln bewegte.

So findet man zum Beispiel gelegentlich, dass erkrankte Personen nicht wieder gesunden, obwohl der Arzt keine organische

Ursache dafür feststellen kann. Es lässt sich dann häufig aufzeigen, dass die Patienten aufgrund ihres Leidens zu einem so genannten »sekundären Krankheitsgewinn« gelangen. Denn das Leiden garantiert ihnen Rücksichtnahme und Zuwendung anderer Personen, sie werden zum Mittelpunkt des Interesses und können letztlich auf diese Weise Macht über andere ausüben. Dies aber ist ihnen selbst nicht bewusst.

Es ließe sich noch eine Vielzahl anderer Beispiele für die Wirksamkeit nicht bewusst werdender Handlungsmotive nennen.

Es gibt noch weitere, meist weniger interessante Gesichtspunkte der Klassifikation von Motiven, beispielsweise ob sie die gesamte Person in Beschlag nehmen oder nicht, ob sie einen rhythmischen Verlauf zeigen – wie das immer wiederkehrende Bedürfnis nach Nahrung oder Schlaf –, ob sie eher als tief oder als oberflächlich erlebt werden. Grundsätzlich lässt sich natürlich nicht sagen, dass dieses oder jenes Klassifikationsschema bedeutsamer, wichtiger oder gar »richtiger« als ein anderes sei, sondern es kommt auf die Fragestellung an, auf welches Raster man sich schließlich bezieht.

Motivation als eine Ursache des Verhaltens

In einer sehr vereinfachenden, holzschnittartigen, aber gerade dadurch die Prozesse der menschlichen Psyche klärenden Darstellung hat Rohracher (1988) in seinem viel studierten Lehrbuch der Psychologie psychische Kräfte von psychischen Funktionen unterschieden.

Die **Kräfte** umfassen all das, was wir als Motivation und Volition kennen gelernt haben und was die Alltagssprache als Antrieb, Bedürfnis, Drang, Strebung, Trieb, Wille, Wunsch und so weiter bezeichnet. Also all das, was uns bewegt, zu einem Ziel hintreibt oder zu diesem Ziele hinzieht. Von diesen Kräften geht eine erhebliche Dynamik aus, doch die Kräfte sind blind, sie sehen das Ziel nicht und wissen nicht, welcher Weg zum Ziele führt.

Daher ist die Bedeutung der **Funktionen** sofort einsichtig. Diese Funktionen lassen sich als Überbegriff zu Konzepten wie Wahrnehmung, Denken, Gedächtnis, Wissen, Erfahrung verstehen. Dies entspricht zum Teil dem, was in der modernen psychologischen Terminologie als »Kognition« umschrieben wird. Den Funktionen aber fehlt jede Dynamik, wenn sie nicht von den Kräften benötigt werden. Im Handeln ist also das Zusammenspiel zwischen Kräften und Funktionen gefordert.

Beispiel: Ein junger Mann, alkoholischen Getränken durchaus zugetan, wacht nach einer durchzechten Nacht am frühen Sonntagvormittag auf und fühlt einen heftigen »Nachdurst«. Dieser Durst ist im wahrsten Sinne eine Kraft, die ihn aus dem Bett treibt – auf der Suche nach einem adäquaten Getränk. Der Durst aber treibt nur an. Er kennt kein konkretes Ziel und weiß auch keinen Weg dorthin. Also muss der junge Mann sich umschauen, wo in der Wohnung sich vielleicht noch eine Flasche Bier befindet. Er muss sich erinnern, dass in der vergangenen Nacht eine Flasche unter das Bett rollte. Er muss darüber nachdenken, wo man in einer Zeit, in der die meisten Geschäfte geschlossen sind, noch etwas Trinkbares erwerben kann. Oder er muss wissen, welcher seiner Nachbarn für seine Wünsche wohl ein offenes Ohr und eine freigiebige Hand hat.

Die Kräfte, von denen soeben die Rede war, entsprechen dem, was uns antreibt, und das ist primär die Motivation. Das Beispiel aber zeigt, dass diese Motivation unser Verhalten nur zum Teil erklärt. Die Funktionen müssen dazukommen, die wir alltagssprachlich mit dem Begriff des »Könnens« umschreiben und das neben unseren Fertigkeiten und Fähigkeiten alle Qualifikationen bis hin zum Wissen und zur Erfahrung umfasst.

Dies aber ist ausschließlich die Seite der handelnden Person. Die Person befindet sich stets in einem konkreten Kontext, in einer Situation. Dabei spielt die sozial konzipierte Welt, also das Dürfen und Sollen, das direkt oder indirekt durch andere Menschen vermittelt wird, eine Rolle. Dazu gehören beispielsweise formelle und informelle Regelungen, ungeschriebene Gesetze und Selbstverständlichkeiten, also all das, was alltagssprachlich mit »das tut man« oder »das tut man nicht« umschrieben wird und das die Unternehmenskultur bestimmt.

Das Handeln wird aber schließlich auch von harten Bedingungen beeinflusst, denn in der jeweiligen Situation gibt es Förderliches, aber auch Barrieren. Das wird als situative Ermöglichung gekennzeichnet. Aus diesen Überlegungen ergibt sich folgende Darstellung.

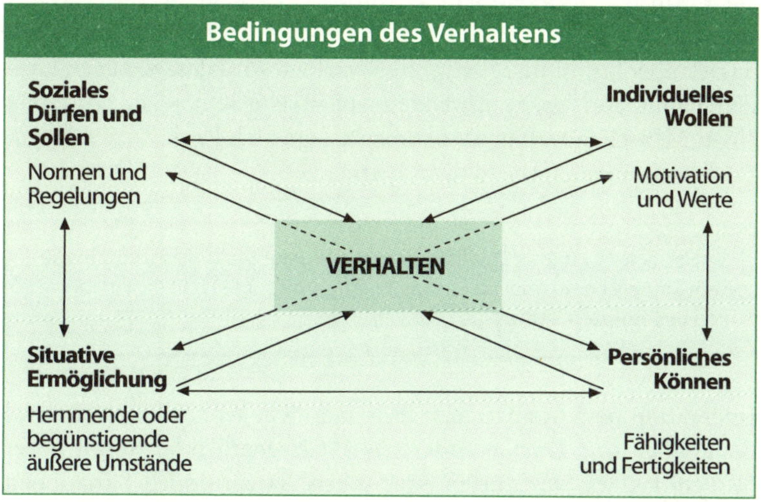

Ganz konkret lässt sich die Grafik wie eine Checkliste behandeln. Zeigt etwa ein Mitarbeiter im Betrieb nicht jenes Verhalten, das erwartet wird, so kann man jeweils fragen:

- Wollte er nicht?
- Konnte er nicht?
- Durfte oder sollte er nicht?
- Fehlten ihm die notwendigen Ressourcen?

Meist wird es unzureichend sein, nur an einem dieser Punkte anzusetzen. Da sie alle in Wechselwirkung miteinander stehen, ist ein systemischer Ansatz ratsam. Das heißt konkret, dass Maßnahmen zur Verhaltensänderung an der Person, aber auch an der sie umgebenden Situation gleichermaßen ansetzen sollten.

Zur Wechselwirkung zwischen den vier Einflussgrößen, die sich selbstverständlich weiter aufgliedern und differenzieren ließen, noch einige Hinweise. Beschränken wir uns dabei auf die Motivation, also das Wünschen und Wollen beziehungsweise die Kräfte. Sie stehen zunächst in Wechselwirkung mit dem Können. Dies ist leicht nachvollziehbar. Wer wirklich etwas will, wird in der Regel auch sein Können, das für die Umsetzung erforderlich ist, zu verbessern suchen. Auf der anderen Seite beeinflusst das Können unser Wünschen und Wollen. Wer eine Qualifikation erworben hat, wer weiß, dass er über bestimmte Fertigkeiten verfügt, wird das, was er zu können glaubt, auch gerne anwenden wollen. Nur sehr selten wird man einen Menschen treffen, der von sich sagt: »Ich kann zwar sehr gut Ski fahren, aber ich tue es nicht gerne …«

> So betrachtet, ist jede Qualifikation ihre eigene Motivation, und in diesem Sinne ist eine qualifizierende Maßnahme zugleich in einem inhaltlich bestimmten Sinne eine motivierende.

Interaktion besteht aber auch zwischen dem Wollen einerseits und dem Sollen und Dürfen andererseits. Gelegentlich bestimmt unser Wollen das, was wir dürfen oder sollen, da wir gezielt Situationen aufsuchen, in denen das erlaubt ist, was wir anstreben, oder wir suchen die Spielregeln so neu zu definieren, dass sie unserer Motivation entsprechen.

Häufiger wird es jedoch so sein, dass das Sollen und Dürfen uns im Zuge der Erziehung und der Sozialisation formen, bis wir schließlich das wollen, was wir sollen.

Ähnlich lässt sich argumentieren, wenn man die Interaktion zwischen dem Wollen und der situativen Ermöglichung bedenkt. Auch hier gilt, dass wir aufgrund unserer Wünsche und Zielvorstellungen – der Motivation – Situationen aufsuchen, in denen wir das umsetzen können, was wir uns wünschen oder die Situation entsprechend gestalten. Zudem werden unsere Wünsche aktiviert und verstärkt, wenn die Gelegenheit sich als günstig erweist, aber deutlich reduziert, wenn die Umsetzung nahezu unmöglich erscheint. Der Ehrgeizige wird in seinem Aufstiegsstreben bald resignieren, wenn er erkennen muss, dass die Aufstiegschancen im Unternehmen aufgrund der flachen Hierarchie und der Altersstruktur der Führenden nahezu bei null liegt.

Motivierte Person – motivierende Situation

Bereits bei der Gegenüberstellung von Motiv und Anreiz war deutlich geworden, dass in der Regel in der Person angenommene latente Beweggründe und Anregungsbedingungen der Situation das Verhalten auslösen und steuern. Diese Grundüberlegung ist zum Verständnis menschlichen Handelns, aber auch für das betriebliche Motivationsmanagement von erheblicher Bedeutung, denn sie erklärt, warum verschiedene Menschen in gleichen Situationen vielfach unterschiedlich handeln. Gerade für Organisationen, die ja meist von individuellen Unterschieden absehen und Standardregelungen einführen, ist dies ein relevanter Aspekt. Ein bekanntes Sprichwort sagt ja: »Was dem einen seine Eule ist, ist dem anderen seine Nachtigall«. Dies wird vielfach vergessen, wenn bestimmte Anregungsbedingungen auf ihre Wirkung hin analysiert werden.

Beispiel: Zwei junge Männer arbeiten in einem multinational tätigen Unternehmen, das vor kurzem ein Zweigwerk an der amerikanischen Ostküste errichtet hat. Der Vorgesetzte ist mit den Leistungen beider Mitarbeiter hoch zufrieden. Um sie zu noch höherer Anstrengung anzuregen, verspricht er beiden, sich dafür einzusetzen, dass sie drei Jahre lang ins neue Zweigwerk in die USA dürfen. Der Erste – im Privatleben ungebunden sowie voller Neugier und Abenteuerlust – strengt sich daraufhin erheblich an. Für ihn ist das Angebot eine positive Verlockung, ein Anreiz, eine »Nachtigall«. Beim anderen dagegen bewirkt das Versprechen eher das Gegenteil. Er hat – was der Chef vermutlich nicht weiß – vor kurzem eine Lehrerin geheiratet und mit ihr eine Eigentumswohnung erworben. Das Versprechen des Chefs erschreckt ihn. Es ist – um im Bilde zu bleiben – eine »Eule«.

Man erkennt: Wer Anreize setzen, durch Situationsgestaltung andere Menschen – sei es im Privaten oder Beruflichen – motivieren möchte, sollte diese in ihrer Eigenart kennen. Zwischen den Anregungsbedingungen der Situation und den dominierenden Motiven der Person sollte ein inhaltlicher Bezug bestehen. Eine gut gemeinte Maßnahme kann, wenn dies nicht beachtet wird, in ihr Gegenteil umschlagen.

Motivation – das Ziel und der Weg

Die Klassifikation der Motive zeigte bereits deutlich, dass diese besonders häufig nach dem angestrebten Ziel voneinander abgehoben werden, zum Beispiel als Macht-, Kontakt-, Leistungs-, Sicherheitsmotiv. Tatsächlich hat das Ziel, der angestrebte Endpunkt motivierten Handelns, eine erhebliche Bedeutung. Vom Erreichen des Ziels versprechen wir uns Befriedigung. Diese **Zielerreichung** wird in der Verhaltensbiologie **als konsummotorischer Akt** bezeichnet.

Es ist jedoch ein **Weg** zu gehen, der zum Ziele führt. Wir müssen uns dem Ziele annähern, was in der Verhaltensbiologie als **Appetenzverhalten** bezeichnet wird. Das Gehen dieses Weges ist nichts anderes als ein Mittel zum Zweck. Er selbst kann befriedigend sein, was im extremen Fall so weit reicht, dass »der Weg zum Ziel« wird.

Erleben wir allein das Erreichen des Ziels als befriedigend, den Weg dorthin jedoch als lästig, schmerzhaft und dornenreich, sodass er lustlos – mit Unterstützung durch die Volition – gegangen werden muss, so sprechen wir von **extrinsischer Motivation**. Die Befriedigung liegt hier nicht im Handeln, sondern lediglich im Ergebnis dieses Handeln oder dessen Begleitumständen.

Beispiel: Ein junges Mädchen hilft beim Frühjahrsputz der Mutter. Das Kind arbeitet ungewöhnlich rasch und eifrig. »Macht dir das Spaß?«, fragt die Tante, die gerade zu Besuch ist »Nein«, antwortet das Mädchen, »ich finde das grässlich, aber für jedes sauber geputzte Fenster gibt mir meine Mutter zwei Euro.«

In nicht wenigen Fällen erleben wir bereits Befriedigung auf dem Weg zum Ziel. Wir sprechen dann von **intrinsischer Motivation**. Das Handeln selbst macht uns Freude. Oft macht der Weg mehr Freude als das Erreichen des Ziels.

Ein Beispiel: Ein Maler arbeitet voller Begeisterung an einem Gemälde. Der kreative Prozess, die kompetente Umsetzung seiner Ideen in Form und Farbe befriedigt ihn zutiefst. Dagegen erlebt er fast Abschlaffung und Enttäuschung, wenn das Werk vollendet ist, und geradezu Widerwillen, als er es verkauft.

Vieles spricht dafür, dass die Befriedigung durch den Weg die phylogenetisch ältere Form ist. Nach allem, was wir zum Beispiel über das Zentralnervensystem eines Vogels wissen, ist er nicht in der Lage zu erkennen, dass das »langweilige« Sitzen auf den Eiern, um sie zu bebrüten, schließlich zu einem Ziel, dem Schlüpfen der Jungen führt. In einer bestimmten Phase des Jahres sind die Eier für den Vogel Anreiz zum Brüten, sie sind angeborene Auslösermechanismen (AAM), die zur Folge haben, dass das Brüten den Vogel so lange befriedigt, bis die Eier ihre Form durch das Schlüpfen der Jungen verlieren.

Beim motivierten Handeln von Menschen ist also jeweils darauf zu achten, ob die Befriedigung primär auf dem Wege zum Ziel oder im Erreichen des Zieles selbst liegt.

Theorien der Motivation

Theorien lassen sich als mehr oder weniger komplexe und begründete Systeme von Wenn-dann-Aussagen auf einem bestimmten Gegenstandsbereich verstehen. Es handelt sich dabei um Systeme, die zum einen dafür geeignet erscheinen, bestehendes isoliertes Wissen zu integrieren und in einen sinnvollen Zusammenhang zu bringen, und zum anderen, um fundierte Hypothesen zu formulieren, die es dann in der empirischen Forschung zu überprüfen gilt.

Da nun in der realen Welt die Phänomene nicht fein säuberlich in die Kästchen der einzelnen Wissenschaftsdisziplinen einzuordnen sind, sondern alles mit allem zusammenhängt, könnte man als das utopische Ziel allen wissenschaftlichen Bemühens eine Einheitstheorie alles Seienden erhoffen. Davon allerdings ist die Wissenschaftsentwicklung weit entfernt. Ja man hat sogar den Eindruck, dass sie sich immer weiter aufdifferenziert und sich trotz allen interdisziplinären Bemühens weiter »auseinander lebt«. Selbst innerhalb einer scheinbar einheitlichen Disziplin wie der Psychologie fehlt eine eindeutige Theorie menschlichen Erlebens und Verhaltens.

Auch für das noch engere Gebiet der Motivation gilt dies. So gibt es verschiedene Theoriegruppen, die auf Grundprinzipien motivationaler Prozesse aus jeweils unterschiedlicher Sicht hinweisen (Madsen 1968, Weiner 1996). Es handelt sich dabei um **bedürfnis-**

theoretische, anreiztheoretische, kognitive und humanistische Ansätze. Diese sollen in ihren Grundgedanken nun knapp vorgestellt werden, weil sie für das grundlegende Verständnis von Bedeutung sind. Inadäquat wäre wohl die Frage, welche der folgenden vier Ansätze denn nun »richtig« und welche »falsch« sind. Sie haben einen eingeengten Anspruch und sind entsprechend jeweils auch für Teilgebiete der menschlichen Motivation gültig beziehungsweise dort zur Erklärung nützlich. In diesem Sinne ergänzen sie einander.

Bedürfnistheoretische Ansätze

Die Gruppe der Theorien, die sich hier zuordnen lässt, spielt vor allem in den biologisch orientierten Trieblehren eine große Rolle. Durch die Brille dieser Theorien betrachtet, lässt sich die Wirkungsweise der Motivation besonders gut am **Modell der Homöostase** – zum Beispiel an Thermostaten der privaten Heizung – erklären. Dort gibt es in der Regel einen oberen und einen unteren Sollwert. Sinkt die Temperatur unter den unteren Wert, so wird die Heizung angeschaltet. Die Temperatur steigt. Wird der obere Sollwert überschritten, wird die Heizung wieder abgeschaltet, bis der untere Sollwert nach einiger Zeit wieder erreicht ist.

Nun wieder zurück zur Motivation: Der Trieb ist hier als eine kontinuierlich fließende innersomatische Energiequelle zu verstehen. Dabei steigt – um ein Bild zu nutzen – der Druck in einem geschlossenen Zylinder ständig, bis sich ein Überdruckventil öffnet und die Energie selbst in bedürfnisbefriedigenden Handlungen verbraucht wird. Danach schließt sich das Ventil wieder, und der Prozess beginnt von neuem. So wird ein innerkörperliches, physiologisches Gleichgewicht gesichert, das allerdings im Sinne eines oszillierenden Prozesses zu verstehen ist. Das Bedürfnis pendelt zwischen ansteigendem Drangerlebnis und Befriedigung. Nach diesem Modell lassen sich recht plausibel beispielweise Motivationen der Nahrungsaufnahme, der Sexualität, der Ruhe erklären. Es gibt aber auch Versuche, dieses Prinzip auf die menschliche Aktivität insgesamt oder speziell auf die Aggression, auf das Leistungsverhalten, auf die zwischenmenschliche Kontaktaufnahme anzuwenden, was innerhalb der Wissenschaft zum Teil zu Kontroversen geführt hat. Aber selbst dort, wo die Erklärungskraft dieses Ansatzes äußerst plausibel ist, wie zum Beispiel bei Motiven der Nahrungsaufnahme, ist die Grenze dieser Theorie leicht sichtbar. Wenn man lange nichts gegessen hat, steigt das Hungergefühl, bis man wieder Nahrung zu sich nimmt. Dies entspricht dem homöostatischen Ansatz. Neben der Länge der Deprivation können jedoch auch äußere Anreize den Hunger aktivieren, wie zum Beispiel der Anblick einer appetitlich zubereiteten Speise oder lustvoll essender Menschen.

Für das Verständnis motivierten Handelns lautet die Botschaft der bedürfnistheoretischen Ansätze in Hinblick auf die Befriedigung nicht »So viel wie möglich!«, sondern »So viel wie nötig!«.

Anreiztheoretische Ansätze

Bei der Gruppe dieser Motivationstheorien, die nicht nur in der Psychologie, sondern auch in der Betriebswirtschaftslehre (zum Beispiel bei der Anreiz-Beitrags-Theorie) eine erhebliche Rolle spielen, sieht das Erklärungsprinzip letztlich so aus, dass gegenwärtiges Verhalten die Folge **antizipierter Lustzustände** des Organismus ist. Bestimmte Bestandteile der Situation, die wahrgenommen werden, versprechen Befriedigung und damit Lust. Es sind die Anreize. Dies setzt motiviertes Verhalten in Gang, das darauf gerichtet ist, zu dieser Befriedigung zu gelangen. Entsprechend ist Motivation nicht primär durch Zustände des psychophysischen Systems, sondern durch wahrgenommene Situationsmerkmale – Anreize, Anregungsbedingungen – determiniert.

Entsprechend lautet hier mit Blick auf das motivierende Handeln das Prinzip: »So viel wie möglich!«

Kognitive Ansätze

Das Besondere dieser Motivationstheorien besteht darin, dass sie sich nicht auf physiologische Prozesse oder Lust versprechende Anreize in der äußeren Welt berufen, sondern auf **Widersprüche innerhalb des kognitiven Systems**, etwa innerhalb des Wissens. Die hinter all diesen Ansätzen stehende Grundthese ist die, dass der Mensch mit sich selbst in Harmonie, im Gleichgewicht leben will und daher dazu motiviert wird, erlebtes Ungleichgewicht durch entsprechendes Handeln auszugleichen. Besonders deutlich wird das in der auf Festinger (1957) zurückgehenden Theorie der kognitiven Dissonanz. Erlebt ein Mensch Widersprüche zwischen bestimmten Wissensbestandteilen, so wird er dazu motiviert, diese Widersprüche aufzulösen.

Beispiel: Ein junger Mann hatte geplant, nach dem Abitur Medizin zu studieren. Sein Notendurchschnitt aber war zu schlecht, weshalb er sich für das Studium der Betriebswirtschaftslehre entschied. Zunächst plagte ihn das Wissen, dass sein Traumberuf eigentlich der des Arztes sei, er aber das sehr viel weniger geschätzte Feld der Betriebswirtschaftslehre studierte. Um diese Spannungen zu reduzieren, suchte er gezielt nach Informationen, die ihm halfen, den Arztberuf abzuwerten. Er fand diese in den deutlich sich verschlechternden Berufsaussichten und Informationen über Einkommensreduzierungen bei Ärzten aufgrund der Gesundheitsreform. So wurde mehr und mehr die Betriebswirtschaft nicht nur zum gewählten, sondern auch zum gewünschten Berufsfeld.

In diesem Sinne ist auch die bekannte Aussage von Festinger zu interpretieren, dass kognitive Dissonanz ebenso wie Hunger motiviert.

Ebenfalls zu den kognitiven Motivationstheorien zählen jene, in denen es um Fairness, Ausgeglichenheit oder Gerechtigkeit geht. Sie haben für das Handeln in Organisationen ebenfalls starke Bedeutung, wenn man die Wirkung von Anreizen – materiellen oder immateriellen Belohnungen – bedenkt. Diese Wirkung – bezieht man sich auf die genannten Theorien – ergibt sich nicht aus der absoluten Höhe der Anreize, sondern aus dem **sozialen Vergleich**. Das Organisationsmitglied nimmt wahr, welche Leistungen es für die Organisation erbringt und was es dafür bekommt, und achtet zugleich darauf, was andere in vergleichbarer Position leisten und was sie dafür erhalten. Herrscht zwischen diesen beiden Quotienten kein Gleichgewichtig, so entsteht die Motivation, dieses Gleichgewicht wieder herzustellen.

Beispiel: Jemand arbeitet voller Engagement in einem Team. Allerdings werden die quantitativ ansteigenden Anforderungen von ihm sowie den Kollegen und Kolleginnen kaum noch bewältigt. Der Vorgesetzte gewinnt daher einen zusätzlichen Mitarbeiter für das Team, der ähnlich gute Leistungen wie die anderen erbringt. Man fühlt sich durch den neuen Kollegen entlastet und ist zufrieden über die neue Situation. Dies gilt, bis durch einen Zufall herauskommt, dass der neu Eingestellte deutlich mehr verdient als die altgedienten Kräfte. Darauf entsteht bei diesen das Gefühl, ungerecht behandelt zu werden. Sie bemühen sich in einem Gespräch mit dem Vorgesetzten um eine entsprechende Gehaltserhöhung. Als dieser Versuch scheitert, senken sie ihre Leistungen ab, um auf diese Weise die erlebte Gerechtigkeit wiederherzustellen.

Auch in den kognitiven Motivationstheorien geht es – ähnlich wie in den Bedürfnistheorien – um die Wiederherstellung oder Bewahrung eines Gleichgewichtes. Nur ist es hier kein physiologisch verankertes, sondern es ist ein Gleichgewicht innerhalb des kognitiven Systems, innerhalb des Denkens und Wissens.

Das für das motivierte Handeln zentrale Prinzip heißt also hier: »So harmonisch und gerecht wie möglich!«

Humanistische Ansätze

Diese Ansätze haben ihre Bezeichnung von einer bestimmten Schulrichtung innerhalb der Psychologie, die als »humanistische Psychologie« gekennzeichnet wird. Die zentrale Thematik lautet: Der Mensch ist stets auf dem Wege und sucht mehr zu werden, als er gegenwärtig ist. Wachstum im Psychischen in diesem Sinne bringt den Menschen seiner Selbstverwirklichung näher. Entsprechend wird nicht Gleichgewicht, nicht die Wiederherstellung eines zuvor gegebenen Zustandes gesucht, sondern das Überschreiten von Grenzen, das Gewinnen neuer Horizonte, das Erleben von Grenzsituationen.

> Das Prinzip motivierten Handelns heißt also in den humanistischen Motivationstheorien: »Werde der du bist, indem du mehr wirst, als du heute bist!«

Inhalts- und Prozessbetrachtung

Quer zu diesen soeben knapp skizzierten theoretischen Ansätzen liegt eine andersartige Betrachtungsperspektive, die in der Arbeits- und Organisationspsychologie eine starke Beachtung findet, die Inhalts- versus Prozessperspektive. Demnach sind **Inhaltstheorien** der Motivation solche, die zu erklären suchen, was der Mensch anstrebt, während die **Prozesstheorien** zu erklären suchen, wie dieses Ziel – ganz gleich wie es inhaltlich bestimmt ist – erreicht wird.

Ein Beispiel für die Inhaltstheorien der Motivation ist das schon besprochene hierarchische Modell von Maslow. Es stellt gleichermaßen eine Art Endpunkt des aussichtslos erscheinenden Bemühens in der Psychologie dar, ein umfassendes System aller für das Handeln bedeutsamen Motivziele zu entwickeln. Moderne, inhaltlich orientierte Motivationsforschung geht eklektizistisch vor und greift das eine oder andere inhaltlich bestimmte Motiv heraus, weil es von besonderem theoretischen oder praktischen Belang zu sein scheint. In diesem Sinne haben vor allem drei Motive eine hohe Aufmerksamkeit der Forschung gefunden, und zwar die Bedürfnisse

- nach Macht,
- nach Anschluss an andere Menschen (Kontakt und Zuwendung),
- nach Leistung, verstanden als ein Bemühen, sich mit einem Gütemaßstab, den man für verbindlich hält, auseinander zu setzen, sodass man Erfolgs- oder Misserfolgserlebnisse haben kann.

Die hohe praktische Bedeutung der Inhaltstheorien liegt darin, dass sie auch für den Laien unmittelbar plausibel sind und die Fragen beantworten, die besonders nahe liegend sind: »Was strebt dieser Mensch an? Warum ist ihm dies so wichtig?«

Praktisch relevant ist zudem, dass die Inhaltstheorien Antworten auf die Frage nach angemessenen Anreizen versprechen. Wenn man erfährt, dass es den Mitarbeitern eines Betriebs in erster Linie um finanzielle Belohnungen geht, wird man ein anderes Anreizsystem gestalten als dann, wenn ihnen die Möglichkeit zu einer selbstständigen, selbst bestimmten Arbeit wichtig ist.

Die Prozesstheorien der Motivation sind für den Laien auf den ersten Blick nicht so plausibel. Hier wird keine Antwort auf die Frage gegeben, was der Mensch anstrebt, sondern welche psychischen Prozesse sich auf dem Wege zu dem inhaltlich nicht bestimmten Ziel abspielen. Es steht also das »Wie« im Vordergrund.

Die meisten der Prozesstheorien sind am klassischen Bernulli-Prinzip aus der Mathematik konzipiert. Es besagt, dass das besonders erstrebenswert ist, was einen **hohen Nutzen** verspricht und mit **hoher Wahrscheinlichkeit** auch erreicht werden kann. Es werden also quantitative Größen für den Nutzen und die Wahrscheinlichkeit des Erreichens miteinander multipliziert. So verwundert es nicht, dass dieser Grundgedanke in ökonomischen Erklärungsansätzen menschlichen Verhaltens starke Resonanz fand, dem dort vorherrschenden rationalen Menschenbild entsprechend. Aber auch die Psychologie hat diese Idee übernommen, wobei sie – der Perspektive ihres Fachs verpflichtet – jeweils vom subjektiv erlebten Nutzen und der subjektiv erlebten Wahrscheinlichkeit ausgeht.

Beispiel: Auf der einen Seite schätzt ein angehender Manager den Nutzen, die Position eines Vorstandsmitglieds zu erreichen, als sehr hoch ein, die Wahrscheinlichkeit dagegen, diese Position zu erringen, nur als sehr gering. Auf der anderen Seite stuft er zwar den Nutzen, die Position eines Geschäftsführers in einem mittelständischen Unternehmen zu erreichen, geringer ein, jedoch die Wahrscheinlichkeit, dieses berufliche Ziel auch erreichen zu können, als sehr viel höher. Angesichts dieser Konstellation wird er sich intensiver darum bemühen, Geschäftsführer eines mittelständischen Unternehmens zu werden als das Vorstandsmitglied eines Großunternehmens.

Die Multiplikation des subjektiv erlebten Nutzens mit der subjektiven erlebten Wahrscheinlichkeit hilft zu prognostizieren, welche Alternative gewählt wird. Sie gibt aber kaum Auskunft darüber, welcher Weg eingeschlagen wird, um die angestrebte Alternative auch zu erreichen. Entsprechend wurden in der Nachfolge von Vroom (1964) unterschiedliche Theorien formuliert, die drei Aspekte in den Vordergrund stellen.

- Die **Valenz** (V), verstanden als Wert des Endziels, das erreicht werden soll.
- Die **Instrumentalität** (I), verstanden als Handlung oder Handlungsfolge, die in mehr oder weniger starkem Maße dabei helfen, das Endziel zu erreichen.
- Schließlich die **Erwartung** (E), verstanden als subjektiv eingestufte Wahrscheinlichkeit, die zielführende Handlungsfolgen erreichen beziehungsweise das zielführende Handeln zeigen zu können.

Aus einer multiplikativen Verknüpfung komplexer Art zwischen V, I und E ergibt sich dann die Kraft des Einsatzes, die im engeren Sinne zu verstehende Motivation.

Beispiel: Für einen Studenten hat das Abschließen des Studiums mit einer guten Gesamtnote einen hohen Wert (Valenz). Er ist überzeugt davon, dass insbesondere ein konzentriertes Lernen für das Examen eine positive Instrumentalität (I) hat, um dieses Ziel zu erreichen. Lernen ist also ein geeignetes Mittel. Es kommt ihm nicht so sehr darauf an, sich für das Examen elegant zu kleiden oder noch kurz vor dem Examen in die Sprechstunden der Prüfer zu gehen. Er schätzt jedoch die Wahrscheinlichkeit, in der nächsten Zeit konzentriert lernen zu können, als eher gering ein, da er sich gerade heftig verliebt hat und die Gedanken an die »Angebetete« ihn kaum zum konzentrierten Lernen kommen lassen.

Trotz ihrer meist mathematischen Formulierung und ihrer auf den ersten Blick nicht sehr hohen Plausibilität können derartige Prozesstheorien in der Praxis durchaus nützlich sein und zum Beispiel einem Führenden helfen, seine Mitarbeiter zu motivieren. Den Buchstaben V, I und E entsprechend bieten sich ihm drei Ansatzpunkte an.

Das VIE-Modell in der Praxis

- **V:** Das Ziel, das es zu erreichen gilt, kann der Vorgesetzte für den Mitarbeiter in seiner Attraktivität erhöhen. Zum Beispiel dadurch, dass er ihn im Rahmen eines partizipativen Entscheidungsprozesses an der Zielfindung mitwirken lässt, indem er bei der Zielformulierung die individuelle Motivation und die persönlichen beruflichen Ziele des Mitarbeiters berücksichtigt, oder auch dadurch, dass er ihn schlicht für dieses Ziel begeistert.
- **I:** Der Vorgesetzte kann aufgrund seiner Kompetenz und seiner Auseinandersetzung mit den besonderen Stärken und Schwächen des Mitarbeiters diesen dabei beraten, auf welche Weise er zum Ziele kommen könnte, welche Hilfsmittel, welche Strategien und welche konkreten operativen Maßnahmen er einsetzen sollte.
- **E:** Der Vorgesetzte könnte die subjektive Wahrscheinlichkeit des Mitarbeiters, die zielführenden Mittel einzusetzen und die zielführenden Verhaltensweisen zeigen zu können, dadurch erhöhen, dass er ihn einschlägig qualifiziert, ihn berät und coacht und generell darum bemüht ist, sein Selbstwertgefühl und das Bewusstsein seiner Kompetenz durch persönliche Fördergespräche zu stärken.

Kapitel 2
Motivation in Organisationen – die Perspektive des Einzelnen

Geht es um die Motivation in Organisationen, so gelangt meist die Organisationssicht ins Blickfeld (Nerdinger 1995, von Rosenstiel 2001, Comelli/von Rosenstiel 2003). Es stellt sich die Frage, welche Maßnahmen die Organisation oder die im Namen der Organisation handelnden Führungskräfte ergreifen können, um die Motivation der Mitarbeiter zu stärken oder aufrechtzuerhalten. Die unterschiedlichen Formen der Anreizgestaltung werden aber erst im folgenden Kapitel diskutiert.

Zunächst soll die **Perspektive des einzelnen Mitarbeiters** eingenommen werden. Nicht nur das Unternehmen, auch der Betreffende selbst hat Ziele, die mit jenen der Organisation nicht unbedingt übereinstimmen müssen. Für ihn ist die Firma ein Feld, auf dem er im eigenen Interesse handeln kann. Fraglos ist es gelegentlich so, dass Individual- und Organisationsziele sich decken. Sie können aber auch in massivem Konflikt miteinander stehen. Es dient daher dem Interesse beider, derartige Konfliktlagen zu vermeiden und sich um Annäherung ihrer möglicherweise unterschiedlichen Zielsysteme zu bemühen. Das dürfte zum einen der Unternehmensleistung zugute kommen und zum anderen die Arbeitszufriedenheit der Mitarbeiter erhöhen.

Der Konflikt des Einzelnen mit der Organisation

Organisationen haben sich in vielen Lebensbereichen, besonders aber in der Wirtschaft, gebildet, weil sie für die Mehrheit der Einzelnen eine **höhere Bedürfnisbefriedigung** versprechen.

Würden Einzelne mit einer notwendigerweise hohen Qualifikation, die über Jahre erworben werden müsste, ein Auto konstruieren, die Prototypen bauen und testen, dann die Fahrzeuge produzieren und schließlich auf dem Markt vertreiben, so wären diese nahezu unbezahlbar.

Anders sieht dies aus, wenn die Fertigung der Fahrzeuge durch Organisationen übernommen wird.

In einer extrem arbeitsteiligen Weise, wobei die Koordination des arbeitsteiligen Tuns durch Hierarchie, sprich Führung, gewährleistet wird, konnte die Produktivität gewaltig gesteigert werden, sodass letztlich das Auto heute für nahezu jeden in den Industriegesellschaften erschwinglich ist.

Dieses Arbeiten in einer Organisation allerdings bringt für den Einzelnen auch Frustrationen mit sich. Er zahlt einen persönlichen Preis für das, was er auf dem Markt als Gewinn verbuchen kann. Diesen Konflikt hat der Organisationspsychologe Argyris (1975) in vielen seiner Bücher und in Zeitschriftenartikeln thematisiert und beschrieben. Organisationen erwarten – so Argyris – von ihren Mitgliedern ein hohes Maß an ökonomisch orientierter Verhaltensrationalität, wie sie zum Beispiel durch das Prinzip der Spezialisierung bei der Arbeit und der hierarchischen Befehlskette deutlich wird. Menschen – und damit auch Mitarbeiter der Organisation – seien dagegen im Zuge ihres Erwachsenwerdens gekennzeichnet durch die Tendenz zu

- größerer Unabhängigkeit,
- höherer Aktivität,
- einem ausgeprägteren Wunsch nach Kontrolle über die eigene Situation und
- einer längeren Zeitperspektive.

Dem widerspricht nun das zuvor skizzierte Organisationsprinzip. Daher ist ein Konflikt grundsätzlicher Art anzunehmen. Folgende Darstellung macht dies in vereinfachender Weise deutlich.

Viele Bemühungen der Sozial- und Verhaltenswissenschaften, die sich mit der Organisation auseinander setzen, sind daher bemüht, den Konflikt zwar nicht abzubauen, aber doch abzumildern.

So ist zum Beispiel das Prinzip der Führung durch Delegation kein Verzicht auf die grundsätzlich gegebene Fremdbestimmung, eröffnet jedoch dem Mitarbeiter in Grenzen bestimmte Selbstbestimmungsmöglichkeiten. Auch die Gleitzeit hebt letztlich allgemeine Reglementierung nicht auf, erlaubt aber dem Mitarbeiter innerhalb dieses Prinzips, individuelle Ziele und Vorstellungen zu realisieren.

Meist sitzt im Konflikt zwischen der Organisation und dem Einzelnen die Organisation am »längeren Hebel«. Sie wählt mit erprobten Methoden Mitarbeiter aus, qualifiziert sie zielorientiert weiter und sozialisiert sie in ihr Wertesystem. Falls Mitarbeiter den Erwartungen dann doch nicht entsprechen, trennt man sich von ihnen. Sie werden entlassen. Diese Möglichkeiten sind umso ausgeprägter, je mehr Auswahlmöglichkeiten der Arbeitsmarkt ihnen bietet. Bewerben sich um jede ausgeschriebene Position viele, so steigert dies die **Macht der Organisation** und reduziert die Möglichkeiten des Einzelnen. In speziellen Sektoren allerdings dreht sich dieses Verhältnis um. Man denke an die »Formel 1«. Spitzenpiloten, hoch qualifizierte Designer und Ingenieure können weitestgehend ihre Bedingungen diktieren und werden in einer für den Normalbürger kaum vorstellbaren fürstlichen Weise entlohnt.

Was für die »Formel 1« gilt, könnte künftig – natürlich in abgeschwächter Weise – aufgrund der demographischen Entwicklung in Deutschland bald für viele Felder gelten, in denen hohe Qualifikation gefordert wird.

Der Mangel an Informatikern, der schließlich die Politik zwang, mit Hilfe der Green-Card entsprechend ausgebildete ausländische Spezialisten ins Land zu holen, ist ein erstes unübersehbares Zeichen, das in die soeben angesprochene Richtung weist.

Künftig werden keineswegs nur die Unternehmen sich die Mitarbeiter aussuchen und ihnen die Bedingungen diktieren, sondern Mitarbeiter werden sich – zumindest auch – ihre Organisation auswählen und dort wesentlichen Einfluss darauf gewinnen, wie die Bedingungen ihres beruflichen Tuns aussehen.

Job-Fit

Stelleninhaber sollten zu ihrer Stelle und zur Organisation, in der sie tätig sind, passen. Die entsprechende Übereinstimmung wird häufig als »Job-Fit« bezeichnet. In der Alltagssprache bedeutet dies: Eignung und Anforderung entsprechen einander. Diese Wortwahl aber greift zu kurz. Man wird, hört man davon, meist nur daran denken, dass die Position bestimmte fachliche Qualifikationen fordert, zum Beispiel eine gute Ausbildung als Maschinenbauer, und entsprechend prüfen, ob der Bewerber diese Voraussetzung mitbringt. Tatsächlich aber reicht der Gedanke des Job-Fit weiter, wie folgende Abbildung verdeutlicht.

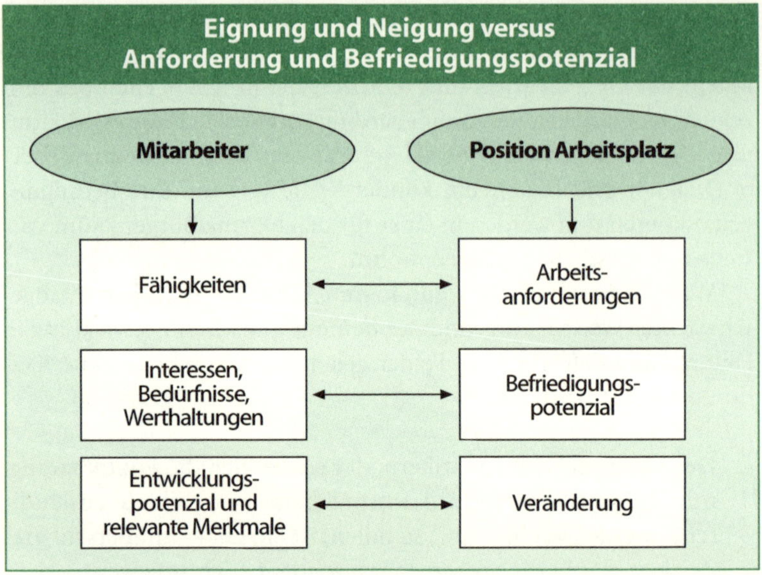

Man erkennt, dass die Fähigkeiten den Anforderungen im soeben skizzierten Sinne entsprechen sollten. Dies ist unstrittig, reicht aber nicht aus. Es sollte zusätzlich das Befriedigungspotenzial, das mit der Stelle verbunden ist, den Bedürfnissen und Wertorientierungen des Einzelnen entsprechen. Auch sollte man im Auge behalten, dass sich der Wandel in nahezu allen Organisationen beschleunigt, was auf sich beständig verändernde Anforderungen hinweist. Für den Einzelnen bedeutet dies wiederum, dass er offen für neue Erfahrungen sein sollte und entsprechend bereit sein muss, sich von bisherigen erfolgreichen Wegen zu verabschieden, und die Bereitschaft und Fähigkeit zeigen sollte, Neues zu erlernen.

Karriere-, Freizeit- und alternative Orientierung

Für die motivationale Betrachtungsweise ist insbesondere das in der Organisation liegende Befriedigungspotenzial von Bedeutung. Wer als Einzelner ganz bestimmte Bedürfnisse hat, von sehr spezifischen Wertorientierungen in seinem Handeln bestimmt wird, der fragt sich, bevor er sich ernsthaft bewirbt, ob er im künftigen Unternehmen auch am richtigen Platz ist. Die Organisation betreibt **Fremdselektion**, der Mitarbeiter betreibt **Selbstselektion**. Dies sei am Beispiel gezeigt. Von Rosenstiel und seine Mitarbeiter (1989, 1991) diagnostizierten berufsbezogene Wertorientierungen von Hochschulabsolventen und unterschieden dabei zwischen karriereorientierten, alternativ engagierten und freizeitorientierten Personen.

- **Karriereorientierte** sind dadurch gekennzeichnet, dass sie in der Hierarchie vorankommen wollen, die typischen Ziele großer Unternehmen der Wirtschaft wie Wachstum, Gewinnsteigerung und technischer Fortschritt bejahen und eine positive Einstellung zur Arbeit zeigen.
- **Alternativ Engagierte** möchten die Gesellschaft und die Organisationen der Wirtschaft verändern und sich dafür einsetzen. Sie zeigen eine kritische Haltung zu Zielen der Unternehmen wie Wachstum, Gewinnsteigerung und technischer Fortschritt und haben eine positive Einstellung zur Arbeit.
- **Freizeitorientierte** wollen zwar bei der Arbeit das tun, was von ihnen gefordert wird. Jedoch liegt für sie das, was wirklich zählt, außerhalb der Arbeit: in der Freizeit, im Freundeskreis, in der Familie. Sie zeigen eine mittlere Einstellung zu Wachstum, Gewinnsteigerung und technischem Fortschritt und haben eine eher negative Haltung zur Arbeit und zur Leistung. Großen Wert legen sie auf die Sicherheit des Arbeitsplatzes.

Um die Zuordnung eines Einzelnen zu einem dieser drei Typen in einer ökonomischen Form zu gewährleisten, wurde schließlich aus komplexeren Instrumenten ein einfaches Verfahren entwickelt. Die Hochschulabsolventen sollten die nachfolgend wiedergegebene Frage durcharbeiten und sich dann für eine der drei dort genannten Positionen entscheiden.

Welcher Typ bin ich?

- Es unterhalten sich drei Studenten über ihre berufliche Zukunft. Der erste sagt: »Ich möchte einmal in einer großen Organisation der Wirtschaft oder Verwaltung in verantwortlicher Position tätig sein. Dort habe ich die Möglichkeit, Einfluss auf wichtige Geschehnisse zu nehmen, und werde außerdem noch gut bezahlt. Dafür bin ich gerne bereit, mehr Zeit als vierzig Stunden in der Woche zu investieren und auf Freizeit zu verzichten.«
- Der zweite sagt: »Ich bin nicht so ehrgeizig. Wenn ich eine sichere Position mit geregelter Arbeitszeit habe und mit netten Kollegen zusammenarbeiten kann, bin ich zufrieden. Die mir wichtigen Dinge liegen nicht in der Arbeitszeit, sondern in der Freizeit – und dafür brauche ich nicht sehr viel Geld.«
- Der dritte sagt: »Ich bin durchaus bereit, viel Arbeitskraft zu investieren, aber nicht in einer der großen Organisationen der Wirtschaft oder Verwaltung, durch die unsere Gesellschaft immer unmenschlicher wird. Ich möchte einmal in einer anderen, konkreteren Arbeitswelt tätig sein, in der menschenwürdigere Lebensformen erprobt werden. Dafür bin ich auch gerne bereit, auf hohe Bezahlung oder Geltung und Ansehen außerhalb meines Freundeskreises zu verzichten.«

Welchem der drei Studenten stimmen Sie zu?

Diese Typen bildende Frage wurde bereits bestallten Führungskräften der Wirtschaft, Hochschulabsolventen und einem repräsentativen Querschnitt Berufstätiger vorgelegt. Die Führungskräfte waren in ihrer überwältigenden Mehrheit karriereorientiert. Dabei blieb zunächst offen, ob sie Führungskräfte wurden, weil sie karriereorientiert sind, oder ob Karriereorientierung die Folge des Erreichens einer Führungsposition ist. Die Mehrheit der befragten Berufstätigen beschrieb sich als freizeitorientiert, während viele Hochschulabsolventen alternativ engagiert waren. Es gab aber auch relativ viele Karriere- und Freizeitorientierte unter ihnen.

In einer **Längsschnittuntersuchung** wurde nun überprüft, wo diese Hochschulabsolventen sich bewerben und schließlich eingestellt werden. Dabei zeigten sich erhebliche Differenzen, obwohl die Angehörigen dieser drei Typen sich in ihren Studiumsleistungen kaum unterschieden. Die Karriereorientierten »landeten« überdurchschnittlich häufig in gewinnorientierten Produktions- und Dienstleistungsunternehmen, die Freizeitorientierten kamen besonders häufig im öffentlichen Dienst unter, während alternativ Engagierte bevorzugt in Forschungsinstitutionen und im Wissenschaftsbereich einstiegen oder sich selbstständig machten.

Beobachtete man jene Berufseinsteiger weiter, die in einer Organisation der Wirtschaft oder Verwaltung angefangen hatten zu arbeiten, so war es interessant zu beobachten, ob sie bei ihren Wertorientierungen blieben oder ob sie sich wandelten.

- Hier zeigte sich, dass die Karriereorientierten fast durchgehend ihre Haltung stabilisierten. Dies verwundert nicht, da diese ja vermutlich von der Organisation gewollt und verstärkt wurde.
- Die Freizeitorientierten blieben ihrer Haltung in einem etwas geringerem Maße treu und wurden – wenn sie sich veränderten – karriereorientiert. Sie übernahmen also zu einem nicht unbeträchtlichen Teil die Werte und Orientierungen der Organisation oder – anders ausgedrückt – »der Appetit kam beim Essen«.
- Besonders auffällig allerdings waren die alternativ Engagierten. Sie veränderten ihre Haltungen besonders häufig und wurden freizeitorientiert.

Interpretierend darf man bei den Letztgenannten vermuten, dass sie in ihren Veränderungswünschen an den harten Strukturen der Organisation scheiterten und sich dann resignativ einer anderen Lebenswelt – der Freizeit – zuwandten. Dieser Befund erinnert stark an die bekannt gewordene Konstanzer Lehrerstudie (Müller-Fohrbrodt/Cloetta/Dann 1978). Hier zeigte die Längsschnittbeobachtung, dass junge Lehrer und Lehrerinnen – vielleicht etwas »blauäugig«, aber mit viel Engagement – in die Schulen eintraten und sich dort um die Einführung innovativer Konzepte bemühten. Sie scheiterten jedoch an der Härte überlieferter Strukturen sowie an den Erwartungen und Verhaltensweisen des Rektorats, der Kollegen und auch der Schüler. Entsprechend resignierten sie nach einiger Zeit, was seinen Ausdruck in Aussagen findet wie: »Das Schönste am Lehrerberuf sind eben doch die langen Ferien im Sommer …«

Eine derartige Resignation ist nicht nur für den Einzelnen schmerzlich und frustrierend, da die eigenen Entfaltungsmöglichkeiten zerbrechen, sondern auch für die Organisation bedeutet dies Verzicht auf die Chance der Innovation. Wie Organisationen damit konstruktiv umgehen können, soll exemplarisch im folgenden Kapitel gezeigt werden. Für den Einzelnen allerdings bedeutet dies: Jeder sollte sich klar werden über sich selbst, sich ausreichend über die Organisation informieren, in der mit der Berufstätigkeit begonnen werden soll. Auch denkbare Alternativen sollten in die Entscheidung mit einbezogen werden, die ja vielfach existenzentscheidend ist.

Was tun?

Zunächst gilt es, sich über sich selbst klar zu werden. Was macht mir Spaß? Was tue ich gerne? Wo sehe ich meine Stärken? Wo möchte ich langfristig stehen? Aber auch: Was ist mir unangenehm und aversiv? Wo sehe ich meine Schwächen? In welche »Tretmühle« möchte ich nicht geraten, der ich möglicherweise dann nicht mehr entfliehen kann?

Will man sich über sich selbst klar werden, so ist es durchaus hilfreich, sich ganz konkrete berufliche Situationen vorzustellen, die einen locken beziehungsweise die einen abstoßen. Die Auseinandersetzung in der Fantasie mit kritisch positiven und kritisch negativen Ereignissen kann klärend sein. Noch anschaulicher wird dieser Prozess, wenn man sich dabei an konkreten Erfahrungen orientieren kann, die man vielleicht bereits als Schüler in einem der Jobs während der Ferien, als Werkstudent oder als Diplomand in der Praxis gewinnen konnte. Man kann aber auch durchaus – ohne Hilfe durch beratende Fachleute – beim Durcharbeiten von Testverfahren, die man dann selbst auswertet, in den Spiegel blicken. Hier bieten sich insbesondere Interessentests an, aber auch solche Verfahren, die Grundlage dafür sind, eigene berufliche Orientierungen zu erkennen. Die folgende Darstellung stellt exemplarisch einige Fragen eines derartigen Verfahrens dar.

Fragebeispiele aus dem TOP-Test
(»Test zur beruflichen Orientierung und Planung«)

Die folgenden Aussagen beziehen sich auf knifflige Situationen im Berufsleben, Praktikum oder auch im Studium, mit denen Sie möglicherweise bereits eigene Erfahrungen gemacht haben. Versuchen Sie, sich in die Situationen hineinzudenken und geben Sie an, inwieweit die Aussagen auf Sie zutreffen.

	trifft für mich überhaupt nicht zu					trifft für mich voll und ganz zu
Wenn ich verantwortungsvolle Aufgaben übernehmen kann, fühle ich mich wohl.	1	2	3	4	5	6
Ich fordere andere auf, neue und effektivere Arbeitswege auszuprobieren.	1	2	3	4	5	6
Ich meide solche Aufgaben, bei denen ich hinterher für irgendwelche Konsequenzen verantwortlich gemacht werden kann.	1	2	3	4	5	6
Ich mache mich bei anderen unbeliebt, weil ich das tue, was ich für richtig halte.	1	2	3	4	5	6
Das eine oder andere Problem habe ich schon gelöst, ohne so genau auf die Vorschriften zu schauen.	1	2	3	4	5	6
Ich handle häufig auch dann, wenn ich nicht sicher sein kann, dass mein Handeln nur die gewünschten Folgen hat.	1	2	3	4	5	6
Wenn ich an einer Entscheidung oder einem Vorgang beteiligt war, dann stehe ich auch zu den Kollegen/innen, wenn etwas schiefgeht.	1	2	3	4	5	6
Ich setze mich manchmal über Vorschriften hinweg, um meine Aufgaben gut zu machen.	1	2	3	4	5	6
Bei meiner Arbeit stehe ich häufig vor Situationen, bei denen ich nicht genau weiß, welches die richtige Vorgehensweise ist.	1	2	3	4	5	6
Ich setze mich dafür ein, dass mein Wissen und meine Fertigkeiten immer auf dem neuesten Stand bleiben.	1	2	3	4	5	6
Wenn bei der Arbeit eine schwierige Situation auftaucht, weiß ich meistens genau, was ich zu tun habe.	1	2	3	4	5	6
Ich habe schon Entscheidungen getroffen, ohne zu wissen, was andere davon halten werden.	1	2	3	4	5	6

Fragebeispiele aus dem TOP-Test
(Fortsetzung)

	trifft für mich überhaupt nicht zu					trifft für mich voll und ganz zu
Wenn ich absehen kann, dass demnächst eine besondere Aufgabe auf mich zukommt, mache ich mir vorher Gedanken und bereite mich vor.	1	2	3	4	5	6
In den letzten Jahren habe ich häufig Vorschläge gemacht, um Arbeitsabläufe zu verbessern.	1	2	3	4	5	6
Ich befolge Regelungen, wann immer es geht, damit ich nicht für irgendetwas zur Verantwortung gezogen werden kann.	1	2	3	4	5	6
Ich vermeide es, Aufgaben zu übernehmen, bei denen ich etwas falsch machen kann.	1	2	3	4	5	6
Eine risikoreiche Entscheidung hat mir schon berufliche Vorteile oder Anerkennung gebracht.	1	2	3	4	5	6
Wenn ich eine Aufgabe vor mir habe, deren Konsequenzen ich nicht genau absehen kann, dann gehe ich lieber auf Nummer sicher.	1	2	3	4	5	6
Ich habe schon Aufgaben zurückgewiesen, weil mit ihnen eine zu große Verantwortung verbunden war.	1	2	3	4	5	6
Ich informiere mich gut über alles, was für mein Umfeld von Nutzen sein könnte.	1	2	3	4	5	6
Wenn ich von etwas überzeugt bin, dann mache ich es und nehme dafür auch Kritik in Kauf.	1	2	3	4	5	6
Wenn sich bei meiner Arbeit eine komplizierte Situation ergibt, weiß ich häufig nicht so genau, was ich in diesem Fall tun könnte.	1	2	3	4	5	6

Kommt man auf die soeben geschilderte Weise nicht weiter, bleiben einem gravierende Zweifel, so kann auch professionelle Hilfe in Anspruch genommen werden. Die Arbeitsämter bieten beispielsweise einen »Psychologischen Dienst«. Oder man kann einen diagnostisch arbeitenden Arbeits- oder Betriebspsychologen im Umfeld mit einbeziehen, dessen Adresse man mit Hilfe des Berufsverbandes deutscher Psychologinnen und Psychologen (BDP) – Sektion Arbeits-, Betriebs- und Organisationspsychologie – erhalten kann. Hier wird man nach eingehenden Beratungsgesprächen und der Durchführung einschlägiger Testverfahren auf fundierte Information über sich selbst und verständnisvolle Gespräche hoffen dürfen.

Sich selbst kennen zu lernen allein ist allerdings zu wenig. Man muss sich auch ein Bild über die Branche, das Unternehmen, die Funktion machen, die für die künftige Tätigkeit in Frage kommt.

Der beste und empfehlenswerteste Weg ist auch hier die eigene unmittelbare Erfahrung. Man sollte – wenn irgend möglich – in den (Schul-)Ferien einen Job in solchen Unternehmen annehmen, die als spätere Arbeitgeber in Frage kommen, sollte – falls man an einer Fachhochschule oder Universität studiert – als Werkstudent arbeiten, systematisch die Erfahrungen während eines Praktikums auswerten oder seine Diplom- oder Magisterarbeit in der Praxis schreiben. Eine derartige konkrete Erfahrung, erhöht nicht nur die Chancen, einen angemessenen Job zu finden, sondern sie hilft ebenso bei der Entscheidung, welches der richtige ist.

Wenn unmittelbare Erfahrungen fehlen, ist es ersatzweise hilfreich, mittelbare zu gewinnen. Man sollte Kontakt zu Menschen – am besten zu Gleichaltrigen – herstellen, die in der gewünschten Branche, im Wunschunternehmen oder in der angestrebten Funktion arbeiten, und diese nach Vor- und Nachteilen fragen. Auch die Lektüre einschlägiger Zeitschriften kann helfen, sich ein Bild zu schaffen. Auf diese Weise wird man zumindest in die Lage versetzt, gezielte Fragen zu formulieren. Diese sollte man dann stellen, wenn es zu einem Vorstellungsgespräch kommt. Es erhöht zum einen die eigenen Einstellungschancen, denn es wirkt positiv, wenn man sich offensichtlich mit der künftigen Position gedanklich bereits auseinandergesetzt und gezielte Information gesucht hat. Zum anderen nutzt die Bewerbungssituation dem eigenen Interesse. Diese dient ja nicht nur der Fremdselektion, also der Entscheidung des Unternehmens für oder gegen bestimmte Bewerber, sondern sie hilft auch dem Bewerber, sich ein Bild von der Organisation zu machen, um sich dann für oder gegen sie zu entscheiden. Letztlich bewahrt es sowohl die Organisation als auch den Bewerber vor Ärger und Enttäuschung.

Interessant ist, welche Vorstellungen – zumindest bei von der Ausbildung her qualifizierten Bewerbern – im Vordergrund stehen, wenn sie sich über ihre künftige Tätigkeit Gedanken machen. Bei den meisten dominiert der Gedanke an eine bestimmte Funktion. Man möchte beispielsweise im Bereich der Forschung und Entwicklung, des Controllings, des Marketings, des Personalwesens arbeiten. Letztlich ist es ganz gleich in welchem Unternehmen oder in welcher Branche. Bei anderen wiederum ist die Firma ausschlaggebend. Man möchte zu Siemens, BMW, DaimlerChrysler, Hewlett-Packard oder zur Lufthansa, wobei die Funktion eine untergeordnete Rolle spielt. Bei derartigen Befragungen zeigt sich immer wieder, dass die großen und renommierten Unternehmen im Bewusstsein präsent sind, dagegen kaum mittelständische Unternehmen, obwohl diese in ihrer Summe mehr freie Stellen anbieten können und dabei häufig interessante, weniger vorreglementierte, ausbaufähige Tätigkeitsfelder bieten. Selten wird die Branche vorgegeben, in die man bevorzugt kommen möchte; beispielsweise Unternehmensberatung, Maschinen- oder Fahrzeugbau, Biotechnologie oder der öffentliche Dienst.

Unternehmen, die sich zunehmend einem Kampf um die Spitzentalente ausgesetzt sehen, tun gut daran, ihr Bild auf dem Personalmarkt zu beobachten und zu pflegen. Entsprechend finden Rangreihen deutscher Unternehmen, geordnet nach ihrer Präferenz bei Hochschulabsolventen, erhebliches Interesse. Hier lassen sich immer wieder Verschiebungen beobachten, die vielfältig determiniert sind. Etwa durch den Erfolg des Unternehmens, aber auch durch personalpolitische Maßnahmen, über die in den Medien berichtet wurde und – das erscheint in diesem Zusammenhang wichtig – durch negative Schlagzeilen. Genährt durch den Verdacht von Bestechungen und Schmiergeldzahlungen oder durch ökologische Fehlleistungen, wie zum Beispiel Umweltunfälle an Rhein und Main, wodurch eine ganze Branche Rangplätze verlieren kann, kommt es zum Abstieg in der Rangreihe.

Für individuelle Bewerber sind derartige allgemeine Informationen wenig aussagekräftig. Sie sollten sich unter dem Aspekt jener Kriterien über die Unternehmen informieren, die ihnen wichtig sind. Allgemeine Hinweise kann man an dieser Stelle kaum geben. Es gibt erhebliche Unterschiede je nach Zielgruppe und gesellschaftlicher Situation. Exemplarisch sei dies an einigen Beispielen gezeigt. So nannten Hochschulabsolventen im Rahmen einer Längsschnittstudie in den alten und den neuen Bundesländern (die Bezahlung als Kriterium war nicht vorgegeben) folgende für sie als wichtig geltende Arbeitsmerkmale. Dabei kann die Beachtung der jeweils unterschiedlichen historischen Situation in Ost und West bei der Interpretation durchaus helfen.

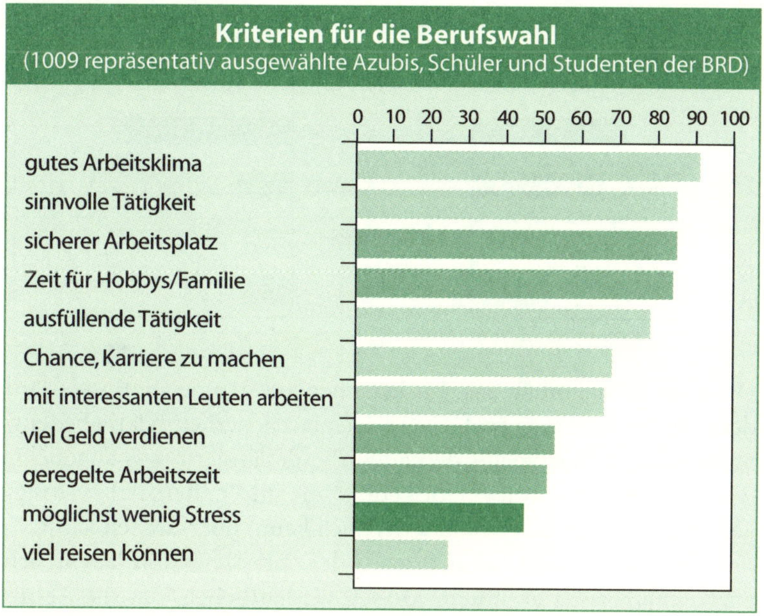

Beschränkt man sich nicht auf Hochschulabsolventen, sondern nimmt eine breitere Population von Berufstätigen in den Blick, so zeigt sich bei den Kriterien für die Berufswahl (diesmal bei Berücksichtigung des finanziellen Kriteriums) folgendes Bild (s. Abbildung auf der nächsten Seite).

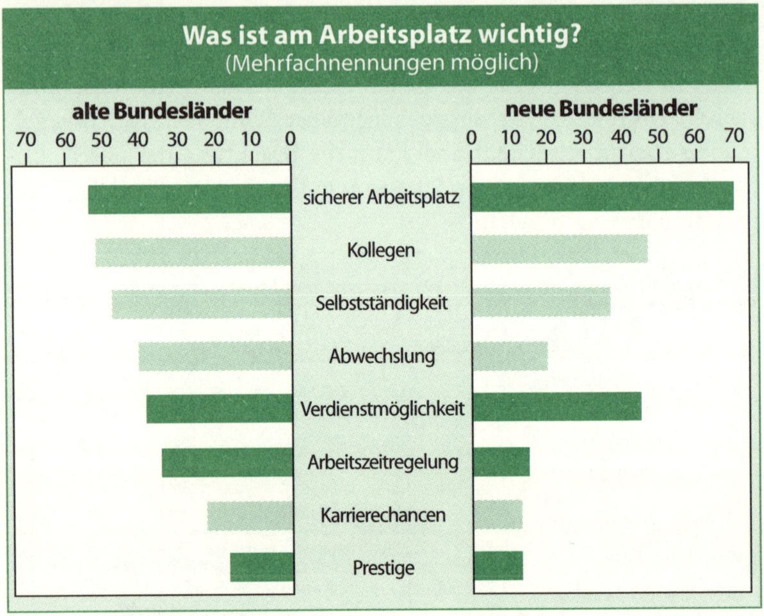

Dabei wird erkennbar, dass für Personen aus den neuen Bundesländern das Einkommen und die Arbeitsplatzsicherheit relativ bedeutsamer sind als für die aus den alten Bundesländern, was angesichts der aktuellen Situation (niedrigere Löhne und höhere Arbeitslosigkeit in den neuen Bundesländern) auch kaum überraschen kann.

Die Überlegungen zum Prozess der Selbstselektion lassen sich auch schematisch an einem Modell verdeutlichen, das die Abbildung auf der gegenüberliegenden Seite zeigt.

Persönliche berufliche Ziele

Es wurde bereits darauf verwiesen, dass nicht nur die Unternehmen Ziele haben, aus denen sich folglich Zielvorgaben für die einzelnen Mitarbeiter ergeben, sondern dass auch diese selbst mit ganz bestimmten Vorstellungen bei einem Unternehmen anfangen und ihre Ziele dort zu realisieren hoffen. Als derartige **persönliche Ziele** lassen sich alle Vorhaben und Absichten verstehen, die der Einzelne in der

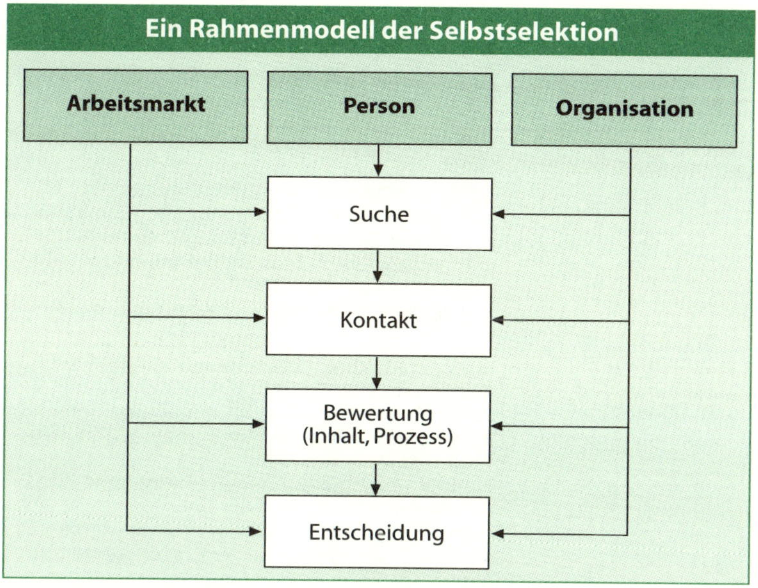

Organisation mit Nachdruck verfolgt. Sie gewinnen dort eine besondere Bedeutung, wo der Mitarbeiter nicht in strenger Fremdbestimmung – gleichsam wie die Marionette an den Fäden des Spielers – durch das System determiniert wird, also aufgrund strenger Vorgaben, Regeln und Kontrollmechanismen im Handlungsspielraum stark eingeschränkt ist, sondern als Spezialist mit hohem Handlungsspielraum so etwas wie »Unternehmer im Unternehmen« sein soll.

Erfragt man nun bei derartigen Personen – gut qualifizierten Führungsnachwuchskräften mit Hochschulabschluss (von Rosenstiel, Nerdinger/Spieß 1998) – die Zielvorstellungen, dann ergibt sich die Liste, die Sie auf Seite 68 sehen können.

Man erkennt, dass es sich hier mehrheitlich um durchaus realistische und aus der Sicht des Unternehmens meist akzeptable Ziele handelt. Die qualifizierten Mitarbeiter wollen also keineswegs – eine Schreckensvorstellung aus den späten 60er-Jahren – die Revolution ins Unternehmen tragen oder nach der Maxime handeln »Macht kaputt, was euch kaputtmacht«. Sie streben eigene Qualifikation und eigenen beruflichen Erfolg an, der durchaus im Sinne des Unternehmens liegen kann. Dann allerdings sollte von Einzelfall zu Einzelfall

Zielkategorisierung

Dimension der Ziele (Anzahl der Items)	**Formulierung der Ziele** »Ich habe mir fest vorgenommen, ...«
ENTWICKLUNG (6)	»... Seminare zu besuchen, die meine Führungsqualität fördern.« (4) »... die Verantwortung für ein Projekt zu übernehmen.« (10) »... meinen Verantwortungsbereich zu erweitern.« (14) »... zuzusagen, falls mir ein Projekt angeboten wird.« (15) »... Erfahrungen in möglichst verschiedenen Abteilungen der Firma zu sammeln.« (22) »... meine Berufserfahrung durch einen Auslandsaufenthalt zu erweitern.« (26)
MIKROPOLITIK/ IMPRESSION MANAGEMENT (7)	»... einen fachlichen Vorsprung gegenüber meinen Kollegen zu erreichen.« (6) »... meine Vorgesetzten von neuen Ideen zu überzeugen.« (16) »... in Projekten mit Verantwortungsträgern des Unternehmens zusammenarbeiten.« (13) »... meine Leistungsergebnisse gezielt wichtigen Entscheidungsträgern zu präsentieren.« (23) »... Kontakte zu den entscheidenden Stellen zu knüpfen.« (24) »... die Struktur des Gesamtunternehmens kennenzulernen.« (27) »... herauszufinden, wo die für mich wichtigen Entscheidungen fallen.« (29)
KOOPERATION (3)	»... auf ein angenehmes Arbeitsklima in meiner Gruppe hinzuarbeiten.« (5) »... die Zusammenarbeit mit den Kollegen zu verbessern.« (13) »... meine Teamfähigkeit zu steigern.« (23)
KONSOLIDIERUNG (3)	»... mich in der Arbeitnehmervertretung zu engagieren.« (19) »... mir einen festen Arbeitsplatz zu sichern, mit dem ich gut zurechtkomme.« (20) »... durch den Beruf eine gewisse Unabhängigkeit zu erreichen.« (21)
INNOVATION (4)	»... eingefahrene Arbeitsabläufe zu ändern.« (2) »... neue Projekte vorzuschlagen.« (7) »... konkrete Energiesparmaßnahmen in meinem Arbeitsbereich vorzuschlagen.« (8) »... zu versuchen, dass sich meine Firma verstärkt im Umweltschutz engagiert.« (17)
AUFSTIEG/WECHSEL IM UNTERNEHMEN (2)	»... einen ersten Aufstiegsschritt zu vollziehen.« (1) »... die Chance auf eine frei werdende Stelle im Unternehmen wahrzunehmen.« (12)
ORGANISATION IM UNTERNEHMEN (2)	»... die Organisation zu wechseln, um aufzusteigen.« (9) »... die Organisation zu wechseln, wenn sich mir keine Perspektiven bieten.«„ (28)

Anmerkung: *Die Zahl in Klammern hinter dem jeweiligen Item entspricht der Nummer in der Reihenfolge des Fragebogens.*

ein Weg gesucht werden, wie sich die Zielvorstellungen des Unternehmens und die persönlichen beruflichen Ziele des Mitarbeiters in Übereinstimmung bringen lassen. Dies erfordert von Seiten des Unternehmens Gesprächsbereitschaft, die Offenheit, das zu hören, was der Mitarbeiter vorschlägt, und die Flexibilität sich darauf einzustellen. Für den Mitarbeiter heißt es in einem bestimmten Maße, dass er Mut zur »Führung nach oben« zeigt und gegenüber dem Vorgesetzten oder gegenüber den zuständigen Entscheidungsstellen artikuliert, was ihm wichtig ist.

Wovon hängt es nun ab, ob man seine Ziele im Unternehmen erreicht? – Das sind zunächst einmal Bedingungen in der Person. Der Einzelne sollte wirklich entschlossen sein, sein Ziel auch bei Widerständen zu verfolgen und nicht bei kleineren äußeren Hindernissen oder inneren Zweifel aufgeben. Wie sich diese Entschlossenheit – interpretierbar als Stärke des Willens – erfassen lässt, zeigen die folgenden drei Items:

- **Verbindlichkeit:** »Komme, was da wolle, ich werde dieses persönliche Anliegen nicht aufgeben.«
- **Dringlichkeit:** »Ich denke, ich werde noch einige Zeit warten, ehe ich mit der Verwirklichung dieses persönlichen Anliegens beginne.« (revers codiert)
- **Einsatzbereitschaft:** »Auch wenn es mich viel Anstrengung kostet, werde ich dieses persönliche Anliegen weiterhin verfolgen.«

Die Entschlossenheit allein aber reicht nicht aus. Es müssen auch die entsprechenden äußeren Bedingungen gegeben sein, die den Erfolg ermöglichen. Die Forschung zeigt vor allem drei Bereiche auf:

- Der Einzelne sollte einen großen **Handlungsspielraum** haben, also Freiraum dafür, eigene Ideen und Vorstellungen überhaupt umsetzen zu können.
- Ihm sollte eine **»realistische Tätigkeitsvorschau«** zuteil geworden sein, das heißt, man sollte ihm bei der Einstellung »reinen Wein einschenken« und ihm entsprechend unmissverständlich mitteilen, was möglich und was nicht möglich ist. Vielfach wird, auch das zeigen die Untersuchungen, gerade in diesem Punkte

gesündigt. Qualifizierten Bewerbern, die das Unternehmen für sich gewinnen will, wird nicht selten »das Blaue vom Himmel versprochen«, um sie auf diese Weise zu ködern. Die erlebte Realität sieht dann vielfach sehr viel grauer aus, was Frustration beim Einzelnen nach sich zieht, die dann häufig ansteckend auf andere Teammitglieder wirkt.

- Der Einzelne sollte **soziale Unterstützung** finden, also fachlichen Rat und kompetenten Beistand. Denn dies wird benötigt, wenn sich beim Versuch, eigene Ziele zu realisieren, im Unternehmen Widerstände zeigen. Zugleich bietet dies emotionale Geborgenheit bei auftretenden Schwierigkeiten. Derartige soziale Unterstützung kann durch den Vorgesetzten selbst, durch einen Coach, Mentor oder Paten sowie ein Netzwerk Gleichaltriger, die sich in einer ähnlichen Situation befinden, geboten werden.

Welche Ziele werden nun besonders häufig angestrebt und welche von diesen werden ein bis zwei Jahre später auch tatsächlich erreicht? Folgende Darstellung macht dies deutlich.

Meistbearbeitete Ziele von Führungsnachwuchskräften im ersten Berufsjahr und Fortschritte bei der Realisierung

Rang	»Ich hatte mir fest vorgenommen...«	%	Rang*
1	»...die Verantwortung für ein Projekt zu übernehmen.«	38,9	3
2	»...meinen Verantwortungsbereich zu erweitern.«	36,5	10
3	»...auf ein angenehmes Arbeitsklima in meiner Gruppe hinzuarbeiten.«	36,4	5
4	»...Seminare zu besuchen, die meine Führungsqualität fördern.«	32,5	25
5	»...einen ersten Aufstiegsschritt zu vollziehen.«	31,0	18
6	»...durch den Beruf eine gewisse Unabhängigkeit zu erreichen.«	30,5	2
7	»...meine Vorgesetzten von neuen Ideen zu überzeugen.«	48,4	22

** Rang der durchschnittlichen Realisierung im Bezug auf die Liste der 29 Ziele.*

Man erkennt zum Beispiel, dass »Verantwortung für ein Projekt übernehmen« einen hohen Rangplatz einnimmt und auch relativ häufig realisiert wird, besser jedenfalls, als der ebenfalls vielfach starke Wunsch, den eigenen Verantwortungsbereich zu erweitern. Besonders gut gelingt es, durch den Beruf eine gewisse »Unabhängigkeit zu erreichen«, was nicht verwundert, da ja die finanziellen Verhältnisse des Akademikers in den ersten Berufsjahren in aller Regel sehr viel besser sind als während des Studiums. Ausgesprochene Enttäuschungen werden aber offensichtlich erlebt, wenn es um die Ziele geht »Seminare zu besuchen, die die Führungsqualität fördern«, »einen ersten Aufstiegsschritt zu vollziehen«, oder den »Vorgesetzten von neuen Ideen zu überzeugen«.

Was nützt es nun dem Einzelnen? Was bringt es der Organisation, wenn persönliche berufliche Ziele erreicht werden? – Ganz offensichtlich gelingt dadurch die **Integration ins Unternehmen** besonders gut. Denn durch das Erreichen der persönlichen beruflichen Ziele verbessert sich die Arbeitszufriedenheit wesentlich, die Bindung an das Unternehmen steigt und Kündigungsgedanken werden seltener.

Nun könnte man einwenden, dass all dies ja auch zu erreichen sei, wenn der Handlungsspielraum groß, die realistische Tätigkeitsvorschau klar und soziale Unterstützung gegeben ist. Dieses Argument trägt nur zum Teil. Zwar tragen die genannten Organisationsbedingungen zur erfolgreichen Integration bei, jedoch besonders intensiv bei denjenigen, die so Ihre persönlichen beruflichen Ziele leichter realisieren können. Diese Ziele wirken also – um dies in der Fachsprache zu benennen – als Mediatoren (s. Abbildung auf der folgenden Seite).

Wenn sich qualifizierte Nachwuchskräfte gut in das Unternehmen integrieren und selten an Kündigung denken, so dient das sicherlich dem Interesse der Organisation. Von derartigen Mitarbeitern sind Initiative, Leistungsbereitschaft und Treue zum Unternehmen zu erwarten. Es dient aber auch dem Interesse des Einzelnen, denn es befriedigt mehr als vermutlich alles andere im Unternehmen, wenn man eigene Zielvorstellungen umsetzen kann, dadurch Erfolgserlebnisse hat und seine eigenen Ideen in dem, was man geschaffen hat, widergespiegelt sieht. Das Erreichen persönlicher beruflicher Ziele ist in diesem Sinne ein gutes Stück Selbstverwirklichung.

Zielfortschritte als Vermittler zwischen organisationalen Maßnahmen und dem Gelingen der Integration neuer Mitarbeiter

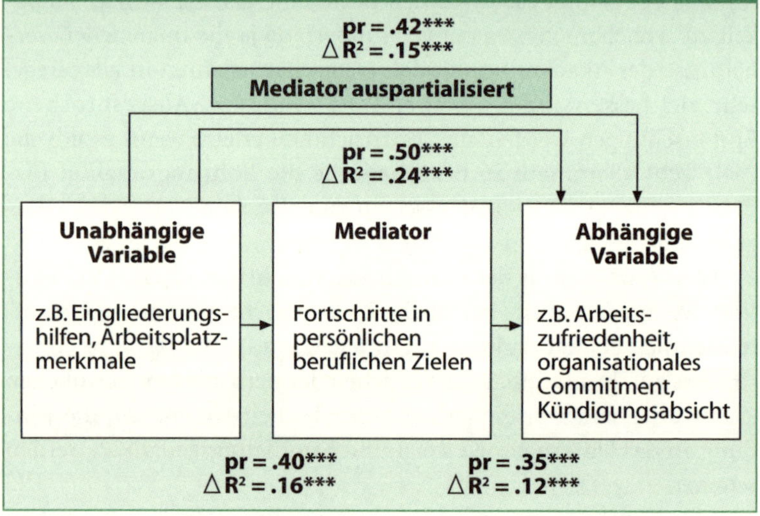

Wie kann der Einzelne seine persönlichen Ziele realisieren?

Was sollte also der Einzelne konkret tun, um seinen Zielen näher zu kommen? Er sollte seine Entschlossenheit in die richtigen Bahnen lenken und bereits beim Einstellungsgespräch deutlich machen, was ihm wichtig ist und auf welche Bedingungen er hofft. Dabei sollte er – wenn allzu unpräzise und verschwommen allgemein Wünschenswertes über die Zukunft gesagt wird – sehr konkret nachfragen, um auf diese Weise eine realistische Tätigkeitsvorschau zu erhalten, die spontan häufig nicht geboten wird. Er sollte außerdem klären, wie groß der Handlungsspielraum sein wird und welche Form der sozialen Vernetzung es gibt, zum Beispiel ob ein Mentoren- oder Patensystem im Unternehmen besteht oder ob in Gesprächskreisen »Potentials« untereinander ihre Erfahrungen austauschen und sich Unterstützung geben können.

Dies nur beim Einstellungsgespräch klären zu wollen wäre jedoch zu wenig. Zur Entschlossenheit gehört auch die Nachhaltigkeit, also der Mut, stets dann im Sinne einer Führung nach oben den Vorgesetzten oder andere Entscheidungsträger auf Mängel hinzuweisen und Abweichungen vom Zugesagten zu benennen, wenn dies beobachtet wird. Wird dabei die Form gewahrt, gilt man meist nicht als lästiger Querulant. Sollte dies dennoch der Fall sein, ist es immer noch besser, als bei der Verfolgung seiner Ziele zu resignieren und schließlich in die innere oder äußere Kündigung zu gehen.

Stärkung des Willens und der Motivation

Wer persönliche berufliche Ziele verfolgt, wird – selbst wenn er wirklich entschlossen ist – auf Widerstände stoßen. Liegen diese Widerstände im Umfeld, in der Situation, so gilt es, mit Hilfe des eigenen Denkens, der eigenen Kreativität, den Widerstand als Problem zu definieren und sodann das Problem zu lösen.

Anders sieht es aus, wenn die Barrieren oder Widerstände in einem selbst liegen. Wenn der Weg zum Ziel allzu dornig, zu mühsam oder zu schwierig erscheint, wenn plötzlich andere, kurzfristig verlockende Ziele auftreten oder wenn man schlicht die eigenen Kräfte erschlaffen sieht, dann wird der angemessene Umgang mit sich selbst notwendig. Es wird Selbstmanagement erforderlich, um dennoch das ursprünglich ins Auge gefasste Ziel weiter zu verfolgen. Verschiedene Wege des Umgangs mit sich selbst können dabei hilfreich sein (Kehr 2000, 2002). Auf einige soll hier eingegangen werden.

Bewältigung von Zielkonflikten

Ertappt man sich dabei, dass man mehrere kaum miteinander zu vereinbarende Ziele zugleich verfolgt, so kann dies zur Konsequenz haben, dass man keines dieser Ziele erreicht. Das kostet Zeit und Energie, hat einen Rückschlag nach dem anderen zur Folge und kann sogar zu depressiven Verstimmungen und psychosomatischen Beschwerden führen. Dann steht man am Ende doch mit leeren Händen da. **Zielkonflikte** – das konnte durch Untersuchungen nachgewiesen werden – stehen dem Erfolg im Wege.

Nun kann man durchaus lernen, sich die verschiedenen einander blockierenden Ziele bewusst zu machen, sich klar darüber werden, dass derartige Spannungen bestehen. Dann kann man Prioritäten setzen und sich auf die wirklich wichtigen Ziele konzentrieren. Dabei ist es hilfreich, zur Unterstützung dieses Klärungsprozesses eine Matrix zu erstellen, in die man die verschiedenen Ziele einträgt und jeweils kennzeichnet, welche dieser Ziele den Fortschritt auf dem Weg zu anderen fördern, welche neutral dazu stehen und welche als Blockade oder Hemmnis wirken. Man sollte vor allem solche Ziele verfolgen, die für andere wichtige Zielsetzungen förderlich oder zumindest neutral erscheinen. Solche Ziele dagegen, die für mehrere andere als Barriere wirken, sollte man zunächst oder sogar langfristig zurückstellen beziehungsweise – wenn gerade ein solches Ziel die subjektiv höchste Priorität hat – auf alle anderen verzichten. Folgende Darstellung zeigt eine derartige Matrix.

Beziehungen von Zielen zueinander

	Ziel 1	Ziel 2	Ziel 3	Ziel 4	Ziel 5	
Ziel 2	+					
Ziel 3	–	–				
Ziel 4	O	+	O			
Ziel 5	?	+	–	?		

Bewusstmachen nicht bedachter Motive

Gelegentlich ist man sich allerdings nicht klar darüber, welche Widerstände einen auf dem Weg zum Ziel behindern. In derartigen Situationen kann es nützlich sein, eigene nicht bewusste Motive kennen zu lernen. Dass es Derartiges gibt, steht außer Frage. Schon Nietzsche formulierte: »Das habe ich getan, sagt mein Gedächtnis. Das kann ich nicht getan haben, sagt mein Stolz und bleibt unerbittlich. Schließlich gibt das Gedächtnis nach.«

In diesem Sinne kann man zum Beispiel beobachten, dass ein Student vorgibt, mit Nachdruck das Ziel zu verfolgen, endlich sein Studium mit guten Noten abzuschließen. Dennoch kommt er nicht in dem Maße voran, wie er sich dies vorstellt und vorgenommen hat. Eine selbstkritische Auseinandersetzung mit der eigenen Situation, ein Gespräch mit einem kompetenten und verständnisvollen Partner können dann zeigen, dass er – nicht bewusst oder doch nicht reflektiert – Angst vor dem Ende des Studiums hat, weil er fürchtet, keine angemessene Position zu finden, einen Praxisschock zu erleiden, oder weil der Abschied vom unbeschwerten Studentenleben ihm Unbehagen bereitet.

Nützlich kann es in derartigen Fällen sein, sich vorzustellen, man habe das Ziel erreicht, und dann seine Fantasie schweifen zu lassen. Welche Vorstellungen kommen einem dann ins Bewusstsein? Sind es angenehme, Freude und Erfolg versprechende oder sind es solche der Verunsicherung, der Bedrohung oder gar der Angst? Ist das Letztere der Fall, so gilt es, weiter zu bohren und diejenigen Motive zu erkennen, die der Zielerreichung im Wege stehen. Zwar gilt nicht generell »Gefahr erkannt – Gefahr gebannt«, doch ist die angemessene Diagnose der erste Schritt dafür, sich bewusst mit den Widerständen auseinander zu setzen und Wege der Bewältigung zu suchen. Sollte dies nicht gelingen, besteht noch immer die Möglichkeit, auf professionelle Hilfe zurückzugreifen, etwa auf den Rat eines Psychologen oder eines Coachs.

Willen entwickeln

Vielfach kann man aber eigene **Willensstärke** selbst entwickeln und trainieren, wenn Motivationslöcher auftreten, die Intensität der Zielverfolgung nachlässt oder ablenkende Aktivitäten, die kurzfristigen Spaß versprechen, vom wichtigen Ziel ablenken. Hier ist es im Sinne des Erlernens eines angemessenen Umgangs mit sich selbst ratsam, gezielt solche Situationen aufzusuchen, die Barrieren oder Ablenkungen enthalten, und bewusst zu erproben, auf welche Weise man damit fertig wird. Hilfreich ist es zum Beispiel vielfach, nur ein Teilstück des dornigen Weges zu gehen und sich dann dafür zu belohnen, bevor man sich auf das nächste Wegstück macht.

Beispiel: Dem jungen Sachbearbeiter bereitet es keinerlei Freude, Akten zur Umsatzentwicklung durchzuarbeiten. Er liebt den Umgang mit Menschen, den konkreten Kontakt mit dem Kunden, das zum Abschluss führende Gespräch. Die Aktenarbeit allerdings ist Teil seiner Aufgabe. Macht er sich daran, so beobachtet er immer wieder, dass er hängen bleibt, Tagträumen nachgeht oder mechanisch mit den Augen über die Zeilen gleitet, ohne deren Inhalt aufzunehmen. Häufig »genehmigt« er sich in derartigen Situationen eine Tasse Kaffee, liest im Sportteil der Tageszeitung oder führt ein heiteres Gespräch mit den Kollegen. Damit macht er einen Fehler im Umgang mit sich selbst. Er belohnt gewissermaßen seine »Drückebergerei«. Besser wäre es, dass er einen Vertrag mit sich selbst eingeht und eine Stunde konzentrierter Aktenarbeit von sich fordert, für die er sich dann mit dem Kaffee, der Zeitungslektüre oder dem Gespräch belohnt, bevor es wieder mit neuem Schwung an die Arbeit geht.

Erlernen lässt sich zum Beispiel auch die Technik des »Gedankenstopps«, wenn ablenkende Ideen auftauchen. Hilfreich ist ebenfalls die Konzentration auf die positiven Folgen, die die erfolgreiche Bewältigung der wenig geliebten Aufgabe nach sich ziehen wird.

Vermeiden von Überkontrolle

So genannte **»Überkontrolle«** sollte allerdings dabei vermieden werden. Bildlich gesprochen, besteht die Überkontrolle in einem ausgesprochen autoritären Umgang mit sich selbst. Man zwingt sich, die notwendigen Dinge zu tun, ohne dabei auf eigene Wünsche und Bedürfnisse auch nur zu hören. So etwas kann zwar kurzfristig notwendig und erfolgreich sein, es hat aber langfristig eine aversive Haltung zur Arbeit zur Folge, die bereits mittelfristig die Zielerreichung gefährdet. Daher ist es besser, auf die Methode der Selbstregulation zu setzen, die – wiederum bildlich gesprochen – ein demokratischer Umgang mit sich selbst ist. Man bemüht sich darum, einen Kompromiss zu finden zwischen dem, was notwendig ist, und dem, was man sich wünscht. Dies führt ebenfalls zum Ziel, ist mittel- und langfristig die erfolgreichere Methode, die auch die Arbeitsfreude nicht ernsthaft gefährdet.

Beispiel: Eine junge Einkaufsleiterin muss am Montagvormittag die Dokumentation der Warenmusterung vor dem Einkaufsvorstand präsentieren. Sie ist angesichts der Hektik des Wochenablaufs nicht dazu gekommen und hat die entsprechenden Unterlagen mit nach Hause genommen, um die Präsentation am Samstagnachmittag und -abend vorzubereiten. Den Samstagvormittag benötigt sie für Einkäufe und Arbeiten im Haushalt. Da erreicht sie am frühen Nachmittag der überraschende Anruf eines Freundes, der sie für den frühen Abend zu einer Party einlädt. Die Einladung freut sie sehr. Dennoch sagt sie nach kurzem Zögern mit Hinweis auf die notwendige und unaufschiebbare Arbeit ab. Als sie dann am Nachmittag die Unterlagen durcharbeitet und die Präsentationsfolien erstellt, bemerkt sie, dass ablenkende Gedanken an die Party ihre Konzentration immer wieder stören. Daraufhin versucht sie durch Methoden des Gedankenstopps diese Ablenkungen zu unterdrücken, bis sie sich schließlich kurz zurücklehnt und sich fragt, ob denn die gesamte Präsentation tatsächlich heute, am Samstag, fertig werden muss, wie sie es eigentlich geplant hat, oder ob es nicht möglich wäre, einen Teil am Sonntag weiter zu bearbeiten. Daraufhin lehnt sie sich wieder kurz zurück, fühlt sich deutlich wohler, ruft ihren Freund an und fragt, ob sie denn nicht später zur Party kommen könne, statt um 19.00 Uhr erst um 21.00 Uhr. »Sicher«, antwortet dieser, »Hauptsache du kommst. Es würde mich sehr freuen!« Nach diesem Telefongespräch geht sie schwungvoll und konzentriert an die Arbeit, gelegentlich unterbrochen von der Vorfreude auf den schönen Ausklang des Samstags. Kurz vor 21.00 Uhr legt sie die zum Teil fertig gestellte Arbeit zur Seite, zieht sich um, steigt in ihr Auto und fährt zur Party, die sie ohne »schlechtes Gewissen« und ohne Gedanken an die Arbeit genießt. Am Sonntagvormittag schließt sie ihr Projekt dann ab.

Freude am Handeln erhöhen

Willenstechniken, wie sie soeben angesprochen wurden, sind vielfach hilfreich, um ein wichtiges Ziel trotz innerer Barrieren zu erreichen. Besser wäre es, wenn dies so gelingt, dass man dabei von der eigenen Motivation getragen wird, also **Arbeitsfreude auf dem Wege zum Ziel** erlebt. Eine Vielzahl von Studien belegt, dass Ziele rascher und besser erreicht werden, wenn der Weg zum Ziel von positiven Gefühlen begleitet wird. In diesem Sinne ist es gut, wenn man versucht, die Freude an der eigenen Arbeit zu steigern. Dies wiederum heißt, dass man sich nicht darauf beschränken sollte, sich nur die gefühlsmäßig angenehmen Konsequenzen des Abschlusses der Tätigkeit vorzustellen, sondern verschiedene Wege zum Ziel, die es ja meist gibt, mit konzentrierter Fantasie vergleicht, um dann den Weg zu gehen, der die größte Freude verspricht. Bei diesen Fantasievorstellungen kann es hilfreich sein, jeweils eine Gefühlsbilanz zu erstellen. Was erfreut bei diesem Blick auf das künftige Handeln? Was ist lästig? Wählt man schließlich den Weg mit der günstigsten Bilanz, so kommt man eher zum Ziel und erlebt dabei Arbeitsfreude.

Den Wert des Ziels steigern

Zur Steigerung der Arbeitsfreude kann es auch beitragen Visionen der eigenen Zukunft zu entwickeln. Wenn man persönliche berufliche Ziele verfolgt, den eigenen Verantwortungsbereich ausgestaltet und diesen auszubauen sucht, wird man mit mehr Engagement an die Arbeit gehen, wenn man dabei eine Vision vor dem inneren Auge hat, ein Bild der angestrebten Wunschzukunft. Derartige Bilder sollten nicht vage, sondern möglichst konkret in der eigenen Vorstellung gezeichnet werden. Ähnlich wie ein charismatischer Führer andere für seine Ideen begeistert und in die zielführende Aktivität mitreißt, gelingt es einem selbst, sich mit einer konkreten verlockenden und anschaulichen Vision zu begeistern, wobei diese möglichst plastisch und greifbar sein sollte sowie so ausgestaltet, dass man sich mit ihr identifiziert. Dabei sollte aus der Vision kein Tagtraum werden, sondern sie sollte – wenn vielleicht auch mit Mühe – realisierbar erscheinen, also einen hohen Anspruch an das eigene Tun beinhalten. Schließlich sollte die Vision nicht vom Alltag abgeschottet sein, nicht reserviert für den entspannten Feierabend oder den Urlaub, sondern als Inspiration – gewissermaßen »im Hinterkopf« – das Alltagsgeschäft begleiten oder der täglichen Arbeit **Sinn und Zukunftsorientierung** geben.

Entwickeln freilich lässt sich eine derartige Vision in der Hektik der Alltagsarbeit nicht. Hier benötigt man Ruhe und Entspannung – etwa bei einem Glas Rotwein an einem Sommerabend allein im Gespräch mit sich selbst oder in der anregenden und offenen Diskussion mit Freunden. Situationen also, in denen man offen ist für neue Erfahrungen sowie mit der nötigen Lockerheit oder – wie es fachlich heißt – mit divergentem Denken um die Thematik kreist, aber dennoch jeweils um die Anbindung der eigenen Vorstellung an die Realität bemüht ist.

Im beruflichen Alltag wird man nicht nur geführt. Man führt auch nicht nur andere– falls man eine entsprechende Position erreicht hat –, sondern man führt sich auch selbst. Hier gilt es ebenso, einen angemessenen »Führungsstil« zu finden.

Im Spannungsfeld zweier Welten

Die christliche Soziallehre fordert, dass die Arbeit human sein solle für den arbeitenden Menschen, für den ganzen Menschen sowie für alle Menschen.

- **Human für den arbeitenden Menschen:** Wer als hoch qualifizierter Spezialist einer anspruchsvollen Arbeit nachgeht und zwar auf einem Feld, auf dem er mehr versteht als der Chef und die Kollegen, wird dies gern tun, denn derartige berufliche Arbeit bietet Autonomie und die Möglichkeit, selbst über die Schritte des eigenen Tuns zu entscheiden und dieses zu kontrollieren. Die Arbeit bietet Abwechslung, beinhaltet die Möglichkeit, dabei etwas zu lernen, ist meist in Teilen Teamarbeit, die gegenseitige Unterstützung und Respektierung beinhaltet. Sie erscheint für den Betrieb und/oder die Gesellschaft sinnvoll und verspricht dabei eine positive Zukunft mit persönlichen Entwicklungsmöglichkeiten. All dies ist es ja, was humane Arbeit ausmacht.
- **Human für den ganzen Menschen:** Daraus können sich Probleme ergeben. Die Arbeit macht schließlich so viel Freude, bindet so viel psychische Energie, dass für andere eigene Möglichkeiten, die ja insgesamt den »ganzen Menschen« ausmachen, kaum noch Zeit und Raum bleiben. Früher, während der Ausbildung oder während des Studiums ging man unterschiedlichen Tätigkeiten mit großer Freude nach. Man spielte Klavier in einer Dixieland-Band, las historische Romane über das Mittelalter, machte Bergwanderungen, diskutierte mit Freunden bis tief in die Nacht über »Gott und die Welt«, fischte Libellenlarven aus einem Weiher und setzte sie daheim in ein Aquarium, fütterte sie und freute sich an den schließlich schlüpfenden Libellen oder lag auch einfach auf einer Sommerwiese und blinzelte in die Sonne. Für all dies fehlen nun die Kraft und die Zeit.

  Nach dem Aufstieg in die erste Führungsposition arbeitet man meist mehr als 50 Stunden in der Woche, nimmt Arbeit mit nach Hause, die man am Feierabend oder am Wochenende zu bewältigen sucht, entspannt sich – falls man einmal Zeit hat – vor dem Fernseher oder bei der Zeitungslektüre.

Auch die Vielfalt des Freundeskreises hat sich reduziert. Alle, mit denen man jetzt häufiger Kontakt hat, sind einem selbst ähnlich, meist Kollegen aus dem Betrieb mit vergleichbarer Ausbildung. All das macht zwar Freude, ist interessant aber nicht mehr das Abbild der vielfältigen Möglichkeiten, die man einst in sich spürte. Man ist eindimensional geworden. Kurz gesagt: Man hat gegen die Forderung verstoßen, dass die Arbeit human für den ganzen Menschen sein solle.
Dies intensiviert sich, wenn die Karriere weiter nach oben führt. Im Topmanagement werden nicht selten 80 Stunden oder mehr in der Woche gearbeitet, wobei ohnehin die Grenze zwischen der Arbeit und der Freizeit gleitend wird. Einladungen zum Abendessen – eigentlich der Freizeit zugehörig – sind zugleich Treffen mit Geschäftspartnern oder wichtigen Persönlichkeiten der Kommune. Verabredungen zu gemeinsamen Sport- oder Freizeitaktivitäten mit Freunden werden immer seltener, da unerwartet dringliche berufliche Verpflichtungen dazukommen. Schließlich verlegt man sich auf »einsame« Aktivitäten wie Jogging oder Golfspiel, bei denen man möglicherweise wiederum potenzielle Geschäftspartner trifft und mit ihnen Berufliches diskutiert. Wenn dann einmal die Zeit da ist für eigene Gedanken, so drehen die sich um den Beruf und um die Strategie des Unternehmens, für das man mitverantwortlich ist.

- **Human für alle Menschen:** All dies ist nicht nur Verstoß gegen die Forderung, dem ganzen Menschen gerecht zu werden, es ist auch Verstoß gegen die Forderung, dass die Arbeit human für alle, zumindest aber für einige andere Menschen ein solle. Und diese sind in erster Linie Familienangehörige, aber auch Freunde. Für diese fehlt die Zeit.

Männer und Frauen

Bei weiblichen Spezialisten, die ins Management hineinwachsen, stellt sich dieses Problem anders als bei den männlichen Kollegen. Die wenigen Frauen, die bis in Führungspositionen vorstoßen, müssen mit Blick auf andere Menschen erhebliche Opfer bringen. Konkret: Sie verzichten häufig auf Ehe, auf feste Partnerschaft und noch häufiger auf eigene Kinder. Zeit und Energie fehlen dafür. Sie haben fraglos den Wunsch und die Fähigkeit, andere Menschen – eine Familie etwa – glücklich zu machen, aber sie müssen diese Möglichkeit den beruflichen Anforderungen opfern, die meist kaum Rücksicht auf die private Welt ihrer Fach- und Führungskräfte nimmt.

Bei männlichen Führungskräften sieht dies anders aus. In der Regel sind sie verheiratet und haben Kinder. Die Zeit allerdings, sich um die Familie zu kümmern, fehlt meist. So gehen die Frauen der Führungskräfte des mittleren Managements häufig bestenfalls einer Teilzeittätigkeit nach und sind ansonsten unbezahltes »Back office« ihrer Partner. Angehörige des Topmanagements dagegen sind meist mit einer nicht berufstätigen Frau verheiratet, die sich ausschließlich der Unterstützung ihres erfolgreichen Mannes widmet. Zeit und Motivation für eingehende Kommunikation zwischen den Partnern fehlen. Die seltenen Gespräche beschränken sich auf das Management des Alltags, das ohnehin weitgehend von »ihr« übernommen wird.

Als die beiden sich kennen und lieben lernten, dachten sie über die meisten Dinge des Lebens ähnlich. Dann aber entwickelte er sich ganz im Sinne der Werte und Orientierungen der Wirtschaft, während sie mit Freundinnen oder Müttern anderer Kinder sowie schließlich den Jugendlichen selbst neue Orientierungen und Sichtweisen kennen lernte, die von jenen des Partners drastisch abwichen. Die beiden verstehen einander nicht mehr und schweigen lieber, um diese Kluft nicht deutlich werden zu lassen. Man trennt sich zwar nicht, lebt äußerlich relativ angenehm im Wohlstand, jedoch auf diese Weise in einem »goldenen Käfig«, in dem eine resignative Ehezufriedenheit die beiden zusammenhält. Er, der so erfolgreich Berufstätige, verliert nach und nach den Kontakt zu seinen Kinder, von den Freunden ganz zu schweigen. All diese werden ihm fremd, obwohl er ihnen vieles geben könnte und sollte. Nein, er handelt nicht human anderen Menschen gegenüber, die legitime Forderungen an ihn haben (Streich 1994).

All diese Verstöße gegen das Gebot der Humanität für den arbeitenden, den ganzen und für andere Menschen sind vielfach beschrieben und beklagt worden. Sie sind derart verbreitet, dass dies überrascht, wenn man bedenkt, dass sie für das Leben von Menschen kennzeichnend sind, die es gewohnt sind, einen Verantwortungsbereich erfolgreich zu managen. Sie planen, wägen Alternativen ab, entscheiden, setzen Prioritäten, informieren und motivieren andere, kontrollieren Prozesse und Ergebnisse und ziehen daraus Konsequenzen, die wiederum bedeutsam für die künftigen Planungen sind. Warum geschieht das alles nur im Beruf und nicht im Privatleben, für das man ebenfalls Verantwortung trägt?

Das private Leben, das private Glück sind vielfach so selbstverständlich, dass man keine Gedanken darauf »verschwendet«. Außerdem ist dort ja auch kein Geld zu verdienen, kein Prestige und Ansehen in der Gesellschaft, kaum Macht und Einfluss zu gewinnen. Wenn Bedenken kommen oder – wenn man sich einmal die Zeit nimmt, in Ruhe zu reflektieren – sich Reue und Bedauern einstellen, dann freilich ist es vielfach zu spät. Die Fähigkeit künstlerischen Aktivitäten nachzugehen ist versandet, das Lesen von nicht fachlicher Literatur gelingt einfach nicht mehr, die bisherigen Freunde sind in alle Winde zerstoben, und der Kontakt zu neuen will nicht entstehen. Die Partnerin hat sich einem entfremdet, und die Kinder gehen längst eigene Wege und wenden sich an den Vater eigentlich nur dann, wenn sie Geld brauchen. Da ist nichts außer dem Beruf und den damit verbundenen Kontakten geblieben. Sollte dieser Beruf verloren gehen, dann ist da plötzlich nur noch ein schwarzes Loch der eigenen Bedeutungslosigkeit übrig.

Was also sollte man als Einzelner tun?

Die Managementkompetenzen, die man im Beruf einsetzt, sollte man auch auf das Private beziehen. Denn diese Seite des Lebens lässt sich ebenso planen, ohne dass sie damit verplant werden muss. Rechtzeitig sollte man fragen, was einem wichtig ist, welche Prioritäten man setzen möchte und wie viel Zeit man dafür braucht. Man kann ganz konkret Modelle dafür entwickeln, wie man diese Freiräume gegen berufliche Ansprüche verteidigt und wie man sie ausfüllt.

Der Rat guter Freunde kann dabei behilflich sein. Es sollten aber nicht solche sein, die in diesem Kampf bereits unterlegen sind. Denn sonst besteht die Gefahr, dass sie schlechte Ratgeber sind – geleitet von der Maxime: »Warum soll es ihm besser gehen als mir?«

Wenn man weiß, was einem in der eigenen Lebensplanung wichtig ist, sollte man lernen, »nein« zu sagen – bis hin zum Ausschlagen einer hierarchisch höheren Position, die mehr Zeit- und Energieaufwand fordert. Neinsagen, auch bei der Forderung, noch mehr Dienstreisen zu unternehmen oder die Wochenenden mit Arbeit zu füllen. Mit Blick auf sich selbst als ganzen Menschen muss man sich also fragen: Wo sind die Grenzen? Hat man diese definiert, müssen sie verteidigt werden. Denn: Sind sie einmal durchbrochen, ist der Weg zurück sehr schwer.

Zweiergespräche, Familienkonferenzen, Seminare

Geht es nicht nur um mich selbst als ganzen Menschen, sondern auch um andere Menschen, so sollte diese Planung gemeinsam vorgenommen werden. Das wird in erster Linie mit dem Partner beziehungsweise der Partnerin und später – wenn die Kinder größer sind – im Rahmen von Familienkonferenzen erfolgen. Hier gilt es zunächst, das Verständnis für den oder die jeweils andere/n durch offene Gespräche zu gewinnen. Dabei kann zur Thematik »Partnerschaft des Managers/der Managerin« durchaus der Besuch einer Seminarveranstaltung zu diesem Thema ratsam sein. Manche Unternehmen bieten derartige Seminare sogar selbst an. Man erkennt dann jeweils, dass der Grund persönlicher Enttäuschung vielfach nicht in »Charaktermängeln« oder persönlichen Schwächen des Partners liegt, sondern zu wesentlichen Teilen auch strukturell bedingt ist.

Beispiel: Ein derartiges Seminar kann so ablaufen, dass zunächst von kompetenter Seite auf typische Probleme der Partnerschaft des Managers/der Managerin hingewiesen wird: auf die hohe zeitliche Beanspruchung, den Verlust privater Kontakte durch häufige Dienstreisen, die unterschiedlich dominierenden Werteorientierungen in der Industrie, verglichen mit jenen der privaten Lebenswelt, die vielfältigen Rollenkonflikte, die der Führende

zwischen oben und unten, zwischen Beruf, Freunden und Familie sowie zwischen der beruflichen Anforderung und der Definition des eigenen Selbstbildes erlebt. Im Anschluss daran können die berufstätigen Führungskräfte – meist die Männer – und die in der Regel nicht berufstätigen Partner (meist die Frauen) in getrennten Arbeitskreisen mit Hilfe der Kärtchenmethode dokumentieren, was sie an ihrer Ehe oder Partnerschaft als ausgesprochen positiv (grüne Karten) und was sie als ausgesprochen negativ (rote Karten) erleben. Schon in diesen Gesprächskreisen wird meist deutlich, dass es jeweils den anderen ganz ähnlich geht und man gar nicht so alleine ist mit seinen Zweifeln und Problemen. Danach werden die zu Themenblöcken geclusterten Karten unter der Leitung eines neutralen Moderators von jeweils einem Arbeitskreis (den Männern) dem anderen Arbeitskreis (den Frauen) präsentiert. Dabei zeigt sich meist, dass aus der Sicht der Partnerinnen die Ehe mit einer Führungskraft auch positive Aspekte mit sich bringen wie: Wohlstand mit ganz unterschiedlichen erfreulichen Auswirkungen, Ansehen und Prestige, Anregung durch öffentliche Ereignisse wie Einladungen, Empfänge, Begleitung bei Dienstreisen, aber auch den Zwang autonom und selbstständig zu handeln. Dafür wird als Preis gezahlt: Der Kontakt untereinander ist stark reduziert, gemeinsame Aktionen der Familie haben Seltenheitswert, als Frau wird man zur »allein erziehenden Mutter« und vom Mann als Privatsekretärin missbraucht, man hat das gesamte Familienmanagement zu übernehmen und steht allein vor der Aufgabe, Kontakte mit Freunden aufrechtzuerhalten.
An die Präsentation derartiger Themenfelder schließt sich dann eine Plenumsdiskussion an, wobei es auch hier dringend zu empfehlen ist, diese unter der Leitung eines kompetenten Moderators durchzuführen, denn manche Diskussionsphasen führen gelegentlich zu großen Gefühlsausbrüchen.
Häufig werden dann in einem weiteren Seminarteil in kleinen Gruppen von sechs bis acht Personen, die geschlechtsgemischt zusammengesetzt sind, in denen aber dafür gesorgt wird, dass nie die Lebenspartner beisammen sind, anhand von konkreten Praxisfällen Erfahrungen ausgetauscht. Derartige Fälle können inhaltlich so aussehen, dass der Mann eine Aufstiegschance er-

hält, die allerdings mit dem Umzug in eine andere Stadt oder gar in eine fremde Kultur verbunden ist, was zur Konsequenz hätte, dass die Frau ihre Halbtagsstelle aufgeben und die Kinder ihre Schule und ihren neu aufgebauten Freundeskreis verlassen müssten. Unter welchen Umständen sollte der Mann die ihm angebotene Position annehmen, unter welchen nicht? Was ist dabei zu bedenken und zu besprechen? Welchen Rat sollte man dem Mann beziehungsweise der Familie insgesamt geben?
Oder es kann als Problem thematisiert werden, dass der Manager häufig dienstlich unterwegs ist, oft auch Wochenenden mit Reisen verbringt und dann abgekämpft, ohne Lust auf Familienaktivitäten zurückkehrt. Was sollte man in einer solchen Situation gemeinsam tun? Welche Vereinbarungen zwischen den Partnern sollten getroffen werden? Bestehen Möglichkeiten, sich im Unternehmen gegen derartige Zumutungen zu stellen?
Ein anderes Thema: Beide wollen Karriere machen, aber auf eigene Kinder nicht verzichten. Was sollte beachtet werden? Unter welchen Umständen erscheint ein solcher Lebensplan überhaupt realisierbar? Welchen Verzicht müsste er, welchen sie erbringen?
Viele vergleichbare Probleme und Fragestellungen ergeben sich dann aus dem Kreis der Teilnehmer und Teilnehmerinnen und können wiederum in Gruppen diskutiert werden.
Die Arbeitsergebnisse werden dann im Plenum durch Sprecher der jeweiligen Gruppen vorgestellt und lösen meist intensive Diskussionen aus, wobei Einzelne berichten, wie sie ähnliche Situationen in ihrer Biographie bewältigten beziehungsweise daran gescheitert sind.
Sensibilisiert durch diese Diskussionen und zugleich für die Thematik geöffnet, kann dann eine selbst bestimmte Zeitphase in das Seminar eingeplant sein, in der die Lebenspartner einen »Waldspaziergang« dafür nutzen, ihre eigene Situation zu besprechen, wobei auf Wunsch Rat und Anregung beim Moderator eingeholt werden können.

Ob angeregt durch ein Seminar dieser Art, durch Lektüre, Modelle anderer Partnerschaften, durch ältere Kollegen oder durch eigene Reflexion – auf jeden Fall sollten die Partner sich selbst einen Lebensplan erarbeiten, ihre Rollen gemeinsam definieren und gegebenenfalls die Rollen neu verhandeln. Sie sollten jeweils deutlich machen, was für sie im Leben unverzichtbar ist, wo ihre Prioritäten liegen und wo sie bereit sind zurückzustecken. Gegebenenfalls kann das bedeuten, dass er auf weitere Karriere verzichtet, man ein »Job-Sharing-Programm« plant oder versucht, gemeinsam und unabhängig voneinander Karriere zu machen, und sich dafür entsprechende Unterstützung zusagt. Es kann aber auch heißen, dass sich die Frau bewusst und gezielt in der tradierten Rolle sieht. Sie wird ihn dann unterstützen und sich mit seinem Erfolg identifizieren und so eigene Zufriedenheit finden.

Insgesamt aber ist es wichtig, zu Beginn der beruflichen Laufbahn nicht nur diese bewusst zu planen, sondern sie als Teil des Lebens zu sehen und darauf zu achten, dass es so etwas gibt wie eine **»Gleichgewichtsethik«**, eine angemessene Balance zwischen dem Privatleben und dem Beruf.

Bleiben oder kündigen?

Der Organisationswechsel ist für viele Berufstätige keine realistische Option. Sie sind – aus welchen Gründen auch immer – an den Wohnort gebunden, an dem es letztlich nur einen einzigen Arbeitgeber gibt. Manche können kaum darauf hoffen, beim Verlassen ihrer jetzigen Firma überhaupt noch einen Arbeitsplatz zu finden, da auf dem Feld ihrer Qualifikation kein Mangel an Arbeitskräften herrscht. Wer Arbeitslosigkeit fürchtet, wird kaum an Kündigung denken. Für jüngere, hoch qualifizierte Spezialisten, die in der Praxis einige Jahre berufliche Erfahrung gesammelt haben, stellt sich die Frage anders. Sie wissen, dass in vielen Unternehmen Bedarf für ihre Qualifikation besteht und dass dies eine Chance für ihre weitere berufliche Laufbahn ist; insbesondere falls sie mobil sind. Wer in dem Unternehmen, in dem er eine Position gefunden hat, zufrieden ist, dort seine persönlichen beruflichen Ziele erreichen kann, der wird kaum an Kündigung denken. Häufig aber sieht es so aus, dass hoch qualifizierten Bewerbern bei der Einstellung mehr versprochen wird, als dann später gehalten werden kann. Enttäuschung ist notwendigerweise die Folge. Auf derartige zwiespältige oder frustrierende Situationen kann man grundsätzlich auf dreifache Weise reagieren:

- »Love it! « (Arrangiere dich damit)
- »Change it! « (Ändere es und mache das Beste daraus)
- »Leave it! « (Hau ab)

Gelegentlich ist der Weg, sich mit der Situation zu arrangieren, der einzig mögliche. Man ist zwar unzufrieden, hat keine Möglichkeit, die Situation im Unternehmen für sich selbst zu verbessern, kann aber auch nicht kündigen, weil man entweder aus privaten Gründen den Wohnort nicht wechseln will oder generell kaum hoffen darf, eine andere angemessene Beschäftigung zu finden. Da man – dies lässt sich mit Hilfe der zuvor genannten kognitiven Motivationstheorien und durch die Neigung des Menschen, mit sich selbst in Harmonie zu leben, erklären – nicht ständig in der Spannung leben möchte, einerseits die Situation als unerträglich zu empfinden und andererseits zu wissen, dass man sie nicht verlassen kann, wird man sie schließlich umwerten, gar nicht so schlecht finden, positive Aspekte in ihr entdecken. Das Ergebnis dieses Umwertungsprozesses ist dann schließlich eine so genannte »resignative Arbeitszufriedenheit« (s. S. 103), die sich zum Beispiel auf die Frage nach der Zufriedenheit so äußern kann: »Ja, im Ganzen bin ich schon zufrieden. Es könnte ja viel schlimmer sein …«

Obwohl dieser Weg in der Berufsbiografie vieler Menschen häufig gegangen wird, ist er dennoch kaum zu empfehlen. Er senkt die Arbeits- und Lebensfreude, führt nicht zum Engagement und der Erfüllung im beruflichen Tun und kann häufig psychosomatische Beschwerden massiven Ausmaßes zur Folge haben.

Ganz anders sieht es mit dem Weg aus, der darin besteht, die eigene belastende Situation im Unternehmen zu verändern. Glaubt man, diesen Weg gehen zu können, so ist es empfehlenswert, dass man sich zunächst einmal klar darüber wird, was eigentlich an der jetzigen Situation frustriert und was man stattdessen haben möchte. Dann muss man natürlich die Situation im Unternehmen einschätzen. Kann man sich mit seinen Klagen an den Chef wenden? Hat er ein offenes Ohr? Besteht in der Organisation Flexibilität? Hat man selbst Kräfte, die größer sind als die wahrscheinlichen Widerstände? Verfügt man also über die notwendigen Ressourcen? Derartige Ressourcen können zum Beispiel sein: Die eigene fachliche Kompetenz, die nur schwer im Betrieb zu ersetzen ist und einem im Extremfall mit »Erpressungsmacht« ausstattet, aber auch Unterstützung durch andere Personen – zum Beispiel die Kollegen oder den Betriebsrat – sodass man mit seinem Vorstoß im Sinne einer Führung nach oben nicht isoliert und alleine dasteht.

Besteht die Möglichkeit nicht, die eigene Situation zu verändern oder schlagen alle Versuche in dieser Richtung fehl, so heißt die Botschaft »Leave it!«. Ein Weg dieser Art der Kündigung ist nah verwandt mit demjenigem, sich mit der Situation zu arrangieren. Dieser Weg führt aber zur inneren Kündigung. **Innere Kündigung** ist dann anzunehmen, wenn ein unzufriedener Mitarbeiter sich – aus welchen Gründen auch immer – endgültig dafür entschieden hat, nicht zu kündigen. Deutliche Zeichen für den inneren Abschied eines Mitarbeiters sind, wenn er jegliches Engagements vermissen lässt: sich zum Beispiel an Diskussionen nicht mehr beteiligt, keine Verbesserungsvorschläge macht, den eigenen Handlungsspielraum bei der Arbeit nicht mehr ausschöpft, Anweisungen des Vorgesetzten kaum noch widerspricht und insgesamt »Dienst nach Vorschrift« macht und auch kaum Ärger zeigt, wenn in seinen Handlungsspielraum eingegriffen wird, er unzureichend informiert wird, bei Beförderungen übergangen wird und sich in »pflegeleichter« Weise alles gefallen lässt. Häufig entdeckt man allerdings, dass Mitarbeiter, die in diesem Sinne innerlich gekündigt haben, auf anderen Feldern ihres Lebens erhebliche Initiative entfalten und dort ihre Erfüllung und ihre Erfolgserlebnisse suchen.

Beispiel: Ein Mitarbeiter, der bei der Arbeit nahezu alles Engagement vermissen lässt und sich ganz auf »Dienst nach Vorschrift« beschränkt, wird vom Vorgesetzten und den Kollegen in die Gruppe derer eingeordnet, die innerlich gekündigt haben. Besucht man ihn allerdings Zuhause, so stellt man schnell fest, dass er ein kreativer und begeisterter Hobbykoch ist, in einer umfangreichen Literatur von Kochbüchern mit Begeisterung schmökert, neue fantasievolle Speisen ersinnt und am Wochenende seine Freunde zu achtgängigen, kunstvoll komponierten und höchst eindrucksvoll präsentierten Menüs einlädt und sich dann an den Komplimenten der Gäste in hohem Maße erfreut.

Andere, die die entsprechenden Möglichkeiten haben, nehmen das »Leave it« wörtlich und verlassen auf eigene Initiative die Firma. Im Rahmen der schon mehrfach genannten Längsschnittstudie von Hochschulabsolventen fanden wir in deren ersten Berufsjahren nicht wenige, die diesen Weg gingen. Was waren die Gründe dafür, diesen gewichtigen Schritt zu machen? Folgende Darstellung verdeutlicht dies.

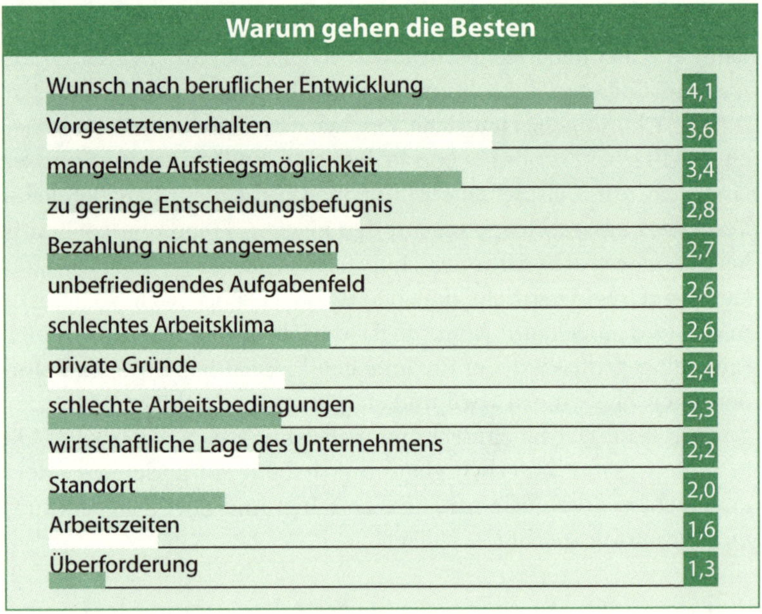

Man darf diese Gründe angesichts des zuvor Besprochenen dahingehend interpretieren, dass viele ihre persönlichen beruflichen Ziele – insbesondere im Hinblick auf die eigene Weiterentwicklung – nicht realisieren konnten und die Konsequenzen zogen. Da es sich nun bei der genannten Analyse um eine Längsschnittstudie handelt, konnte jeweils zu einem früheren Messzeitpunkt gefragt werden, ob ein Verlassen der Organisation geplant sei oder nicht, und später, ob man die Organisation verlassen habe oder nicht. Auf diese Weise ließen sich vier Gruppen bilden:

- Keine Kündigung geplant – nicht gekündigt.
- Keine Kündigung geplant – gekündigt.
- Kündigung geplant – nicht gekündigt.
- Kündigung geplant – gekündigt.

Analysiert man nun, welche Auswirkungen dies für die Betroffenen jeweils hatte, so lässt sich als eindeutiges Ergebnis feststellen: Kündigung lohnt! Die folgende Darstellung zeigt dies eindringlich.

Lohnt die Kündigung?

	Arbeitszufriedenheit (1–7)			Commitment (1–5)			Bruttoeinkommen (in DM)		
	T1	T2	Differenz T2 - T1	T1	T2	Differenz T2 - T1	T1	T2	Differenz T2 - T1
Gruppe	M	M	M	M	M	M	M	M	M
keine Absicht - keine Kündigung (N=616)	5.13[a]	4.91[a]	- 0.22[a]	3.32[a]	3.22	- 0.10[a]	5257	6546	1272
keine Absicht - Kündigung (N=75)	5.00[a]	5.30[b]	0.30[b]	3.12[a]	3.43[a]	0.30[b]	5426	6993[a]	1568
Absicht - keine Kündigung (N=152)	4.14[b]	4.69[a]	0.55[b]	2.67[b]	3.01[b]	0.34[b]	5046	6157[b]	1107
Absicht - Kündigung (N=67)	3.60[c]	4.85[a]	1.25[c]	2.39[c]	3.20	0.81[c]	5231	6664	1433

Anmerkungen –
Spalten: Werte mit verschiedenen Buchstaben unterscheiden sich signifikant, p>.05.
Zeilen: Alle Werte unterscheiden sich zwischen T1 und T2 signifikant, p>.05.

Diejenigen, die gekündigt hatten, waren deutlich zufriedener als vorher, entwickelten eine höhere Bindung an die neue Organisation als an die alte und hatten einen erheblichen Sprung in ihrem Einkommen realisiert. Im Vergleich dazu erweist sich die Situation derer, die eine Kündigung ins Auge gefasst, sie aber nicht realisiert hatten, als besonders negativ. Sie wurden noch unzufriedener als zuvor, lockerten ihre innere Bindung an die Organisation und verbesserten ihre gehaltliche Situation nur geringfügig.

Die Gesamtdynamik des empirisch entwickelten Modells lässt sich in einem Ablaufdiagramm folgendermaßen skizzieren.

Die Dynamik der Kündigung

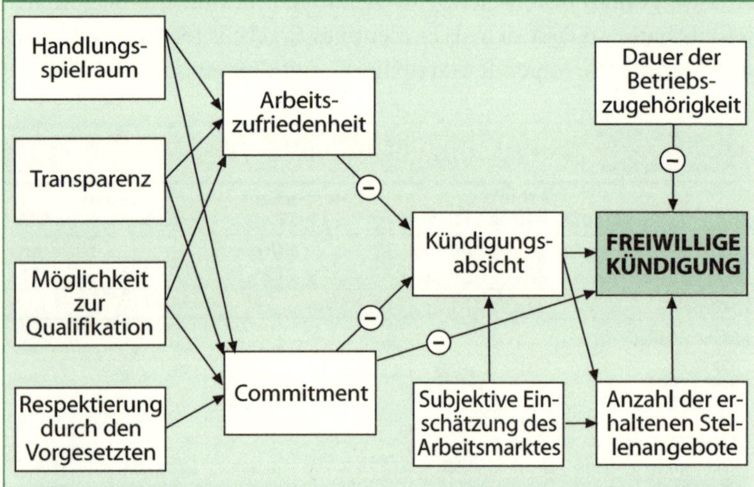

Anmerkung: N. = 910. Alle eingezeichneten Pfade sind signifikant. Die mit einem Minuszeichen gekennzeichneten Pfade stellen negative Zusammenhänge dar, alle anderen positive.

Dieses Modell macht deutlich, dass nicht nur die **Situation im eigenen Unternehmen**, zum Beispiel das Nicht-Realisieren persönlicher beruflicher Ziele, die Kündigungsabsicht und schließlich die Kündigung herbeiführt, sondern dass es auch in starkem Maße **Angebote von außen** sein können, die relativ unerwartet und nicht gesucht eintreffen, jedoch eine attraktive Alternative sind. So ist es ja auch zu verstehen, dass nicht wenige keine Kündigungsabsicht zum ersten Messzeitpunkt geäußert hatten, dann aber doch kündigten.

Aus diesen Überlegungen insgesamt ergibt sich für den Einzelnen – insbesondere wenn er jung und qualifiziert ist – der Rat, dass er hinsichtlich seiner eigenen beruflichen Zielvorstellungen nicht resignieren, sondern zunächst versuchen sollte, im eigenen Unternehmen das zu erreichen, was ihm wichtig ist. Kommt er dabei nicht zum Zug, so wäre es falsch und in keiner Weise für ihn lohnend, jetzt den Weg der inneren Kündigung zu gehen. Er sollte sich auf dem Arbeitsmarkt umschauen und dort neue Herausforderungen suchen, dabei auf die Möglichkeit achten, ob ihm das, was ihm wichtig erscheint, dort besser gelingen könnte.

Für die Unternehmen erscheinen die Daten bedenklich. Qualifizierte Mitarbeiter zu verlieren, auf deren Bedürfnisse man nicht geachtet hatte, ist im doppelten Sinne des Wortes teuer. Zum einen sind die Aufwendungen für deren Qualifikation und Einarbeitung für das eigene Haus verloren, zum anderen wird man kaum darum herumkommen, Ersatz auf dem Arbeitsmarkt zu suchen. Falls man nicht noch einmal eine Traineezeit, eine Einarbeitungsphase finanzieren möchte, sondern einen bereits berufserfahrenen Ersatz gewinnen will, dann wird das sehr teuer. Man wird für diesen vermutlich mehr als für den Vorgänger investieren müssen, wird dadurch möglicherweise die anderen, die bereits im Hause sind, frustrieren. So empfiehlt es sich, in einem positiven Sinne seinen qualifizierten Nachwuchs im Auge zu behalten, auf seine Bedürfnisse zu achten, um ihm im eigenen Hause das bieten zu können, was die Konkurrenz ihm offensichtlich ermöglicht.

Halten wir also fest: Motivation ist ein Konzept, das sich aus den Motiven der Person und den Anregungsbedingungen der Situation speist. Da der Mensch selbst bestimmt und planend handeln kann, ist er nicht als ein passives Wesen darauf angewiesen, ausschließlich auf die äußeren Anreize, auf die Anregungsbedingungen hin, zu reagieren, sondern er kann sich selbst motivieren, kann die ihm gemäßen Anregungsbedingungen aufsuchen, aber auch aus sich selbst heraus, aus dem eigenen Ich, Kräfte aktivieren, die ihn dabei unterstützen, zum Ziel zu gelangen. Freilich ist dafür ein Freiraum erforderlich, den die Organisation gewähren muss. Unternehmertum im Unternehmen setzt Entscheidungsmöglichkeiten und Verantwortungsübernahme voraus. Darüber hinaus kann die Organisation selbst vielfältige Maßnahmen ergreifen, die die Motive ihrer Mitarbeiter anregen.

Kapitel 3: Motivationsmanagement – Was kann die Organisation, was der Führende tun?

Es gibt Organisationen oder Organisationseinheiten, innerhalb derer fast so etwas wie »Friedhofsruhe« herrscht, in denen man Engagement, kritische Diskussion, Verbesserungsvorschläge, Innovationsbereitschaft vermisst, während in anderen all dies zu finden ist.

Das kann natürlich Folge von Fremd- und Selbstselektionsprozessen sein. In manchen Unternehmen sucht man eben Leute aus, für die beispielsweise Gehorsam und Anpassungsbereitschaft hohe Werte sind. Querdenker dagegen, also Leute, die durch eigenständige Ideen und überdurchschnittliches Engagement Unruhe in die zwischenmenschlichen Beziehungen bringen, werden abgewiesen. So etwas spricht sich herum. Bald werden sich vorzugsweise nur noch solche Personen bewerben, die zu der Kultur und zu den Werten des Unternehmens oder der Abteilung passen.

Von mindestens eben so großer Bedeutung ist aber, wie sich die Situation, die in der Organisation geltenden Regelungen, die Anreizsysteme, die Gestaltung der Aufgaben, die Qualität der Teamarbeit, das Verhalten der Führungskräfte und der organisationale Rahmen darstellen. Hier gibt es Strukturen, die eher lähmen, während andere anregend wirken und motivierend wirken.

Bilder vom Menschen

Zunächst einige Grundüberlegungen: Nicht nur die Wissenschaften vom Menschen, insbesondere die Psychologie, erarbeiten Theorien, die sich letztlich als Abstraktionen der Vielfalt menschlicher Strukturen und psychischer Prozesse interpretieren lassen und die man als Bilder von Menschen bezeichnen könnte. **Bilder von Menschen** haben auch Laien, denn jeder geht mit sich selbst und mit anderen Personen um, steuert weitgehend das zwischenmenschliche Verhalten und den Umgang mit sich selbst an den jeweiligen Bildern, die für ihn maßgebend sind und die er für richtig hält. Derartige Bilder können als so genannte Vorurteile oder Stereotype gänzlich falsch sein, sie können einige Körnchen Wahrheit enthalten oder auch weitgehend zutreffend sein. Wissenschaftlich geprüft sind sie jedenfalls nicht.

Das Problem derartiger impliziter Menschenbilder bei Führungskräften besteht nun darin, dass diese die Gefahr in sich bergen, zu sich selbst erfüllenden Prophezeiungen zu werden, sodass man langfristig davon sprechen kann, dass jeder Führende schließlich die Mitarbeiter hat, die er verdient. Das sei am Beispiel zweier relativ konträrer Menschenbilder gezeigt, die in den Köpfen von Managern häufig anzutreffen sind, und die McGregor (1970) beschrieben und als **»Theorie X«** beziehungsweise **»Theorie Y«** bezeichnet hat. Die folgende Darstellung auf Seite 96 gibt sie in holzschnittartiger Vereinfachung wieder.

Eine Führungskraft, die ihre Mitarbeiter durch die Brille der **»Theorie X«** wahrnimmt, wird überzeugt sein, dass diese arbeitsscheu und initiativelos sind: Sie müssen zum Handeln getrieben werden. Anweisungen strikter Art, Motivation durch finanzielle Anreize, enge Kontrolle, ob das Geforderte auch getan wird, werden zu Führungsprinzipien, die sich dann als »Zuckerbrot und Peitsche« beschreiben lassen. Dabei ist es meist ein von den Führenden nicht gesehener Widerspruch, dass sie sich selbst nicht nach der Theorie X, sondern als einen selbstverantwortlich handelnden Menschen interpretieren.

Was ist nun die Konsequenz, wenn der Führende seine Mitarbeiter im Sinne der Theorie X sieht? – Sie werden kaum Freiraum zu selbstverantwortlichem Handeln finden. Sie werden bei eigenen Initiativen, die ihnen als Aufmüpfigkeit ausgelegt werden, bald erlahmen und schließlich nur noch dann handeln, wenn sie entsprechende Anweisungen bekommen. Kurz, sie werden schließlich so, wie ihr Chef sie sich vorstellt. Macht er dann doch einmal – etwa nach

Gegenüberstellung der wichtigsten Annahmen der Theorien X und Y (McGregor 1960)

Theorie X	Theorie Y
Der Mensch hat eine angeborene Abscheu vor der Arbeit und versucht sie so weit wie möglich zu vermeiden.	Der Mensch hat keine angeborene Abneigung gegen Arbeit, im Gegenteil, Arbeit kann eine wichtige Quelle der Zufriedenheit sein.
Deshalb müssen die meisten Menschen kontrolliert, geführt und mit Strafandrohungen gezwungen, werden, einen produktiven Beitrag zur Erreichung der Organisationsziele zu leisten.	Wenn der Mensch sich mit den Zielen der Organisation identifiziert, sind externe Kontrollen unnötig; er wird Selbstkontrolle und eigene Initiative entwickeln.
	Die wichtigsten Arbeitsanreize sind die Befriedigung von Ich-Bedürfnissen und das Streben nach Selbstverwirklichung.
Der Mensch möchte gerne geführt werden, er möchte Verantwortung vermeiden, hat wenig Ehrgeiz und wünscht vor allem Sicherheit.	Der Mensch sucht bei entsprechender Anleitung eigene Verantwortung.
	Einfallsreichtum und Kreativitat sind weit verbreitete Eigenschaften in der arbeitenden Bevölkerung; sie werden jedoch in industriellen Organisationen kaum aktiviert.

einem entsprechenden Führungsseminar, das einen partizipativen oder delegierenden Führungsstil empfahl – den Versuch, ihnen Freiraum zu übertragen, so werden die Mitarbeiter diesen nicht angemessen nutzen können. Dadurch wird der Führende sich in seinen Vorurteilen bestätigt sehen: »Da sieht man es wieder; dieses ganze Gerede von den selbstverantwortlich handelnden Mitarbeitern, denen man Freiraum gewähren sollte, ist nichts anderes als idealistisches Psychologengequatsche. Menschen sind Drückeberger, die man durch Befehl, finanzielle Anreize und Kontrolle bei der Arbeit halten muss!«

Ganz anders die »Theorie Y«: Hier dominiert die Auffassung, dass die Mitarbeiter verantwortungsbereit sind, ohne Anregung von außen Initiative zeigen und sich selbst kontrollieren können. Entsprechend wird der Führende Aufgaben delegieren und erweitern, größere Handlungsspielräume zugestehen, seine Führung auf Zielvereinbarung und Beratung beschränken und – falls er klug ist – Mitarbeitern, die zunächst von dieser Führungskonzeption überfordert sind, Schritt für Schritt über einen allmählich sich ausweitenden Handlungsspielraum zu der Reife führen, die seinem Menschenbild entspricht. Schließlich wird er dieses Menschenbild durch das Handeln seiner Mitarbeiter bestätigt sehen und ebenfalls über die Mitarbeiter verfügen können, die er verdient.

Vereinfacht ausgedrückt: Bei manchen Führungskräften werden die Mitarbeiter immer »dümmer und fauler«, während sie bei anderen in ihrer Qualifikation und Motivation wachsen.

> Nun könnte man davon ausgehen, dass in großen Unternehmen Führungskräfte höchst unterschiedlich sind und jeder sein eigenes, nur für ihn typisches Menschenbild hat. Das ist in der Regel nicht so. Die Grundauffassungen, die von den meisten Mitgliedern der Organisation geteilt werden, gleichen sich an und bilden so die Basis der **Unternehmenskultur** (Schein 1985). Ein ganz wichtiger Bestandteil der Unternehmenskultur sind die vorherrschenden Auffassungen über die Natur des Menschen und die Qualität der zwischenmenschlichen Beziehungen. In diesem Sinne kann man – obwohl einzelne Vorgesetzte jeweils als Ausnahmen erkannt werden können – von eher Theorie-X-bestimmten und von eher Theorie-Y-bestimmten Organisationen sprechen.

Die Theorien X und Y sind prominente und viel diskutierte Beispiele. Selbstverständlich gibt es auch andere Menschenbilder und entsprechend anders zu kennzeichnende Unternehmenskulturen. So wird zum Beispiel zwischen Macht-, Personen-, Aufgaben- und Rollenkulturen unterschieden, innerhalb derer jeweils andere Menschenbilder dominieren und die Beziehungen zwischen den einzelnen Personen jeweils unterschiedlich gesehen werden. In der Personenkultur etwa, wo jeder nicht nur unter dem Aspekt seines Sachbeitrags zum Organisationsziel, sondern seiner generellen menschlichen Qualitäten wegen geschätzt wird, finden sich häufig Sichtweisen, die den Mitarbeiter als Teil einer großen Familie interpretieren, der trotz denkbarer Schwächen dazugehört, und wo die Beziehungen zueinander durch Emotionalität und Wärme ausgezeichnet sind.

Teil des Menschenbildes ist selbstverständlich auch jeweils die Vorstellung davon, welche Motive für das Verhalten in der Organisation bestimmend sind, ob die Motivation der Anregung von außen bedarf und welche inhaltlichen Anreize es sind, die Leistungsbereitschaft sichern. Da nun derartige Menschenbilder in der Regel viele Vorurteile und Einseitigkeiten enthalten, ist es gut, Organisationen insgesamt und die Führungskräfte im Speziellen auf diesem Feld zu differenzierteren Sichtweisen zu führen.

Zur Ethik der Einflussnahme

Angewandte Wissenschaften forschen nicht um der reinen Erkenntnis willen, sondern sie suchen nach solcher Erkenntnis, die sich in der Praxis als nützlich erweist. Angewandte Sozial- und Verhaltenswissenschaften wollen also durch ihre Erkenntnisse Grundlagen dafür schaffen, bestehende Verhältnisse im und zwischen Menschen je nach Zielsetzungen der Betroffenen zu stabilisieren oder zu verändern. Da nun die Interessen der Menschen sich nicht gleichen und im Extremfall das, was dem einen nutzt, dem anderen zum Schaden gereicht, muss beim Hinweis auf den **Nutzen** einer Maßnahme stets gefragt werden: Wem nützt sie?

Geht man nun von der Grundspannung zwischen der Organisation und dem Einzelnen aus, so hat die Organisation weit größere Chancen als der Einzelne, sich wissenschaftliche Erkenntnis dienlich zu machen. Denn sie hat die Kapazität, sich diese wissenschaftlichen Erkenntnisse zu erschließen. Sie kann Psychologen, Sozialwissenschaftler oder Personalfachleute einstellen oder jeweils kurzfristig entsprechende Berater mit der Lösung aktueller Probleme beauftragen. Der Einzelne hat derartige Möglichkeiten in der Regel nicht. Zudem gesteht der Gesetzgeber der Organisation unter dem Stichwort des **Weisungsrechts** des Unternehmers Einfluss auf die Mitarbeiter zu, obwohl der Unternehmer ja nicht durch einen demokratischen Prozess – zum Beispiel einen Wahlakt – legitimiert wurde. Aufgrund dieses Weisungsrechts erhalten Führungskräfte ihre Legitimation durch Ernennung, werden mit Belohnungs- und Bestrafungsmacht ausgestattet, ganz gleich, ob sie von den Geführten akzeptiert werden oder nicht. Allerdings schützen wiederum andere Gesetze und Regelungen vor Willkür und totaler Machtausübung. Das Arbeits- und Betriebsverfassungsrecht setzt hier Grenzen. Im Konfliktfall findet der Mitarbeiter häufig die Unterstützung des Betriebsrats, der gelegentlich wiederum die Hilfe der Wissenschaft – in Ausnahmefällen auch der Psychologie – in Anspruch nimmt. Dennoch ändert all dies nur wenig an der Tatsache, dass sich die Organisation auch motivationspsychologische Forschungsergebnisse eher zu Nutze machen kann als der Einzelne.

Warum greift die Organisation, warum greifen die Führungskräfte auf motivationspsychologische Erkenntnisse zurück? – In der Regel wohl, weil sie hoffen, die Bereitschaft der Mitarbeiter zu erhöhen. Zwar bestimmt die Leistungsbereitschaft nicht allein die Leistung, diese hängt ebenfalls von der Leistungsfähigkeit und den Möglichkeiten des Mitarbeiters ab, wie folgende Darstellung zeigt.

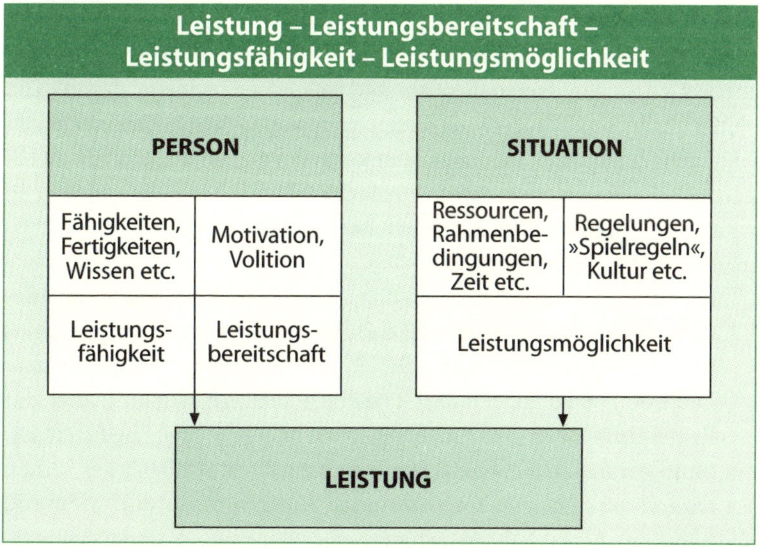

Dennoch, die Leistungsbereitschaft ist eine wesentliche, vor allem von der Psychologie untersuchte Determinante der Leistung. Sie soll gesteigert werden. Dass es in einer Leistungsgesellschaft das legitime Ziel einer Organisation ist, Leistung von ihren Mitarbeitern zu verlangen, wird kaum jemand bestreiten. Diese Leistung ist kein Selbstzweck und wird auch nicht nur deshalb gefordert, damit Unternehmer beziehungsweise Aktionäre ihr Einkommen mehren, sondern die Leistung trägt wesentlich dazu bei, den Bestand des Unternehmens zu sichern und entsprechend Arbeitsplätze zu schaffen und zu erhalten. Außerdem sollte man – wählt man eine abstraktere Betrachtungsebene – sehen, dass die Leistung, die eine Organisation erbringt, der Bedürfnisbefriedigung der Kunden dient, die einen Bedarf an den Produkten, Dienstleistungen oder Ideen des Unternehmens haben. Gibt es diesen Bedarf nicht, so wird das Unternehmen in der Marktwirtschaft nicht bestehen können. Leistung ist also – so betrachtet – Bedürfnisbefriedigung durch die Organisation. Konkret gilt dies für die Nachfrager und Konsumenten.

Diese Überlegung wirft aber sogleich die Frage auf, wie es um die Bedürfnisbefriedigung in Unternehmen steht. Wie können die Bedürfnisse der Mitarbeiter berücksichtigt werden, damit sich diese in deren Arbeitszufriedenheit zeigt? Betrachten wir die verschiedenen Rollen des einzelnen Mitarbeiters, so ist es wenig schlüssig zu verlangen, dass der Mitarbeiter in seiner Leistungsfähigkeit extrem gefordert wird, gewissermaßen als »Sklave« arbeiten muss, damit er in seiner Rolle als Kunde in der Freizeit, in seinen Bedürfnissen befriedigt, gewissermaßen »König« sein kann. Es muss also ein Ausgleich gefunden werden, der dafür sorgt, dass **Bedürfnisbefriedigung in und durch die Organisation** gesichert wird.

Die zum Teil aufopferungsvolle Arbeit der Ärzte und des Pflegepersonals in einem Krankenhaus dient beispielsweise fraglos der Bedürfnisbefriedigung der Kranken und ihrer Angehörigen. Dennoch wird man nicht ernsthaft fordern dürfen, dass das Krankenhauspersonal ohne Rücksicht auf eigene Bedürfnisse, ohne garantierte Freizeit, schlecht bezahlt und überlastet seinen Dienst versieht. Dies würde dazu führen, dass bald niemand mehr im Krankenhaus arbeiten möchte und so der Pflegenotstand sich noch vergrößern würde. Im Gegenteil es muss gefordert werden, dass die Arbeitenden ein Recht auf humane Arbeitsbedingungen haben.

> Bedürfnisbefriedigung ermöglichen und Arbeitszufriedenheit sichern sind Forderungen, die mit Hilfe motivationspsychologischer Erkenntnisse erreicht werden können. Finden Motive der Menschen in der Organisation vielfach Befriedigung, so wird Zufriedenheit die Folge sein.

Dies lenkt nun den Blick nicht nur auf die bereits angesprochene Leistungsbereitschaft, sondern auch auf die Arbeitszufriedenheit.

Was ist Arbeitszufriedenheit?

Es ist nahe liegend zu vermuten, dass Zufriedenheit dann entsteht, wenn ein Bedürfnis befriedigt wird. Entsprechend entsteht die Arbeitszufriedenheit dann, wenn Bedürfnisse bei der Arbeit, in der Organisation, befriedigt werden. Da aber Bedürfnisse ständig zwischen Drang und Befriedigung hin- und herpendeln, wäre bei einem solchen Verständnis Arbeitszufriedenheit ein ständig schwankendes psychisches Phänomen. Aus diesem Grunde versteht man die Arbeitszufriedenheit anders, nämlich als eine Einstellung.

> Einstellungen sind relativ stabile wertende Stellungnahmen zu einem Gegenstand, die aus der unmittelbaren oder mittelbaren Erfahrung kommen.

Trägt nach der Meinung des Betroffenen der Einstellungsgegenstand immer wieder dazu bei, dass die individuellen Bedürfnisse befriedigt werden, so entwickelt man diesem gegenüber eine positive Einstellung. Glaubt man dagegen, dass er immer wieder die Bedürfnisbefriedigung verhindert, so wird man langfristig eine stabile negative Einstellung diesem gegenüber ausbilden.

Ein Mitarbeiter gewinnt die Auffassung, dass ihn sein Vorgesetzter beim Verfolgen seiner persönlichen beruflichen Ziele unterstützt, dass er ihm hilft, nach relativ kurzer Betriebszugehörigkeit die Leitung eines Projektes zu übernehmen, dass er seinen Wunsch unterstützt, Managementtechniken zu erlernen, indem er ihn auf einschlägige Fortbildungsseminare entsendet und ihm schließlich auch flexibel und spontan freie Tage zugesteht, wenn familiäre Probleme ihn an die eigene Wohnung binden. Der Mitarbeiter wird diesen Vorgesetzten bald schätzen, er entwickelt eine positive Einstellung ihm gegenüber.

Ein anderer dagegen gewinnt das Gefühl, dass sein Vorgesetzter ihn mehrfach benachteiligt hat, dass er ihn im Rahmen der jährlichen Gehaltsgespräche nicht für eine höhere Eingruppierung vorgeschlagen hat und seinen Wunsch, auf Seminarveranstaltungen geschickt zu werden, nicht berücksichtigt. Er wird diesen Vorgesetzten nicht schätzen, also eine negative Einstellung ihm gegenüber entwickeln.

In der Umgangssprache wird vielfach etwas undifferenziert davon gesprochen, dass die Arbeitszufriedenheit einer einzelnen Person oder einer ganzen Abteilung hoch oder niedrig sei. Dies lässt einige wichtige Differenzierungen außer Acht. Tatsächlich ist ja die Arbeitssituation ein vielschichtiges Gebilde. In ihr lassen sich zum Beispiel unterscheiden

- Kollegen,
- Vorgesetzte,
- Arbeitsinhalte,
- Arbeitsbedingungen,
- Organisation und Leitung,
- persönliche Entwicklungsmöglichkeiten,
- Bezahlung,
- Arbeitszeit,
- Arbeitsplatzsicherheit,
- Interessenvertretung und vieles mehr.

Zu all diesen Facetten der Arbeitssituation können nun positive oder negative Einstellungen entwickelt werden, sodass Arbeitszufriedenheit häufig definiert wird **als Einstellung zu verschiedenen Facetten der Arbeitssituation.**

Allerdings sind die genannten Facetten statistisch nicht unabhängig voneinander, sondern sie korrelieren relativ hoch miteinander. Dies überrascht, denn tatsächlich sind ja häufig diese Bedingungen kaum miteinander verbunden. Man denke an das Beispiel des öffentlichen Dienstes. Hier kann ein Vorgesetzter noch so nett, hilfreich und fördernd sein, er hat auf die Entlohnung seiner Mitarbeiter keinen Einfluss. Dennoch sind auch hier die Zufriedenheit mit dem Vorgesetzten und die Zufriedenheit mit der Bezahlung deutlich positiv korreliert. Möglicherweise liegt das daran, dass man, wenn man mit einem Aspekt sehr zufrieden ist, auch die anderen eher durch eine »rosa Brille« sieht. Andere Erklärungsmöglichkeiten des genannten überraschenden Phänomens sind denkbar und werden in der einschlägigen Fachliteratur eingehend diskutiert.

Arbeitszufriedenheit lässt sich allerdings auch auf andere Weise aufgliedern, nämlich unter dem Aspekt des Prozesses, bei dem sie entsteht. Zufriedenheit oder Unzufriedenheit bei der Arbeit können sich auf jeweils sehr unterschiedliche Weise herausbilden, wie folgende Darstellung (nach Bruggemann 1976) zeigt.

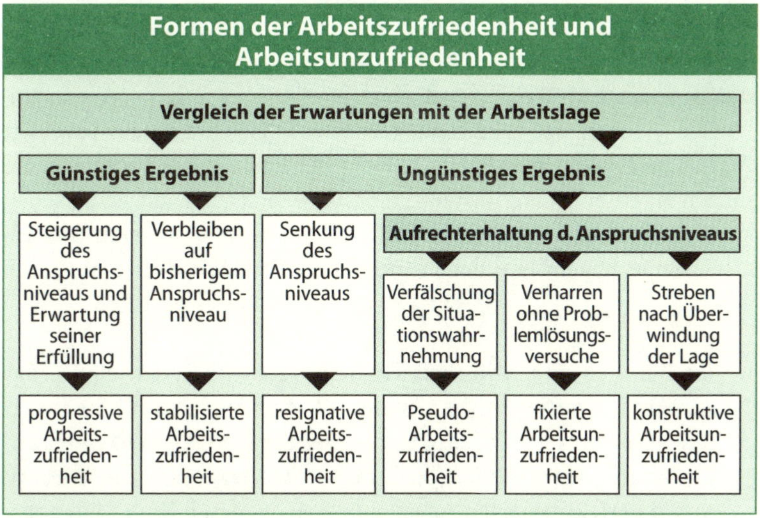

Diese Darstellung, die ein Prozessmodell wiedergibt, zeigt, dass der entscheidende theoretische Begriff im **Anspruchsniveau** liegt. Das Anspruchsniveau bestimmt, ob man viel oder wenig von der Arbeitssituation erwartet. Wird dieser Erwartung in der Situation entsprochen, so entsteht zunächst eine **stabilisierende Zufriedenheit**, bei der man aber nicht stehen bleibt. Einige erhöhen dann ihre Ansprüche und gelangen so zu einer so genannten **progressiven Arbeitszufriedenheit**. Während andere beim bisherigen Anspruchsniveau bleiben und eine **stabilisierte Arbeitszufriedenheit** aufbauen. Bleiben die Möglichkeiten des Arbeitsplatzes hinter den Ansprüchen zurück, so entsteht zunächst **diffuse Unzufriedenheit**. Bei relativ vielen hat dies zur Konsequenz, dass das Anspruchsniveau gesenkt wird. Es entsteht **resignative Arbeitszufriedenheit** im Sinne eines »es können nicht alle Blütenträume reifen«. Es erfolgt ein Anpassen an eine wenig befriedigende Situation. Nicht wenige allerdings halten ihr Anspruchsniveau aufrecht und erleben so eine Spannung zwischen dem, was sie vorfinden, und dem, was sie erwarten. Damit wird wiederum – von Person zu Person unterschiedlich – umgegangen. Einige verfälschen die Wahrnehmung der Situation, sie machen sich gewissermaßen selbst etwas vor – bis hin zur Lebenslüge – und gelangen so zu einer **Pseudo-Arbeitszufriedenheit**. Andere erleben die Diskrepanz bewusst, ärgern sich, unternehmen aber nichts zur Problemlösung. Es sind dies die ewigen Nörgler, die Querulanten, die zu einer **fixierten Arbeitsunzufriedenheit** neigen. Wiederum andere erleben die Diskrepanzen ebenfalls, »krempeln aber die Ärmel hoch« und bemühen sich um die Lösung des Problems. Sie neigen zu einer **konstruktiven Arbeitsunzufriedenheit**.

Dieses Modell ist äußerst hilfreich, wenn man unplausibel erscheinende Ergebnisse der empirischen Forschung interpretieren will.

Im Rahmen von Mitarbeiterbefragungen wird auch eine Frage zur Arbeitszufriedenheit gestellt: »Wie zufrieden sind Sie insgesamt mit Ihrer Arbeitssituation?« Der Fragebogen wird unter anderem in einem modernen Industrieunternehmen mit ergonomisch perfektionierten Arbeitsplätzen, gut geschulten Führungskräften und einer sehr mitarbeiterorientierten Arbeitszeitregelung eingesetzt, wo die Mitarbeiter weit über Tarif bezahlt werden. 80 Prozent der Befragten bezeichneten sich als »zufrieden« oder »sehr zufrieden«. Ein anderes Werk widerspricht aller modernen arbeitswissenschaftlichen Erkenntnis. In den Produktionshallen ist es heiß und stickig. Die Vorgesetzten agieren autoritär, die Bezahlung ist schlecht. Allerdings ist das Unternehmen in der Region der einzige Industriebetrieb. Auch hier bezeichnen sich nahezu 80 Prozent der Mitarbeiter als »sehr zufrieden« oder »zufrieden«.

Wie lassen sich diese Paradoxien interpretieren? – Im modernen Großunternehmen sind in der Regel die Ansprüche höher. Die Befragten haben eine progressive oder stabilisierte Arbeitszufriedenheit. Im anderen Unternehmen, in dem die Mitarbeiter kaum Alternativen kennen, keine Möglichkeit sehen, andernorts Beschäftigung zu finden, sind die Ansprüche geringer und haben sich vermutlich noch weiter abgesenkt, sodass es zu einer vorherrschend resignativen Arbeitszufriedenheit kam.

Arbeitszufriedenheit und die Folgen

In vielen Unternehmen legt man Wert darauf, dass die Mitarbeiter mit ihrer Arbeitssituation zufrieden sind. Die Beweggründe für diesen Wunsch sind allerdings oft etwas zweifelhaft. Zwar wird – was aus den zuvor genannten ethischen Gründen wünschenswert wäre – gelegentlich **Arbeitszufriedenheit als Eigenwert** zum Ziel gesetzt. Das Unternehmen findet es erstrebenswert und erklärt es zum Ziel der Personalpolitik, dass sich die Mitarbeiter bei der Arbeit wohl fühlen und gerne im Unternehmen tätig sind.

Bei anderen allerdings sieht die Begründung des Ziels, eine gute Arbeitszufriedenheit zu erhalten oder diese gar noch zu steigern, anders aus. Sie sehen die **Arbeitszufriedenheit als Mittel zum Zweck** und hoffen, dass dadurch Fehlzeiten, Fluktuation, innerbetriebliche Konflikte sowie Arbeitsgerichtsverfahren zurückgehen, sich insgesamt das Image des Unternehmens auf dem Arbeitsmarkt verbessert und insbesondere, dass die Leistung steigt.

Tatsächlich sind all diese Hoffnungen nicht ganz unbegründet. Forschungsergebnisse weisen nach, dass die Arbeitszufriedenheit tatsächlich negativ mit der Fehlzeiten- und Fluktuationsrate sowie der Häufigkeit von Konfliktfällen im Betrieb korreliert. Anders sieht es dagegen mit der Beziehung zwischen der Arbeitszufriedenheit und der Arbeitsleistung aus. Hier finden sich im Durchschnitt nur sehr geringe Beziehungen, die kaum nennenswert von null abweichen. Dies überrascht nicht wirklich, denn in den Vorannahmen, den impliziten Theorien vieler Manager, gibt es ganz unterschiedliche Auffassungen. Die einen, die von einer positiven Beziehung überzeugt sind, begründen diese häufig mit dem Satz: »Glückliche Kühe geben mehr Milch!« Andere, die das Gegenteil annehmen, formulieren gern: »Wer zufrieden ist, wird satt und faul und tut nichts mehr!«

Für die Wissenschaft ergeben sich daraus drei Grundfragen:

- Wie sieht die Korrelation, die statistische Beziehung, zwischen Leistung und Zufriedenheit aus?
- Wie steht es um die Kausalität, was ist also das Huhn und was das Ei?
- Wie sind die gefundenen Beziehungen zu interpretieren?

Die Beziehung zwischen Leistung und Zufriedenheit

Analysen zur statistischen Beziehung zwischen der Arbeitsleistung und der Arbeitszufriedenheit erbrachten – wie bereits gesagt – im Durchschnitt äußerst geringe Werte in der Gegend um null, doch ist die Streuung der Koeffizienten sehr groß. Dies bedeutet, dass es in einigen Fällen klar positive, in anderen deutlich negative Korrelationen gibt, sodass sich vereinfacht die Beziehung zwischen Arbeitsleistung und Arbeitszufriedenheit so darstellen lässt, wie es folgende Abbildung zeigt. Alle vier Kästchen sind dabei nahezu gleich häufig besetzt.

Die Beispiele zeigen, wie sich die vier Extremfälle interpretieren lassen.

Zusammenhang von Leistung und Zufriedenheit

		Leistung	
		hoch	niedrig
Zufriedenheit	hoch	1	2
	niedrig	3	4

Beispiel zu Feld 1: Ein Sportler hat für die Meisterschaften hart trainiert, intensiv gearbeitet und erringt schließlich den erhofften Sieg. Seine Leistung war hoch, und entsprechend fällt auch die Zufriedenheit sehr positiv aus.

Beispiel zu Feld 2: Ein Mitarbeiter wird Mitglied einer Arbeitsgruppe mit einem hervorragenden Betriebsklima. Vielfach gibt es nette persönliche Gespräche auf dem Gang und am Arbeitsplatz. Wer Geburtstag hat, bringt Torte und Sekt mit. Häufig trinkt man eine Tasse Kaffee und raucht eine Zigarette dazu. An die eigentlichen Aufgaben aber wird selten gedacht. Der Mitarbeiter ist ausgesprochen zufrieden. Die Leistung allerdings ist niedrig.

Beispiel zu Feld 3: In der Produktion läuft das Fließband ausgesprochen schnell und fordert die Mitarbeiter bis zur Erschöpfung. Sie sind allerdings auf ihren Arbeitsplatz angewiesen und fänden ansonsten keine Beschäftigung. Ihre Leistung ist – erzwungenermaßen – hoch, die Zufriedenheit niedrig.

Beispiel zu Feld 4: Die Personaleinsatzplanung im Unternehmen erfolgt völlig unprofessionell. Mitarbeiter werden nicht ihren Fähigkeiten und Interessen gemäß eingesetzt, viele sind über- andere unterfordert. In beiden Fällen ist Unzufriedenheit die Folge. Die Leistungen sind niedrig.

Arbeitsleistung und Arbeitszufriedenheit: Was ist Ursache – was ist Folge?

Am Beispiel des ersten, des eigentlich wünschenswerten Feldes, innerhalb dessen sowohl die Leistung als auch die Zufriedenheit hoch sind, soll die Frage nach Henne und Ei, nach Ursache und Wirkung gestellt werden. Tatsächlich sind hier vier Möglichkeiten denkbar.

Zusammenhang von Leistung und Zufriedenheit

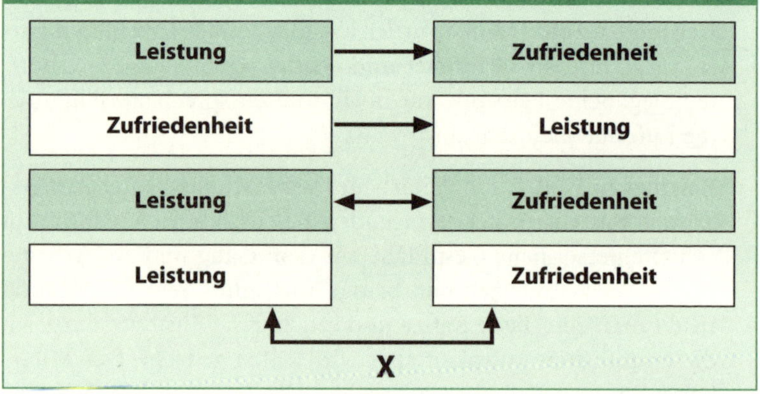

- Der erste Fall, der die Leistung als Ursache der Zufriedenheit anspricht, war am Beispiel des erfolgreichen Sportlers, den eine Rekordleistung zufrieden macht, bereits dargestellt worden.
- Es kann aber auch die Zufriedenheit die Ursache der Leistung sein, nämlich dann, wenn jemand sich an seinem Arbeitsplatz wohl fühlt, keinen Ärger hat, sich keine Sorgen um seine berufliche Zukunft machen muss und so seine Energie auf die Aufgabe konzentrieren kann und außerdem nichts unternimmt, was den geschätzten Arbeitsplatz gefährden könnte.
- Für den Fall der Wechselwirkung sei ebenfalls ein Beispiel genannt: Einem Informatiker macht die ihm gestellte Aufgabe großen Spaß. Er ist mit dem Arbeitsinhalt sehr zufrieden, kniet sich voll in die Tätigkeit und hat Erfolge, bringt also hohe Leistungen, was ihn wiederum sehr zufrieden macht.

- Besonders häufig dürfte der vierte Fall sein, bei dem sich dritte Einflussgrößen positiv sowohl auf Leistung als auch auf die Zufriedenheit auswirken. Ein Vorgesetzter ist beispielsweise in seinem Führungsverhalten sowohl aufgaben- als auch mitarbeiterorientiert. Durch seine Aufgabenorientierung fördert er die Leistung, durch seine Mitarbeiterorientierung dagegen die Zufriedenheit der Geführten, ohne dass Leistung und Zufriedenheit in irgendeinem kausalen Verhältnis zueinander stehen.

Interpretation

Bei der Interpretation der Beziehung zwischen Leistungs- und Zufriedenheitsindikatoren ist also Vorsicht angesagt. Die Interpretation fällt allerdings leichter, wenn zeitversetzt gemessen wurde, wenn also die Leistungsdaten zeitlich vor den Zufriedenheitsdaten erfasst werden konnten oder umgekehrt. Dies erleichtert den Schluss auf mögliche kausale Beziehungen. Darüber hinaus ist bei der Interpretation auf die Art und Qualität der gemessenen Leistung (beispielsweise langfristig oder kurzfristig, Quantität oder Qualität, Fehlerfreiheit oder Innovativität, Einzel- oder Gruppenleistung) zu achten, aber vor allem auf die Qualität und die Facetten der Zufriedenheit. So ist es zum Beispiel nahe liegend, als Folge progressiver Arbeitszufriedenheit steigende Leistungen zu erwarten, während dies für die stabilisierte, die resignative und die Pseudo-Arbeitszufriedenheit kaum gelten dürfte. Entsprechend darf man annehmen, dass konstruktive Arbeitsunzufriedenheit höhere Leistungen zur Folge hat, nicht dagegen fixierte Arbeitsunzufriedenheit. Befragungen mit Hilfe standardisierter Erhebungsbögen reichen hier zur Klärung nicht aus, sondern es ist dringend anzuraten, die Befragungsergebnisse **mit der betroffenen Arbeitseinheit zu diskutieren**, um so daraus in der Praxis vernünftige Schlüsse und Folgemaßnahmen ableiten zu können. Wie der Ablauf eines derartigen Prozesses aussehen könnte, zeigt exemplarisch folgende Darstellung.

Entwicklung des eigenen Führungsbereichs

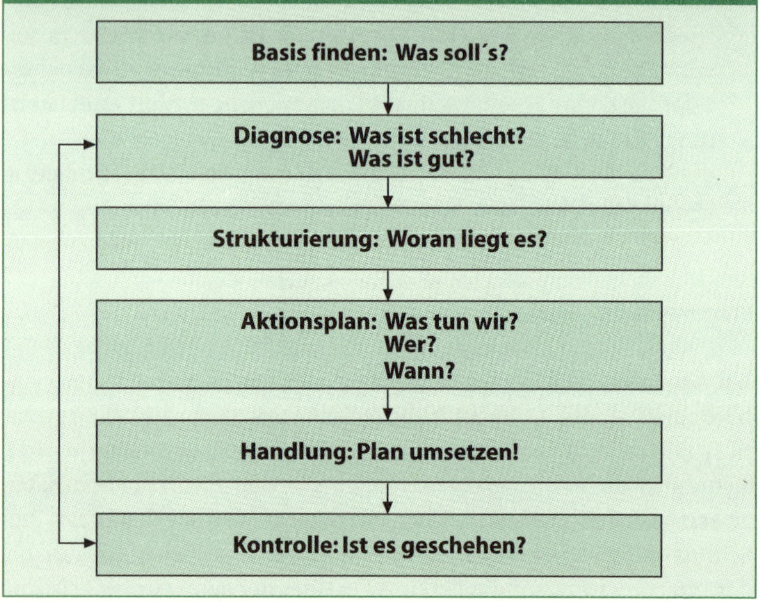

Ist das nicht Manipulation?

Ziele eines Motivationsmanagements sollten darin bestehen, sowohl die Leistung als auch die Zufriedenheit positiv zu beeinflussen, wobei die Qualität dieser Zufriedenheit selbstverständlich nicht eine resignative oder Pseudo-Arbeitszufriedenheit, sondern möglichst eine progressive Arbeitszufriedenheit sein sollte. In diese ist auch ein Wachstum menschlicher Möglichkeiten, also Persönlichkeitsförderung, mit eingeschlossen. Wann immer allerdings Personen andere zu beeinflussen suchen, liegt der Vorwurf der **Manipulation** nahe. Hier muss man sorgfältig prüfen, was mit diesem Wort gemeint ist.

Setzt man Manipulation mit Beeinflussung gleich, dann ist selbstverständlich jede Form von Führung unter Einschluss des Motivationsmanagements Manipulation. Dann freilich wäre auch die Erziehung des Kindes durch die Eltern, der Rat eines Psychotherapeuten oder Unternehmensberaters, aber auch der zutreffende Hinweis eines

Ortskundigen an den orientierungslosen Wanderer, wie man am besten von A nach B gelangt, manipulativ.

Im Wort der Manipulation liegt im allgemeinen Verständnis eine negative Wertung: Es ist der Vorwurf eingeschlossen, dass hier jemand in einer undurchschaubaren Weise gegen seinen Willen gesteuert werde. Hat man dies vor Augen, so lassen sich folgende Merkmale der Manipulation benennen, die erst dann, wenn sie zugleich auftreten, den Manipulationsvorwurf rechtfertigen.

Kriterien der Manipulation

- Der beeinflussende A übt seinen Einfluss auf den zu beeinflussenden B zu seinen Vorteilen aus.
- A berücksichtigt dabei nicht die Bedürfnisse und Interessen von B.
- A nutzt bewusst Beeinflussungstechniken, die von B nicht durchschaut werden können.
- B glaubt unbeeinflusst von A zu handeln.

Gemessen an diesen Kriterien ist das Bemühen einer Mutter, ihr zweijähriges Kind mit Hilfe lernpsychologischer Techniken, die das Kind keineswegs durchschaut, von den Steckdosen fern zu halten, keine Manipulation, denn die Mutter bedenkt sehr wohl und primär die Interessen – hier ganz konkret Gesundheit und körperliche Unversehrtheit – ihres Kindes. Dagegen sind nicht wenige Versuche der Konsumgüterwerbung mit Symbolisierungen, verschleierten Argumentationen oder raffinierten Kombinationen von Bild und Text, die vom Konsumenten kaum durchschaut werden können, durchaus manipulativ. Denn hier steht einseitig das Interesse des Anbieters im Vordergrund, der den Kunden nicht im Sinne eines mündigen Partners über seine Absichten, seine Beeinflussungsmethoden, informiert. Gelegentlich gibt es derartiges manipulatives Vorgehen auch im betrieblichen Kontext.

Es ist bekannt, dass die Akzeptanz einer Maßnahme für die Betroffenen steigt, wenn sie an der Entscheidung beteiligt waren. Vor diesem Hintergrund erscheint der folgende Versuch, Akzeptanz für Produktionsumstellungen bei den Arbeitern und Arbeiterinnen in der Textilindustrie zu erreichen manipulativ: Wegen laufender Änderungen der Mode waren bei der Herstellung von Damenoberbekleidung häufige Produktionsumstellungen erforderlich. Diese waren bei den Arbeitern und Arbeiterinnen sehr unbeliebt, weil sie ein Herausreißen aus den gewohnten Tätigkeitsabläufen darstellten und darüber hinaus – da die Leistung in der Umstellungsphase sank – meist mit finanziellen Einbußen verbunden waren. Um die Akzeptanz zu erhöhen, wurden von der Arbeitsvorbereitung bei der Neuplanung kleine Fehler »eingebaut«. Den Betroffenen wurde nun das Angebot gemacht, die geplante Maßnahme gemeinsam zu diskutieren und gegebenenfalls zu modifizieren. Die Arbeiter und Arbeiterinnen bemerkten bald den »Fehler« und wurden nun von der Arbeitsvorbereitung für ihre Aufmerksamkeit und ihren Ideenreichtum sehr gelobt, was sie mit Stolz erfüllte und die Akzeptanz der neuen Maßnahme verbesserte. Bis nach einigen Wiederholungen die Strategie der Arbeitsvorbereitung durchschaut wurde ...

Manipulative Maßnahmen zur Steigerung der Leistungsbereitschaft und der Zufriedenheit im zuvor definierten Sinne, also in einer solchen Weise, wie im Beispiel beschrieben, sollten unbedingt unterbleiben. Dies lässt sich durch zwei zentrale Argumente stützen:

- Wird das manipulative Vorgehen durchschaut, geht Vertrauen langfristig verloren. Die Maßnahme wirkt kontraproduktiv als »Bumerang«.
- Manipulatives Vorgehen degradiert den Mitarbeiter zum unmündigen Objekt, man nimmt ihn als Partner nicht ernst, wenn man ihn nicht – in transparenter Weise – in die Entscheidungsprozesse einbezieht. Dies ist unethisch und widerspricht fundamentalen Grundsätzen der Kooperation.

Halten wir fest: Es ist durchaus legitim, wenn sich Organisationen und die in ihnen wirkenden Führungskräfte aktiv darum bemühen, die Leistungsbereitschaft und die Zufriedenheit der Mitarbeiter zu steigern. Sie sollten jedoch, soweit dies möglich ist, die Mitarbeiter in die Planung und Umsetzung der geeignet scheinenden Maßnahmen einbeziehen und dabei Wege beschreiten, die für die Betroffenen durchschaubar sind.

Diagnose vor der »Therapie«

Ein verantwortungsbewusster Arzt wird, bevor er bei einem Patienten therapeutische Maßnahmen einleitet, sorgfältig diagnostizieren. Denn er muss die Ausgangslage klären. Er muss wissen, welche Krankheit bekämpft werden muss, bevor man gezielt die Therapie beginnt. Was soll die Blinddarmoperation, auch wenn sie noch so kunstvoll ausgeführt wurde, wenn die Bauchschmerzen des Patienten die Folge von Blähungen sind?

Die Diagnose vor Therapie gilt sowohl für den Prozess anwendungsorientierter Forschung als auch für die routinemäßig durchgeführte wissenschaftlich begründete Praxis. Die Schritte anwendungsorientierter Forschung stellen sich folgendermaßen dar:

- **Feststellen des Istzustandes:** Diagnose bei der Person und/oder der Situation. Was ist? Was liegt vor?
- **Definition des Soll-Zustandes:** Was soll künftig erreicht werden?
- **Erarbeitung von »Veränderungswissen«:** Wie gelangt man mit wissenschaftlich begründeten Methoden vom diagnostizierten Ist- zum angestrebten Sollzustand?
- **Intervention beziehungsweise Therapie:** Anwendung des Veränderungswissens, um den Sollzustand zu erreichen.
- **Evaluation:** Erneutes Feststellen des Istzustandes, um zu prüfen, ob dieser jetzt dem Sollwert entspricht.

Vorgesetzte, die die Leistungsbereitschaft ihrer Mitarbeiter stärken wollen, verfügen von der Ausbildung und von der Ausstattung mit

Hilfsmitteln her nicht über jene Möglichkeiten zur Motivationsmessung, die Psychologen haben. Vorgesetzten stehen in der Regel keine Testverfahren, keine psychophysiologischen Untersuchungsmethoden, keine standardisierten Beobachtungssysteme zur Verfügung. Dennoch haben auch sie Möglichkeiten, die Motivation ihrer Mitarbeiter einzuschätzen, um dann Interventionsmaßnahmen zu nutzen, die der Diagnose entsprechen. Fünf unterschiedliche Vorgehensweisen, die einander prinzipiell ergänzen, können bei der Diagnose eingesetzt werden. In der Praxis sollten jedoch nur zwei bist maximal drei zum Einsatz kommen. Diese fünf Wege sind:

- Das Gespräch und dabei insbesondere das Fragen.
- Die Beobachtung des Verhaltens.
- Die Analyse der Ergebnisse oder Folgen dieses Verhaltens.
- Die Registrierung physiologischer Prozesse.
- Die Beachtung statischer Körpermerkmale

Das Gespräch

Das **Gespräch** ist der Königsweg zur Einsicht in die Motivation eines anderen. Diesen sprechen lassen, ihn möglichst unbeeinflusst auf all das eingehen lassen, was ihn bewegt, hilft dabei, ihn dann später dort abzuholen, »wo er sich befindet«. Dabei kann es nützlich sein, Fragen in einem weiten Sinne einzusetzen. **Fragen** müssen nicht nur mit Worten gestellt werden, auch eine Pause, ein »hm«, wenn der andere im Redefluss stockt, oder ein fragender Gesichtsausdruck können in einem nonverbalen oder nondirektiven Sinne als Fragen wirken. Werden Fragen ausformuliert, zum Beispiel im Sinne eines: »Wo möchten Sie sich denn beruflich in fünf Jahren sehen?« oder »Ich habe das Gefühl, dass Ihre Leistung in jüngster Zeit nachgelassen hat. Was sind denn die Gründe?«, so sollte man offen fragen, also so genannte »W-Fragen« stellen (was, warum, wie, wo ...?) und keine geschlossenen Fragen im Sinne von ja oder nein beziehungsweise entweder – oder fordernden Antworten. Die W-Fragen ermöglichen es dem Befragten, seine subjektive Welt, seine Sicht der Dinge zu entwickeln, während die geschlossenen Fragen eine Widerspiegelung der Vermutungen und Gedanken des Fragenden sind, die – geht es um den anderen – wenig nützlich erscheinen.

Aber auch gut gestellte Fragen können zu unzutreffenden Antworten führen. Dies liegt bisweilen daran, dass der Befragte eine angemessene Antwort gar nicht geben kann, weil er entweder über das Problemfeld bei sich selbst noch niemals nachgedacht hat oder weil ihm – speziell wenn er sprachlich wenig geschult ist – dafür die Worte fehlen. Häufiger ist es aber so, dass er die zutreffende Antwort nicht geben will, weil er fürchtet, sich damit zu schaden oder einen schlechten Eindruck zu hinterlassen. Er antwortet dann im Sinne der so genannten »sozialen Erwünschtheit«, er gibt also eine Antwort, von der er annimmt, dass sie der Fragende gerne hört.

Beobachtung des Verhaltens

Wegen dieser im Gespräch liegenden Fehlerquellen sollte man die Antworten des Befragten nicht gleich für »bare Münze« nehmen, sondern als Grundlage einer Vermutung, die es zu überprüfen gilt, am besten durch **Beobachtung**. Die Beobachtung des Verhaltens eines anderen Menschen kann auf indirekte Weise den Blick auf dessen Motivation lenken. Verhalten kann zwar nicht mit Motivation gleichgesetzt werden, es ermöglicht aber den Schluss auf die vermutlich hinter diesem Verhalten stehende Motivation. So lässt sich, sieht man einen Menschen gähnen, auf seine Müdigkeit schließen, sieht man ihn engagiert eine Thematik bearbeiten, lässt dies einen Rückschluss auf sein Interesse an diesem Gebiet zu.

Dieser Schluss vom beobachteten Verhalten auf die Motive beziehungsweise die Motivation ist häufig – ohne dass einem dieses bewusst wird – ein Analogieschluss. Man schließt von sich auf andere: Wenn ich dies täte, hätte ich die folgenden Gründe; vermutlich ist dies bei ihm auch so. Dieser auf der Analogie begründete Schluss kann zutreffend sein, besonders dann, wenn der andere Mensch uns in seiner Erziehung oder in seiner privaten und seiner beruflichen Situation ähnlich ist. Der Schluss kann aber auch falsch sein – insbesondere wenn der Beobachtete aus einer gänzlich anderen Kultur stammt. So lassen sich viele Missverständnisse im Rahmen interkultureller Begegnungen finden. Insbesondere dann, wenn der andere gelernt hat, seine Beweggründe ganz anders in Verhalten umzusetzen als wir oder wenn wir die Vorgeschichte seines Verhaltens nicht differenziert genug kennen, sind Missverständnisse und Fehlschlüsse wahrscheinlich.

Der Vorgesetzte beobachtet kurz nach Arbeitsbeginn um 8.10 Uhr einen Mitarbeiter an seinem Schreibtisch: Er sieht, dass der Mitarbeiter nicht ernsthaft arbeitet, sondern in seine Akten starrt, ohne zu lesen. Er schließt von sich auf andere und fragt in einer bewusst heiter-humorvollen Weise: »Na, gestern Abend wohl etwas zu lange gesumpft?« Der Mitarbeiter schaut traurig auf, schüttelt den Kopf und sagt: »Nein, nein, vor fünf Minuten hat meine Frau angerufen. Unser Siebenjähriger ist heute auf dem Weg zur Schule von einem Auto angefahren und mit Blaulicht ins Krankenhaus gebracht worden. Ich warte jetzt auf den nächsten Anruf …«

Man sollte also seine Schlüsse, die man aus dem beobachteten Verhalten zieht, lediglich als Vermutungen, als Hypothesen sehen, die es ihrerseits zu überprüfen gilt, wobei sich dafür vor allem das Gespräch anbietet. Gespräch und Beobachtung sollten also miteinander so verknüpft werden, wie die folgenden Beispiele zeigen

Ein Mitarbeiter, der insbesondere Schreibtischarbeit zu leisten hat, ist wenig initiativ und engagiert. Der Vorgesetzte spricht mit ihm und versucht, die Beweggründe zu erkennen. Der Mitarbeiter gibt an, dass ihn die Schreibtischarbeit langweile; er sei ein sozialer, ein kontaktfreudiger Mensch und suche die Nähe der anderen. Im Kontakt mit diesen würde ihm die Arbeit viel mehr Freude bereiten. Der Vorgesetzte merkt sich das. Als wenige Zeit später ein Außendienstmitarbeiter erkrankt, wird der »Innendienstmann« vom Chef gebeten, die Kundenberatung zu übernehmen. Der Vorgesetzte kann nun beobachten, ob sich dieser in der neuen Anforderungssituation aktiver und engagierter verhält oder ob er dort genauso initiativlos bleibt wie vorher. Ist das

Letztere der Fall, so hat der Mitarbeiter sich wohl selbst getäuscht oder versucht den Vorgesetzten zu täuschen.

Zweites Beispiel: Der Vorgesetzte beobachtet, dass ein Mitarbeiter gereizt auf seine Anweisungen reagiert, missgestimmt zur Arbeit kommt und häufig während der Dienstzeit Telefongespräche führt, die offensichtlich mit seinen Aufgaben nichts zu tun haben. Er vermutet, dass der Mitarbeiter Sorgen oder Spannungen im privaten Bereich – möglicherweise Beziehungsprobleme mit seiner Freundin – hat und hofft, dass sich diese Probleme von alleine lösen. Schließlich – als dies nicht der Fall ist – fragt er ihn, ob er vielleicht private Probleme habe. »Nicht im Geringsten«, antwortet der Mitarbeiter, »ich habe Probleme mit Ihnen …«

Gespräch und Verhaltensbeobachtung in Kombination miteinander sind in der Praxis der beste Weg, etwas über die Motive und Beweggründe der eigenen Mitarbeiter zu erfahren. Fehlschlüsse und Irrtümer sind zwar nicht ausgeschlossen, doch durch die Kombination zweier Methoden halten sich diese in Grenzen. Vor anderen ergänzenden Erkenntniswegen muss dagegen eher gewarnt werden.

Ergebnisse des Verhaltens

Da ist zunächst die Analyse der **Ergebnisse des Verhaltens** eines Mitarbeiters, die man ganz im Sinne des Bibelwortes »an ihren Früchten sollt ihr sie erkennen!« deuten könnte. Es liegt nahe, aus absinkenden Verkaufszahlen auf zurückgehendes Engagement des Verkäufers zu schließen, aus Fehlern im Sachstandsbericht eines Mitarbeiters darauf, dass er sich offensichtlich für andere Fragen mehr interessiert und aus dem geradezu chaotisch aussehenden Schreibtisch darauf, dass Ordnung für ihn keinen hohen Wert darstellt.

In all diesen Fällen ist Vorsicht geboten, da man ja nicht weiß, unter welchen Bedingungen es zu den beobachteten Fakten kam. Die absinkenden Verkaufszahlen können in intensivierten verkaufsfördernden Maßnahmen der Konkurrenz begründet sein, die Fehler im Bericht darin, dass der Mitarbeiter Fieber hatte und trotz seiner Erkrankung wegen der Dringlichkeit des Berichtes zur Arbeit kam, und der chaotisch aussehende Schreibtisch kann darauf zurückzuführen sein, dass ein Vorstandsmitglied beim Mitarbeiter anrief und ihn bat, sofort einen bestimmten Vorgang ins Vorstandsbüro zu bringen, worauf der Mitarbeiter hektisch suchte und dann zum Vorstandsbüro ging. Ausgerechnet in diesem Augenblick betrat der Vorgesetzte sein Büro ...

Bevor man also ernsthafte Schlüsse aus dem ableitet, was man an Verhaltensergebnissen gesehen hat, muss unbedingt ein klärendes Gespräch mit dem Mitarbeiter geführt werden.

Physiologische Prozesse

Noch größere Vorsicht ist geboten, wenn man das willkürlich kaum Steuerbare im Körper zur Grundlage seiner Vermutungen nimmt: die **physiologischen Prozesse**. Innerhalb der Wissenschaft ist die Psychophysiologie eines der dynamischsten und vielversprechendsten Gebiete. Dies hat zur Folge, dass – einem weit verbreiteten Vorurteil zum Trotz – der so genannte Lügendetektor, richtig eingesetzt, zu den validesten psychodiagnostischen Instrumenten überhaupt zählt.

Die »unbewaffneten« Augen eines Vorgesetzten sind jedoch mit dem Lügendetektor nicht vergleichbar. Gewiss, der Vorgesetzte kann manches sehen, zum Beispiel dass der Mitarbeiter bleich oder rot wird, dass die Augen der Mitarbeiterin feucht werden und sich die Härchen auf ihrem Handrücken aufstellen, die Atmung sich beschleunigt, die Lippen zittern und Ähnliches. All dieses weist zwar auf Erregung hin, doch bleibt für den Vorgesetzten unklar, auf was diese Erregung zurückzuführen ist.

Im Verantwortungsbereich eines Vorgesetzten befindet sich eine Kasse, die er immer nach der Mittagspause überprüft. Es befinden sich ordnungsgemäß 5.000 Euro darin. Am Nachmittag gibt es keinen Kundenverkehr. Kurz vor Feierabend überprüft der Chef die Kasse noch einmal. Sie ist leer.

Er ruft alle Mitarbeiter und Mitarbeiterinnen zusammen, weist mit ernsten Worten darauf hin, dass im Laufe des Nachmittags das Geld verschwunden sei und sagt beinahe drohend: »Es spricht alles dafür, dass einer von uns das Geld entwendet hat. Und – meine Damen und Herren – das sage ich Ihnen: Heute verlässt keiner von Ihnen das Büro, bevor dieser Vorfall nicht aufgeklärt ist!« Er schaut sich im Kreis der Mitarbeiter und Mitarbeiterinnen um und sieht, wie eine Mitarbeiterin kreidebleich wird. »Dich habe ich erwischt!«, denkt er.

Dies kann ein fataler Fehlschluss sein. Offensichtlich ist die Mitarbeiterin zwar erregt und erschreckt, aber möglicherweise deshalb, weil so etwas Belastendes geschehen ist, weil der Chef so anders als sonst spricht, weil auch sie unter Verdacht steht. Der Täter – falls er überhaupt im Kreise der Mitarbeiter zu suchen ist – steht möglicherweise kühl dabei und lässt sich nichts anmerken.

Statische Körpermerkmale

Noch problematischer erscheint der Versuch, aus **statischen Körpermerkmalen** auf vorherrschende Motive zu schließen. Zwar ist der Grundgedanke nicht unvernünftig. Ein klassisches Werk der Psychologie, verfasst von Ernst Kretschmer, das in vielen Auflagen erschienen ist, trug den Titel »Körperbau und Charakter«. Es stellt durchaus interessante Befunde dar.

Im Alltag zwischenmenschlicher Begegnung hilft all dies kaum weiter, sondern wird eher noch Vorurteile verfestigen und im Extremfall zu sich selbst erfüllenden Prophezeiungen beitragen. Keine wissenschaftliche Forschung spricht dafür, dass blauäugige Menschen besonders treu sind, Personen mit angewachsenen Ohrläppchen unzuverlässig in Gelddingen, Personen mit einer ausgeprägten Nase vor allem materiell interessiert oder Menschen mit hoher Stirn abstrakte Denker. Viele Menschen glauben zwar an derartige Beziehungen, aber das macht die entsprechenden Annahmen nicht zutreffender. Also: Vorsicht! Das aber heißt hier: Verzicht!

Die Diagnose der Motivation eines einzelnen Mitarbeiters, eines Teams oder aller Mitarbeiter in der Organisation, auf eine angemessene Weise vorgenommen, ist ein erster wesentlicher Schritt im Prozess des Motivationsmanagements. Danach geht es um die Bestimmung des Sollzustandes. Was will man erreichen? Es wäre zu vage, hier in undifferenzierter Weise zu sagen, die Mitarbeiter sollten »motivierter« an die Arbeit gehen. Motivation hat ein Ziel. Was soll also konkret erreicht werden? Dass die Mitarbeiter mehr Verbesserungsvorschläge machen, dass sie pünktlicher zur Arbeit kommen, dass der Abteilungsegoismus zurückgeht und sich alle kooperativer den Nachbarabteilungen öffnen, dass sie positiver in der Öffentlichkeit über das Unternehmen sprechen?
Es lohnt also, differenziert über das nachzudenken, was man eigentlich will. Dann allerdings kann man mit der Intervention, mit der Einleitung jener Maßnahmen beginnen, durch die Motivation freigesetzt, stabilisiert oder gesteigert werden kann.

Die Beseitigung von Barrieren

Es ist ein fundamentaler Irrtum zu glauben, dass der Mensch von Natur aus träge und inaktiv sei. Das Schlaraffenland des Märchens, in dem einem, faul auf dem Rücken liegend, die gebratenen Tauben in den Mund fliegen, ist nicht Ausdruck des Paradieses, sondern eine diffizile Umschreibung der Hölle. Das Leben im Schlaraffenland wäre uns unerträglich. Schon zuvor habe ich auf die Forschungsergebnisse und Überlegungen von Argyris (1975) verwiesen, die beinhalten, dass der reifende und erwachsen werdende Mensch durch ansteigende Wünsche nach Unabhängigkeit, Aktivität, nach Kontrolle der eigenen Situation und längerfristige Planung seiner Zeit gekennzeichnet ist. Auch die entwicklungspsychologische Forschung zeigt, dass der Heranwachsende aus der primären Geborgenheit der Familie von Natur aus ausbricht, um sich im autonomen Handeln zu bewähren, um sodann (selbst bestimmt) in neuen sozialen Beziehungen – in einem Gleichgewicht zwischen Autonomie und Geborgenheit – als Erwachsener zu leben.

Diesen Wünschen des Einzelnen nach Unabhängigkeit, nach Kontrolle der eigenen Situation, nach Planung und Autonomie werden Organisationen nur selten gerecht. Sie richten hier – häufig ohne dies bewusst zu wollen – Hemmnisse und Barrieren auf. An vier Beispielen sei dies gezeigt:

- der Aufgabengestaltung und des Handlungsspielraums,
- dem Bilden von Arbeitsgruppen,
- der Art der Führung sowie
- der Struktur der Aufbau- und Ablauforganisation.

Aufgabengestaltung

Unsere berufliche Tätigkeit setzt sich aus einer Vielzahl von Aufgaben zusammen, wobei eine Aufgabe als eine Gruppe von Aktivitäten verstanden werden kann, die etwa zur gleichen Zeit ausgeführt werden und einem gemeinsamen Zweck dienen, der vom Arbeitstätigen erkannt werden muss. Es wäre nun nahe liegend anzunehmen, dass die Organisation dem Einzelnen, der ja für die Aufgabenbewältigung qualifiziert worden ist, das Wie dieser Bewältigung überlässt. Dies aber ist vielfach nicht der Fall, was man am folgenden Konzept des Handlungsspielraums zeigen kann.

Dimensionen des Handlungsspielraumes

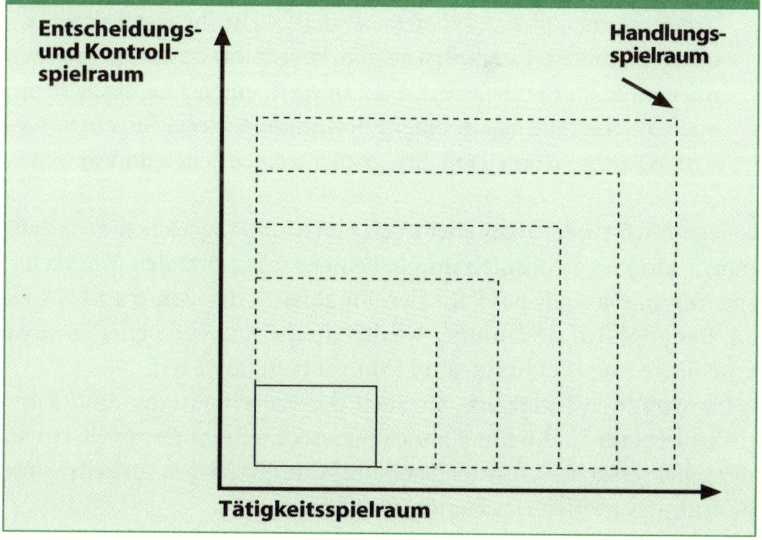

Man erkennt, dass der Handlungsspielraum sich aus zwei Komponenten zusammensetzt, dem Tätigkeitsspielraum sowie dem Entscheidungs- und Kontrollspielraum. Der Tätigkeitsspielraum ließe sich mit Vielfalt übersetzen. Ein geringer Tätigkeitsspielraum weist entsprechend darauf hin, dass in rascher Folge immer wieder das Gleiche getan werden muss. Mit dem Entscheidungs- und Kontrollspielraum wird ausgedrückt, inwieweit der Einzelne das, was er tut, selbst planen, über die Abläufe entscheiden und den Prozess sowie die Ergebnisse seines Tuns kontrollieren kann.

Typisch für einen sehr geringen Handlungsspielraum sind die Tätigkeiten eines Fließbandarbeiters, der häufig in einem Arbeitstakt von unter einer Minute immer wieder das Gleiche zu tun hat und dessen Tätigkeit – durch die Arbeitsvorbereitung und die in der Technologie festgeschriebenen Durchführungszwänge – drastisch in seinem Freiraum eingeschränkt ist. Es gibt aber auch Beispiele dafür, dass zwar der Tätigkeitsspielraum groß ist, der Entscheidungs- und Kontrollspielraum dagegen klein. Dies gilt zum Beispiel dann, wenn eine Vielzahl von unterschiedlichen Tätigkeiten in fremdbestimmter Folge nach strikten Vorschriften ausgeführt werden muss.

Eine Sekretärin hat beispielsweise einen sehr direktiven, autoritären Chef. Er gibt ihr nicht die Möglichkeit, ihren Arbeitstag, ihre Arbeitswoche selbst zu planen, sondern weist ihr von Fall zu Fall unterschiedliche Tätigkeiten zu, die dann sofort ausgeführt werden müssen: Diktat aufnehmen, Post ablegen, einen Flug nach Berlin buchen, ein Zimmer in einem bestimmten Hotel für einen Geschäftspartner reservieren, Briefpapier nachbestellen und so weiter.

Gelegentlich findet man aber auch einen umfangreichen Entscheidungs- und Kontrollspielraum bei einem sehr schmalen Tätigkeitsspielraum. Dies gilt etwa für den Fluglotsen, der von früh bis spät am Radarschirm sitzt, immer wieder gleiche Aufgaben erledigt, aber erhebliche Entscheidungs- und Kontrollbefugnisse hat.

Sowohl der Tätigkeits- als auch der Entscheidungs- und Kontrollspielraum sind beim Handeln eines Unternehmers groß, der in der selbst gesetzten Aufgabenstellung kaum Barrieren für sein selbst bestimmtes motiviertes Handeln vorfindet.

Handlungsspielraum ist dabei nur ein Aspekt dessen, was bestehende Motivation bei einem Mitarbeiter freisetzen kann. Volpert (1990) hat mit breiterem Anspruch danach gefragt, »welche Arbeit gut für den Menschen« sei, und dabei eine Checkliste erarbeitet:

Welche Arbeit ist gut für den Menschen?

- ❑ Handlungsspielraum
- ❑ Zeitautonomie
- ❑ Strukturierbarkeit
- ❑ Möglichkeit eigener Entwicklungswege bei Abwesenheit von Regulationsbehinderung
- ❑ Körperliche Aktivität
- ❑ Vielfältige sinnliche Erfahrung
- ❑ Konkreter Bezug zu realen Gegenständen und sozialen Bedingungen
- ❑ Zentrierte Variabilität (unterschiedliche Realisierungsbedingungen)
- ❑ Kooperation und unmittelbarer Kontakt

Man erkennt, dass der Handlungsspielraum bei der Aufgabenbewältigung zwar ein wichtiger, aber keineswegs der einzige Aspekt ist. Organisationen sollten Folgendes beachten:

- Die Einzelnen sollten ihre Tages-, Wochenarbeits- und vielleicht Lebensarbeitszeit flexibel planen können.
- Sie sollten die Möglichkeit erhalten, ein amorphes Aufgabenfeld nach eigenen Vorstellungen zu strukturieren.
- Auch ihre eigene berufliche Entwicklung sollte nicht unter dem Diktat des Chefs oder der Personalabteilung stehen, sondern selbst bestimmt erscheinen.
- Die Mitarbeiter sollten nicht von früh bis abends am Schreibtisch sitzt, sondern auch den eigenen Körper in unterschiedlicher Weise bei der Arbeit fordern können.
- Der Bildschirm sollte nicht zum einzigen optischen Eindruck werden, sondern die verschiedenen Sinne sollten in unterschiedlicher Weise angesprochen werden.
- Menschen, Arbeitsprozesse oder Handlungsergebnisse sollten nicht nur als Indikatoren, Zahlen, Symbole oder Ähnliches auf

Computerausdrucken vor einem liegen, sondern man soll all dies real erfahren können.

- Mitarbeiter sollten die Möglichkeit erhalten, die Bedingungen der eigenen Arbeitstätigkeit zielorientiert selbst zu gestalten.
- Die Gelegenheit zur Kooperation und zum unmittelbaren Kontakt sollte gegeben sein. Dies kann dadurch erfolgen, dass Teile der Aufgabenerfüllung in Form von Teamarbeit erledigt werden und auch informelle Kontakte, gelegentliche private Gespräche auf dem Gang, in der Kantine oder während der Arbeitspausen möglich sind. Neben der Arbeit sollten Begegnungsmöglichkeiten geschaffen werden, wie zum Beispiel in betriebseigenen Sportclubs, bei Betriebsausflügen oder gemeinsamen Sommerfesten.

Es hat nicht an Versuchen gefehlt, die in der Aufgabengestaltung liegenden Motivationseffekte systematisch darzustellen. Der bekannteste Versuch dieser Art besteht darin, das Motivationspotenzial einer Aufgabe mit einem standardisierten Verfahren zu messen und sodann mathematisch zu erfassen. Dieser Versuch geht auf Hackman/Oldham (1975) zurück. Motivationspotenzial wird dabei mathematisch wie folgt gefasst:

Motivationspotenzial

$$= \frac{(\text{Vielseitigkeit}+\text{Ganzheitlichkeit}+\text{Bedeutung})}{3} \times \text{Autonomie} \times \text{Rückmeldung}$$

Man erkennt, dass nach Auffassung der Autoren sich Vielseitigkeit, Ganzheitlichkeit und Bedeutung der Aufgabe in einem kompensatorischen Sinne ergänzen können, dass aber Autonomie beim Handeln und Rückmeldung über die Handlungsergebnisse unverzichtbar erscheinen. Wird eine dieser Größen zu null, so ist auch das Motivationspotenzial mit null einzustufen. Welche konkreten Auswirkungen das Motivationspotenzial haben kann, verdeutlicht die Abbildung auf der nächsten Seite.

Damit man einen konkreten Eindruck davon erhält, wie die einzelnen Determinanten des Motivationspotenzials bestimmt werden,

seien nachfolgend typische Items genannt, die für die Ermittlung dieser Komponenten geeignet erscheinen. Wie lässt sich motivationsförderliche Arbeit bestimmen? – Beispielsfragen zur Bestimmung der Komponenten des Motivationspotenzials:

- **Anforderungsvielfalt:** »Die Tätigkeit erfordert komplexe, sehr spezielle Fachkenntnisse.«
- **Ganzheitlichkeit:** »Die Tätigkeit ist derart, dass ich keine Gelegenheit habe, einen ganzen Arbeitsvorgang von Anfang bis zum Ende durchzuführen.« (negativ gepolt)
- **Bedeutsamkeit:** »Die Tätigkeit ist sehr wichtig für die Fertigstellung des endgültigen Produkts.«
- **Autonomie:** »Bei meiner Tätigkeit kann ich die Reihenfolge der Arbeitsschritte selbst bestimmen.«

- **Rückmeldung:** »Schon allein die Verrichtung der erforderlichen Arbeiten gibt mir häufig Gelegenheit herauszufinden, wie gut meine Leistungen sind.«

Deutlich anders orientiert sind die Überlegungen zur Beziehung zwischen dem Einzelnen und seiner Aufgabe bei Csikszentmihalyi (1992), die in die Konzeption des **»Flow-Erlebens«** münden.

Das Flow-Erleben

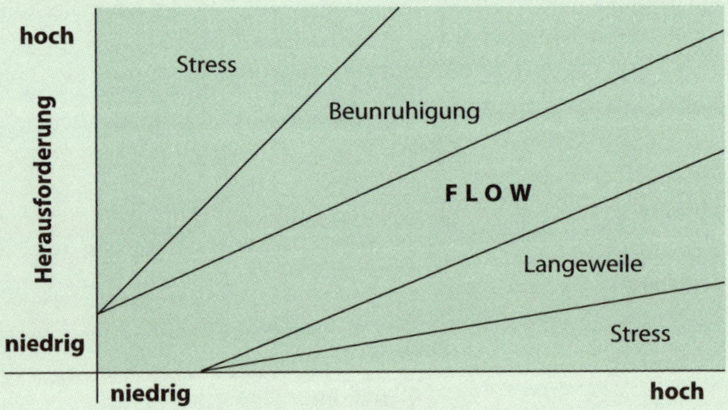

Es sind nach diesem Konzept nicht die objektiv gegebenen Bedingungen der Aufgabenausführung, auf die es ankommt, sondern zentral ist, dass die in der Aufgabenstellung liegenden Herausforderungen den Fähigkeiten des Handelnden entsprechen. Erscheint die Aufgabe zu schwer, so wirkt sie überfordernd, was Stress oder Beunruhigung zur Folge hat. Ist die Herausforderung zu gering, so führt dies zunächst zu Langeweile und schließlich zu Stress durch Unterforderung. Entsprechen allerdings die Herausforderungen den eigenen Möglichkeiten, so kommt es zum so genannten Flow-Erleben.

Dieses Flow-Erlebnis ist häufig von Sportlern, von Informatikern, von Künstlern und Angehörigen anderer kreativer Berufe beschrieben worden. Man vergisst die Welt um sich herum und befindet sich geradezu in Trance, im Rausch. Alles gelingt wie von selbst. Hier bedarf es keiner äußeren Anreize. Der Einzelne verwirklicht sich in den für ihn angemessenen Herausforderungen.

Bilden von Arbeitsgruppen

Zunehmend werden Aufgaben freilich nicht mehr allein, sondern in **Gruppenarbeit** bewältigt. Die Gründe dafür sind vielfältig, aber wohl vor allem darin zu suchen, dass einerseits die immer komplexer werdenden Aufgabenstellungen aus quantitativen und qualitativen Gründen von einem Einzelnen nicht allein bewältigt werden können und andererseits darin, dass aus der Sicht der Organisation Gruppenarbeit eine größere Flexibilität ermöglicht, unter anderem deshalb, weil jeder für jeden, falls notwendig, einspringen kann.

Vielfach wird – gerade in modernen Konzepten der japanischen Automobilindustrie – die Gruppenarbeit minutiös geplant und ist für die Gruppenmitglieder weitgehend vorbestimmt, sodass gelegentlich gar von einem »Neo-Taylorismus« gesprochen wird. Als ein aus psychologischer Sicht positives Kontrastbild darf das der **»teilautonomen Arbeitsgruppen«** gelten, die um 1970 in Skandinavien entstanden und wissenschaftlich untersucht wurden und die seither – obwohl das Spektakuläre des Innovativen inzwischen von ihnen gewichen ist – in Unternehmen und Verwaltungen vieler Länder nahezu eine Selbstverständlichkeit wurden. Zentrales Bestimmungsmerkmal der teilautonomen Arbeitsgruppen ist, dass auf Funktionen eines formellen Vorgesetzten weitestgehend verzichtet wird und stattdessen die Gruppe selbst ihre eigene Koordination und Steuerung übernimmt.

Natürlich sind in Organisationen der Wirtschaft diese Gruppen nicht gänzlich autonom. Es ist ihnen in aller Regel vorgegeben, was sie zu tun haben. Im Rahmen dieser Vorgabe allerdings kann der Grad ihrer Autonomie relativ weit gehen, wie es die hier wiedergegebene Kriterienliste nach Gulowsen (1972) zeigt (s. S. 128).

Untersuchungen zu den Auswirkungen teilautonomer Gruppenarbeit zeigen, dass durch ihre Einführung vielfach die Herausforderungen durch die Tätigkeit als höher als zuvor erlebt werden, dass die Qualität der Arbeitsprozesse und -ergebnisse steigt, die Motivation der Gruppenmitglieder sich verbessert und langfristig ihre Qualifikation angehoben wird. Dennoch muss gesehen werden, dass die Einführung dieser Arbeitsform von vielfältigen kulturellen, wirtschaftlichen, technischen, psychologischen, soziologischen und juristischen Bedingungen abhängig ist, sodass dieses attraktive Kon-

Kriterien zur Bestimmung des Grades an Autonomie bei Gruppenarbeit

Gruppenebene

- Die Gruppe hat Einfluss auf die für sie geltende Zielsetzung
  a) in quantitativer Hinsicht,
  b) in qualitativer Hinsicht.
- Innerhalb übergeordneter Rahmenbedingungen kann die Gruppe selbst festlegen.
  a) wo sie arbeitet,
  b) wann sie arbeitet,
  c) welche zusätzlichen Tätigkeiten sie ausübt.
- Die Gruppe entscheidet über die Produktionsmethode.
- Die Gruppe regelt die interne Aufgabenverteilung.
- Die Gruppe entscheidet darüber, wer in ihr Mitglied wird.
- Die Gruppe entscheidet in den Führungsfragen
  a) ob sie für gruppeninterne Angelegenheiten einen Führer haben will und gegebenenfalls welchen,
  b) ob sie zur Regelung von Grenzbedingungen einen Führer haben will und gegebenenfalls welchen.

Ebene des einzelnen Gruppenmitglieds

Das Gruppenmitglied entscheidet, wie die von ihm auszuführenden Aufgaben bewältigt werden.

zept nicht überall realisiert werden kann. Um es an einem einfachen Beispiel zu zeigen: Das Kriterium, dass die Gruppe selbst darüber entscheidet, wer in ihr Mitglied wird, drückt ein basisdemokratisches Denken aus, das im deutschen Betriebsverfassungsgesetz nicht vorgesehen ist. Bei Neueinstellungen muss der Betriebsrat mitwirken, sodass es entsprechend bei Versuchen, teilautonome Arbeitsgruppen in der deutschen Automobilindustrie einzuführen, zu Konflikten zwischen den Gruppenmitgliedern und den von ihnen mitgewählten Betriebsräten kam.

Art der Führung

Das Konzept der teilautonomen Arbeitsgruppen lenkt den Blick auf die Art der **Führung**. Meister als formelle Vorgesetzte verlieren bei der Einführung teilautonomer Arbeitsgruppen häufig ihre Führungspositionen und ziehen sich – falls es ihre Position überhaupt noch gibt – auf die Rolle eines Gruppenberaters zurück. Ein derartiger relativer Rückzug von Führung – entsprechende Qualifikation der Mitarbeiter vorausgesetzt – wäre auch auf anderen Feldern wünschenswert, wenn Motivation sich entfalten soll. Warum soll denn ein Vorgesetzter seinem Mitarbeiter detailliert sagen, was er bis wann in welcher Weise tun soll, wenn der Mitarbeiter, ein Spezialist, dies im Detail deutlich besser beurteilen kann als der Chef?

In diesem soeben angesprochenen Sinn ist es eine motivationstötende Führung, wenn der Mitarbeiter die Verantwortung nicht tragen darf, zu der er aufgrund seiner Kompetenz in der Lage wäre. Dies gilt für den autoritären Führungsstil in besonderem Maße, der sowohl das zu erreichende Ziel als auch den Weg zum Ziel ohne Mitsprachemöglichkeiten des Mitarbeiters vorgibt und letztlich mit den Mitteln des Befehls und der externen Kontrolle arbeitet.

Deutlich mehr Eigeninitiative des Mitarbeiters ist dort möglich, wo »Management by Objectives«, **Führen durch Ziele**, praktiziert wird. Der Kern dieser Führungskonzeption besteht darin, dass zwar der Mitarbeiter hinsichtlich der Ziele, die er zu erreichen hat, nicht frei ist, innerhalb bestimmter Kompetenzgrenzen jedoch aufgrund seiner eigenen Erfahrung und seiner eigenen fachlichen Fähigkeiten den Weg zum Ziel frei wählen, auf diese Weise neue Erfahrungen gewinnen und so die Arbeitsprozesse optimieren kann. Auch bei der Führung mit Zielen gibt es Differenzen. Am häufigsten ist sie dann, wenn die Ziele vom Vorgesetzten vorgegeben werden. Größer wird der Einfluss des Mitarbeiters, wenn zwar die Ziele vorgegeben werden, jedoch die Bedingungen und Hilfsmittel zwischen Vorgesetztem und Mitarbeiter vereinbart werden, die auf dem Weg zum Ziel notwendig erscheinen. Noch einmal größer ist der Einfluss des Mitarbeiters, wenn auch die Ziele selbst im Aushandlungsprozess zwischen dem Vorgesetzen und dem Mitarbeiter vereinbart werden, sodass die Partizipationsmöglichkeit besonders hoch ist.

Bei der Führung durch Ziele ist letztlich der Auftrag abgeschlossen, wenn das Ziel in der vorgegebenen oder vereinbarten Weise erreicht ist. Neue Ziele sind zu besprechen. Größer wird der Freiraum des Mitarbeiters dann, wenn ihm langfristig ein Verantwortungsfeld übertragen wird, innerhalb dessen er weitgehend selbst bestimmt und damit (mit)unternehmerisch handelt. Dies ist dann der Fall, wenn die Führung durch Delegation erfolgt. Der Führende prüft – das ist seine Führungsverantwortung –, ob der Mitarbeiter die Qualifikation und die Motivation dafür hat, eigenverantwortlich ein Aufgabengebiet zu übernehmen. Sollte dies noch nicht der Fall sein, so ist es seine zentrale Führungsaufgabe, den Mitarbeiter dorthin zu entwickeln. Erscheinen von Seiten des Mitarbeiters die notwendigen Voraussetzungen gegeben, so ist ihm im Sinne einer »Delegationstrias« in einem entsprechenden Umfang die Aufgabe mit der dazugehörigen Verantwortung und den notwendigen Rechten zu übertragen. Leider muss man jedoch feststellen, dass häufig die Rechte kleiner sind als die übertragene Verantwortung. Folgende Darstellung verdeutlicht dies.

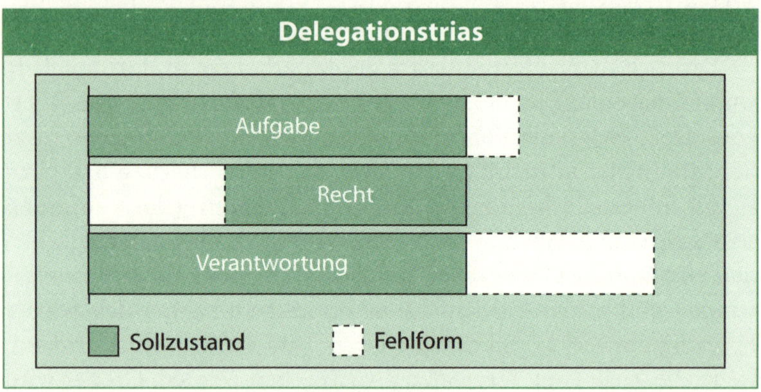

Zum Beispiel wurde in einem Versandhandelsunternehmen einem Zentraleinkäufer die Verantwortung für Küchengeräte übertragen. Er hatte dafür zu sorgen, dass im halbjährlich erscheinenden Katalog qualitativ hochwertige und zugleich preiswerte Geräte angeboten wurden und in der angemessenen Menge an die Kunden ausgeliefert werden konnten. Dafür trug er die

Verantwortung und wurde von der Unternehmensleitung an seinen Leistungen auf diesem Gebiet gemessen. Seine Rechte waren aber deutlich kleiner als der Verantwortungsbereich. Wollte er von einem bestimmten Typ in Ostasien eine größere Menge ordern, so musste in der Zentrale in Deutschland zunächst ein Prototyp die Qualitätskontrolle durchlaufen. Erst dann – und das war meist zwei oder drei Wochen später – bekam der Einkäufer die Genehmigung für die verbindliche Bestellung. Nicht selten hatte inzwischen die Konkurrenz von seinem Vorhaben erfahren und orderte die Ware, bevor er abschließen konnte. Er allerdings wurde dann nach Ablauf des Kataloghalbjahres dafür gerügt, dass die Konkurrenz und nicht das eigene Haus über das attraktivere Produkt im Angebot verfügte.

Struktur der Aufbau- und Ablauforganisation

Dem Mitarbeiter Rechte in dem Maße zu übertragen, wie es der Aufgabe und dem Verantwortungsbereich entspricht, setzt Vertrauen voraus. Ausdruck einer **Vertrauenskultur** ist das konsequent angewandte Delegationsprinzip. Dieses Vertrauen fehlt häufig. Dabei können sowohl die konkrete Führung als auch der Rahmen der **Aufbau- und Ablauforganisation** im Unternehmen als Ausdruck einer Misstrauenskultur gelten und als Motivationsbarriere wirken.

An folgenden wichtigen Kriterien lassen sich Organisationen messen und voneinander unterscheiden:

- **Spezialisierung:** Grad der Aufgliederung der Tätigkeit in spezialisierte, von Stelleninhabern zu übernehmende Teiltätigkeiten.
- **Standardisierung:** Anteil von Routineverfahren an der Gesamttätigkeit.
- **Formalisierung:** Grad der schriftlichen Fixierung von Verfahren, Regeln, Anweisungen, Aufgaben.
- **Zentralisierung:** Grad der Konzentration der Entscheidungsautorität.
- **Konfiguration:** Struktur, in die zum Beispiel »Steilheit«, »Höhe« oder »Prozentsatz des Verwaltungspersonals« eingehen.

Sind alle diese Punkte sehr ausgeprägt vorhanden, dann haben wir das vor uns, was umgangssprachlich als eine starre oder bürokratische Organisation bezeichnet wird.

Untersucht man nun, wie derartige Merkmale auf die Eigeninitiative, Selbstverantwortung und Motivation der Mitarbeiter wirken, so zeigt sich immer wieder, dass insbesondere durch hohe Standardisierung, Formalisierung und Zentralisierung Barrieren errichtet werden. Dagegen lassen sich diese Barrieren überwinden, indem die Aufgabenkomplexität hoch ist, ein ausgeprägter Informationsaustausch innerhalb der Organisation ohne Rücksicht auf die so genannten Dienstwege erfolgt und intensive Außenkontakte möglich sind. Jeder Mitarbeiter sollte mit Personen in Erfahrungsaustausch treten und sich von diesen Anregungen holen können, auch wenn sie der Organisation nicht angehören.

Hat man dies vor Augen, so sind klassisch hierarchische Organisationsformen wie die Linien- oder Stablinienorganisation tendenziell als motivationshemmend zu bezeichnen. Dagegen sind Strukturen wie die Projekt- oder die Netzwerkorganisation weit eher geeignet, die in den Mitarbeitern liegende Motivation freizusetzen. Diese Formen sind insbesondere dadurch gekennzeichnet, dass man nicht dauerhaft einem Vorgesetzten unterstellt ist, sondern aufgaben- oder projektbezogen auf Zeit mit jeweils anderen Personen kooperiert, die sich mit der gleichen Frage beschäftigen.

Anreizgestaltung

Die in der Praxis am weitesten verbreitete Form, Einfluss auf die Motivation der Mitarbeiter zu nehmen, ist die Anreizgestaltung. Sie entspringt in mehr oder weniger starkem Maße einem »Theorie-X-Denken«. Dies bedeutet in diesem Zusammenhang, dass man der Auffassung ist, Mitarbeiter zeigten von sich aus keine Initiative, sondern müssten durch geeignete Anreize von der Organisation aktiviert werden. Entsprechend war ein frühes und sehr einflussreiches Führungsprinzip – das auf Taylor (1911) zurückgehende »Scientific-Management« – hinsichtlich der Motivation ganz auf einen engen Bereich der Anreizgestaltung fixiert: den Leistungslohn. Dem »trägen« Mitarbeiter sollte dabei verdeutlicht werden, dass er in dem Maße, in dem er Leistung erbringt, auch mit finanziellen Belohnungen rechnen darf. Dieser Grundgedanke ist keineswegs falsch. Wenn die Arbeit erlebnismäßig für den Einzelnen so monoton, so sinnleer wird, dass sie ungeeignet dafür ist, Sinn in ihr zu erleben, wird letztlich nur noch extrinsische Motivation eine Rolle spielen. Es wird also ausschließlich des Geldes und vielleicht auch der sozialen Kontakte wegen gearbeitet. Dann gilt im Sinne des hedonistischen Anreizprinzips: je mehr desto besser.

Allerdings muss man differenzieren. Nicht alle Tätigkeiten lassen sich durch finanzielle Anreize intensivieren, wie folgende Abbildung zeigt, die Daten aus einer Bonbonfabrik wiedergibt.

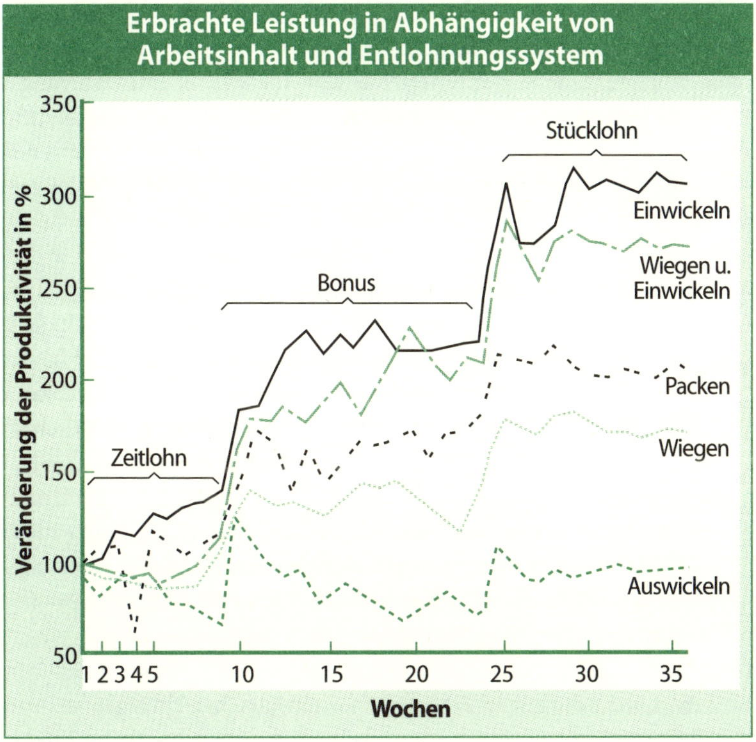

Arten von Anreizen

Anreize sind wahrgenommene Bestandteile der Situation, die Motivbefriedigung versprechen und daher geeignet sind, die entsprechenden Motive zu aktivieren. Es ist nun ein Leichtes, inhaltlich bestimmte Motive zum Ausgangspunkt der Überlegungen zu nehmen und in einer individuellen Phase des Nachdenkens oder im Rahmen eines Brainstormings im Team geeignete Anreize zu ersinnen. Exemplarisch sei das hier am Beispiel des vorgestellten Motivationsmodells von Maslow (s. S. 31) gezeigt.

Grundbedürfnisse

Hier könnte man an gut klimatisierte Räume, ergonomisch perfekte Arbeitsplätze, eine variantenreiches Kantinenessen, Entspannungs- und Sporträume, die Bereitstellung von Werkswohnungen und Ähnliches mehr denken. Dabei lassen sich durchaus überraschende Kriterien der Bewertung finden, wie das nachfolgende Beispiel verdeutlicht.

Beispielsweise zeigt eine Mitarbeiterbefragung, dass die Qualität des Kantinenessens unbefriedigend ist. Ein Gespräch mit dem Kantinenpächter führt zu dem Ergebnis, dass dieser sich in der Lage sieht, für 0,50 Euro mehr pro Essen die Qualität spürbar – in diesem Falle schmeckbar – zu steigern. Bei durchschnittlich 20 Mahlzeiten pro Mitarbeiter im Monat wären dies zehn Euro. Mit diesem relativ geringen Betrag ließe sich die bestehende Unzufriedenheit beseitigen. Dagegen wurden diese zehn Euro mehr auf dem Gehaltszettel wahrscheinlich nicht bemerkt oder eher mit Unverständnis oder gar – da als lächerlich eingestuft – mit Ärger zur Kenntnis genommen.

So sehen wir an diesem Beispiel, dass ein gleicher finanzieller Aufwand psychologisch gesehen jeweils höchst unterschiedliche Effekte haben kann.

Sicherheitsbedürfnisse

Hier kann an all das gedacht werden, was im Bewusstsein der Betroffenen Sicherheit verspricht. Das ist in der Regel alles, was am Arbeitsplatz an positiv Erlebtem für die Zukunft garantiert wird und dabei über das gesetzlich Vorgegebene beziehungsweise in der Gesellschaft oder im Unternehmen Selbstverständliche hinausgeht. So betrachtet kann etwa in den USA – mit sehr viel schwächer ausgeprägten sozialstaatlichen Regelungen – eine Maßnahme zu einem intensiven Anreiz werden, die in Deutschland ohne Wirkung bliebe. In Deutschland ist – insbesondere angesichts der aktuellen Situation auf dem Arbeitsmarkt – in erster Linie an die Sicherheit des Arbeitsplatzes zu denken. Aber auch die Sicherheit vor Unfall, körperlicher Gefährdung und die Vorsorge vor Berufskrankheiten spielen eine große Rolle. Doch nicht allein die materielle Existenz und die körperliche Unversehrtheit sind hier zu thematisieren, sondern auch Sicherheit vor dem Verlust von Status oder Kompetenz. Dies wird insbesondere deshalb betont, weil manche Unternehmen im Führungsbereich dazu neigen, Führungskräfte mittleren oder höheren Alters zwar in eine höhere Gehaltsstufe zu befördern, ihnen aber zugleich Einfluss und interessante Aufgabenfelder entziehen. Zunehmend wird angesichts der Globalisierung und den damit einhergehenden Firmenverkäufen und Fusionen auch die Sicherheit bedeutsam, am vertrauten Standort, innerhalb der gewohnten Unternehmenskultur in der eigenen Sprache weiterarbeiten zu können.

Bedürfnisse nach Kontakt und Zugehörigkeit

Hier stehen im Vordergrund: ein gutes Betriebsklima, die Möglichkeit zu gemeinsamen sozialen Aktivitäten wie Betriebsfesten, Sportveranstaltungen, Bereitstellung von Hütten in den nahe gelegenen Bergen, die Betriebsangehörige mit ihren Familien gemeinsam für Wochenendgestaltungen, Bergwanderungen oder winterliche Skitouren nutzen können, und vieles mehr. Wichtiger allerdings als diese Aktivitäten neben der Arbeit sind solche, die in die Arbeit integriert erscheinen, wie die gemeinsame Fort- und Weiterbildung,

Gruppen- oder Teamarbeit, zeitbegrenzte Projekte sowie die arbeitsbezogene Kommunikationsmöglichkeit unabhängig vom Dienstweg innerhalb der Organisation und über die Organisationsgrenzen hinaus.

Ich-Motive

Das Bedürfnis, nicht nur in der Gruppe oder im Unternehmen akzeptiert zu sein, sondern mehr als die anderen durch Anerkennung, Status, Prestige und Achtung ausgezeichnet zu werden, wird in nahezu allen hierarchisch gegliederten Unternehmen durch »Orden und Ehrenzeichen« befriedigt. Hier ist an die Vielzahl von teils sinnvoll erscheinenden bis grotesk-sinnlosen Statussymbolen zu denken: vom Titel über den Dienstwagen, das Büro mit zwei Fenstern, Couchtisch und einem echten Ölgemälde an der Wand, bis hin zu einem Parkplatz im Innenhof nahe an der Eingangstür, Zugang zu einer exklusiven Kantine sowie speziellen Lift- oder Toilettenschlüsseln. Manche dieser Statussymbole erscheinen funktional, weil sie tatsächlich der Aufgabenerfüllung dienen und zugleich nach außen – etwa dem Kunden gegenüber – Orientierung und Wertschätzung vermitteln. Manche erscheinen geradezu lächerlich. Dass auch sie psychologische Wirkung haben, erkennt man dann, wenn man sie abschaffen will. Der Widerstand dagegen ist bei den Betroffenen häufig erheblich.

Beispiel: Innerhalb eines großen deutschen Bankkonzerns gab es seit Jahrzehnten für die erste Ebene oberhalb der tariflichen Entlohnung den Titel »Oberbeamter«, worüber allgemein im Unternehmen gespottet wurde. »Sind wir eine Behörde der K.u.K.-Monarchie oder ein modernes Dienstleistungsunternehmen?«, so wurde vielfach höhnisch gefragt. Als der neue Personalvorstand vom Aufsichtsrat bestellt wurde, gehörte es zu seinen ersten Amtshandlungen, dieses auch in seinen Augen völlig unzeitgemäße Relikt abzuschaffen. Er hoffte dabei auf breite Akzeptanz. Hier aber hatte er sich getäuscht. Nicht nur die Betroffenen selbst zeigten nachhaltigen Widerstand, sondern auch die Führungskräfte: »Womit soll ich denn jetzt meine Mitarbeiter motivieren? Wie stehen die denn zu Hause und der Nachbarschaft gegenüber da, wenn sie plötzlich ohne Titel auftauchen?« hießen typische Fragen innerhalb der kontroversen Diskussionen.

Bei der Gestaltung von Anreizen, die Ich-Motive aktivieren, sollte man einen vielfach vergessenen Aspekt mitbedenken: die meist gegebene und verfestigte Trennung zwischen der Berufs- und der privaten Lebenswelt. Für den Bauern oder den traditionellen Handwerker erscheinen diese Welten integriert. Der berufliche Erfolg des Vaters wird für Partnerin und Kinder offensichtlich. Gänzlich anders sieht das für all jene aus, die morgens das Haus verlassen und viele Kilometer weit zur Arbeit fahren. Von ihren beruflichen Erfolgen, von der Anerkennung, die sie im Betrieb erfahren, merkt man zu Hause nichts. Der »Verdiener« kommt müde, zerschlagen und somit für dic Kinder fremd und nicht sonderlich eindrucksvoll von der Arbeit nach Hause und versteckt sich hinter der Zeitung oder vor der »Glotze«. Es ist daher lohnend, sich solche Anreize zu überlegen, die Ansehen nicht nur innerhalb des Unternehmens vermitteln, sondern auch in der privaten Lebenssphäre sichtbar werden.

Beispiel: Ein bayerisches Bankunternehmen führte für einen Personenkreis, der nur selten die Gelegenheit bekommt, mit Kunden oder Geschäftspartnern festlich und exklusiv zum Essen zu gehen, das »Essen für zwei« ein. Vorgesetzte bekamen die Möglichkeit, einem Mitarbeiter, der eine außergewöhnliche Leistung erbracht hatte – zum Beispiel einen schwierigen Kunden zu gewinnen, die Hypothekenfinanzierung für einen Neubau zu sichern, eine Reklamation freundlich, aber bestimmt abzuwehren oder Ähnliches mehr – einen entsprechenden Gutschein zu übergeben. Dieser berechtigte den Mitarbeiter dazu, mit einem Menschen, der ihm oder ihr nahe steht, Vater oder Mutter, Partner oder Partnerin, Sohn oder Tochter etc. in einem anspruchsvollen Rahmen wirklich gut auf Kosten der Firma zu speisen und zu trinken. Auf diese Weise konnte einem in der privaten Lebenssphäre wichtigen Menschen verdeutlicht werden, wie sehr die Firma einen schätzt. Dieser Anreiz fand guten Anklang – freilich nur dann, wenn die Vorgesetzten wirklich nach erbrachten Leistungen differenzierten und die Maßnahme nicht nach dem »Gießkannenprinzip« schlicht jedem zukommen ließen, der bislang noch nicht in deren Genuss gelangt war.

Selbstverwirklichungsbedürfnisse

Die Bedürfnisse, sich selbst zu verwirklichen und im Zuge der eigenen Entwicklung mehr zu werden, als man zuvor war, können vor allem dadurch befriedigt werden, dass man Menschen bei ihrer Entwicklung im Unternehmen unterstützt. Dies kann im Rahmen einer gemeinsamen Laufbahnberatung und -förderung geschehen, auch dadurch, dass die Mitarbeiter Fort- und Weiterbildungsmöglichkeiten erhalten, die sie sich selbst ausgewählt haben und die sinnvoll in ihre von ihnen selbst gewünschte Entwicklung integriert werden.

Befriedigung von Selbstverwirklichungsbedürfnissen erwächst aber auch aus der Möglichkeit zum selbstständigen Handeln, also aus einem angemessenen Freiraum bei der Tätigkeit und insbesondere aus der Möglichkeit, sich selbst in dem, was man getan hat, wieder zu erkennen und vom Ergebnis zu sagen, dass es auf die eigene Initiative und Kreativität zurückgeht. Diese zuletzt genannte Möglichkeit ist selbstverständlich vielfach beim Unternehmer, beim Werksleiter, beim Leiter eines Profitcenters, bei einem Forscher und Entwickler oder bei einem Informatiker gesichert. Sie ergibt sich aber auch für viele andere, die komplexe Aufgaben zu bewältigen haben, die ihnen vom Vorgesetzten konsequent delegiert werden. Dennoch sind die meisten Selbstverwirklichungsmöglichkeiten bei der Arbeit auf Führungskräfte und hoch qualifizierte Fachspezialisten beschränkt. Dies muss nicht so sein, denn eigene Ideen kann nahezu jeder in gemeinsame Entscheidungsprozesse und insbesondere in das betriebliche Vorschlagswesen einbringen und dabei erleben, dass eigene Vorstellungen realisiert werden. Aber auch an ganz andere Möglichkeiten sollte man denken, zum Beispiel den Freiraum für jeden, sich das eigene Arbeitsumfeld nach eigenen Vorstellungen so zu gestalten, dass man sich damit identifizieren kann und es als Ausdruck eigener Präferenzen und eigenen Geschmackes erlebt.

Beispiele: In einem Unternehmen herrscht die »Diktatur des Innenarchitekten«. Mit erlesenem Geschmack sind alle Räume kühl und distanziert in Schwarz, Dunkelgrau und Hellgrau gestaltet, Lampen, Stuhl-, Tisch- und Schreibtischbeine dagegen aus Chrom. Nach Farben wird man vergeblich suchen. Die vornehm-zurückhaltende einheitliche Gestaltung beeindruckt zwar gelegentlich externe Besucher, doch viele Mitarbeiter können sich mit ihrem Arbeitsplatz kaum identifizieren und erleben sich als fremd in der unterkühlten Atmosphäre.
In einem anderen Unternehmen erhält jeder Mitarbeiter einen bestimmten Betrag, den er dazu verwenden darf, seinen Arbeitsplatz mit notwendigem Mobiliar, dem eigenen Geschmack folgend, zu gestalten. Dies gibt selbst einer Schreibkraft die Möglichkeit, für die Polsterung ihres Stuhls ihre Lieblingsfarbe zu wählen, Blumen und Kakteen auf dem Fensterbrett oder neben dem Schreibtisch zu platzieren und auf den Schreibtisch Fotos ihres Freundes und ihres Dackels zu stellen. Nicht jeder wird ihren Geschmack teilen, doch sie erlebt ihren Arbeitsplatz als Ausdruck ihrer Persönlichkeit.

Nicht genannt wurde bei der Diskussion denkbarer Anreize, die sich aus dem hierarchischen Motivationsmodell von Maslow ableiten lassen, das Geld. Dabei spielt das Geld – führt man im Unternehmen Diskussionen über Anreizsysteme – die bedeutsamste Rolle. Der Grund dafür, dass wir soeben nicht darauf eingegangen sind, liegt einfach darin, dass Geld auf sehr unterschiedlichen Gebieten zur Befriedigung von Motiven beitragen kann und so nicht nur einer Bedürfnisebene im maslowschen Sinne zuzurechnen ist.

Geld ist bedeutsam für die Befriedigung von Grundbedürfnissen, da wir nahezu für alles, was wir brauchen – sei es Nahrung und Getränk, Wohnung und Wärme, medizinische Versorgung oder Ressourcen zur sportlichen Betätigung – bezahlen müssen. Der Besitz von Geld, ein Sparbuch, das uns einige Monate lang »über die Runden« kommen ließe, ist darüber hinaus eine bedeutsame Befriedigung unseres Bedürfnisses nach Sicherheit. Geld hilft aber auch, unsere Bedürfnisse nach Kontakt und Zuwendung zu befriedigen. Zwar wird man Freunde im engen Sinne des Wortes nicht »kaufen«

können, doch das Geld gibt uns die Möglichkeit, Beziehungen zu pflegen, Freunde und Bekannte einzuladen, mit ihnen auszugehen, ihnen kleine Geschenke zu machen oder gemeinsam mit ihnen Reisen zu unternehmen. Geld und der damit geschaffene Besitz helfen uns aber auch, Ansehen innerhalb und außerhalb des Betriebes zu gewinnen und auf diese Weise die Ich-Bedürfnisse zu befriedigen. Schließlich gibt Geld uns Freiheit. Es hilft uns Erfahrungsmöglichkeiten anzusteuern, die unseren Interessen entsprechend unserer Weiterqualifikation dienen, womit Geld schließlich auch im Dienste der Selbstverwirklichung steht. Geld kann in diesem Sinne ein höchst vielfältiger Anreiz sein. In jedem individuellen Fall – wenn jemand intensiv nach Geld strebt – muss man prüfen, was dem Einzelnen eigentlich inhaltlich am Geld so bedeutsam ist und welche Bedürfnisse er damit zu befriedigen gedenkt.

Die Orientierung am Modell von Maslow war rein pragmatisch. Die fünf von ihm genannten Bedürfnisse erschöpfen keineswegs die Vielfalt menschlicher Motivstrukturen. Viele andere für die Arbeit wichtige Motive – man denke nur an das Leistungs- oder Machtmotiv – haben ebenfalls eine erhebliche Bedeutung und können ebenso Ausgangspunkt dafür sein, betriebliche Anreize zu ersinnen.

Anreize und das »VIE-Modell«

Die **Inhaltstheorien der Motivation** – ganz gleich, auf welche man zurückgreift – helfen dabei, konkrete Anreize zu gestalten. Sie versuchen eine Antwort auf die Frage zu geben, was Menschen unter welchen Bedingungen anstreben. Dagegen sind die Inhaltstheorien nicht geeignet, die Frage zu beantworten, welche Auswirkungen die Anreize haben. Hat man vor Augen, dass Anreize im Unternehmen meist mit dem Ziel eingesetzt werden, die Leistungsbereitschaft der Mitarbeiter zu steigern, so ist offensichtlich, dass manche Anreize diesem Ziel nicht oder kaum dienen. In diesem Sinne kann man selbstverständlich skeptisch fragen, ob eine qualitativ hochwertige Kantine, geschmackvoll eingerichtete Büros oder das Stellen preiswerter, nahe am Arbeitsplatz gelegener Werkswohnungen der Leistungsbereitschaft dienen. Vermutlich werden sie stärker die Motivation für ein anderes Verhalten aktivieren, zum Beispiel die Betriebstreue, die selbst keineswegs hoch mit der Leistungsbereitschaft korrelieren muss.

Angesichts dieser Problematik kann es nützlich sein, auf **Prozesstheorien der Motivation** zurückzugreifen, wobei hier als Beispiel die schon einmal angesprochene VIE-Modell dienen soll. Da diese Theorie inhaltlich nicht angibt, welcher konkrete Wert beziehungsweise welche konkreten Werte für V (Valenz) stehen und welche Handlungen oder Handlungsergebnisse einen instrumentellen Charakter (I) für das Erreichen dieser Werte haben, ist dies im Unternehmen zu entscheiden beziehungsweise zu erkunden.

Im Unternehmen entscheidet man sich beispielsweise dafür, die Bedürfnisse nach Zuwendung und Zugehörigkeit durch eine Vielzahl sozialer Anreize wie Betriebsfeste, gemeinsame Ausflüge, sportliche Aktivitäten, Grillabende sowie die Errichtung von Kommunikationsecken im Werk zu aktivieren und hofft, dass dies der Steigerung der Leistungsbereitschaft dient. Man hat nicht überprüft, ob hohe Leistung in den Augen der Mitarbeiter ein Weg zu dem Ziel ist, von den Kollegen und Kolleginnen akzeptiert zu werden. Entsprechend wird zwar durch die genannten Maßnahmen das Betriebsklima besser, die Leistung aber sinkt paradoxerweise leicht ab. Eine psychologische Untersuchung, die daraufhin im Unternehmen durchgeführt wird, zeigt, dass die subjektive Instrumentalität der Leistung für die Akzeptanz bei den Kollegen tendenziell negativ ist. Die Mitarbeiter gehen mehrheitlich davon aus, dass überdurchschnittliche Leistungen ihre Beliebtheit senken. Um die guten Kontakte, die sie durch die vielfältigen betrieblichen Maßnahmen im Kollegenkreis gewonnen haben, nicht zu gefährden, halten sie sich mit Spitzenleistungen eher zurück. Es kommt zur Leistungsrestriktion.

Dieses Beispiel macht deutlich, dass es keineswegs ausreicht, Anreize so zu konzipieren, dass sie der Befriedigung intensiver Bedürfnisse der Mitarbeiter dienen. Man sollte empirisch untersuchen oder zumindest begründet Vermutungen darüber anstellen, welche Verhaltensweisen als Mittel zur Befriedigung (I) eingesetzt werden.

Auch die subjektive Wahrscheinlichkeit, die Erwartung (E), zielführend handeln oder entsprechende Handlungsergebnisse erzielen zu können, muss man bedenken. Vielfach ist es so, dass zwar ein Anreiz sehr begehrenswert erscheint, der Einzelne jedoch meint, er könne mit seinem Verhalten nichts dazu beitragen, um in dessen Genuss zu gelangen. Oder es werden ganz unerwartete Verhaltensweisen aktiviert, die nicht angestrebt wurden und als »unerwünschte Nebenwirkungen« beschrieben werden können.

Beispiel: Ein Unternehmen führt als Teil der Entlohnung seiner Manager Aktienoptionen ein. Da deren Wert sich proportional zum Wert des Unternehmens entwickelt, hofft man im Unternehmen, dass diese Form der Entlohnung als Anreiz für ein Leistungsverhalten wirkt, das zur Wertsteigerung des Unternehmens beiträgt. Tatsächlich ließen sich daraufhin bei den Vorstandsmitgliedern Aktivitäten feststellen, die zur Wertsteigerung des Unternehmens beitrugen, beispielsweise Rationalisierungsstrategien, Ausschöpfen interner Synergiereserven, Personalabbau. Im Verhalten der Abteilungsleiter änderte sich aber nichts. Die Vorstandsmitglieder sahen die von ihnen eingeleiteten Maßnahmen als Mittel zur Wertsteigerung des Unternehmens und damit zugleich zur Erhöhung ihres Einkommens und schätzten die Wahrscheinlichkeit hoch ein, die genannten Wege auch gehen zu können. Die Abteilungsleiter dagegen – mit deutlich weniger Handlungsspielraum ausgestattet – sahen kaum Möglichkeiten, durch ihre Aktivitäten zur Wertsteigerung des Unternehmens beitragen zu können.

Das Beispiel zeigt, dass es bei der Anreizgestaltung wichtig ist, dass diejenigen, die angesprochen werden sollen, überzeugt davon sind, den Weg zum angestrebten Ziel auch gehen zu können. Es zeigt zudem, dass dabei gelegentlich Wege zum Ziel führen können, die nicht intendiert waren. Man denke an den im Beispiel genannten Personalabbau.

Die **Bedeutung der subjektiven Wahrscheinlichkeit** wird auch beim Konzept des Gruppenbonus erkennbar. Bei kleinen Arbeitsgruppen mit weniger als zehn Mitgliedern wirkt sich ein solcher Anreiz in der Regel positiv auf das Leistungsverhalten der Einzelnen aus. Sie glauben, durch ihren Einsatz und ihr Engagement zum positiven Ergebnis beitragen und so ihr Einkommen verbessern zu können. Bei großen Gruppen zeigt der Gruppenbonus meist keine positiven Effekte. Der Einzelne nimmt häufig an, dass sein Einsatz sich kaum positiv auf das Gesamtergebnis auswirkt. Im Extremfall werden sogar »Trittbrettfahrer« in der Gruppe belohnt.

Ein Modell zur Veranschaulichung

Versucht man sich die motivierende Wirkung von Anreizen im Zusammenhang zu verdeutlichen, so lässt sich diese in einem Flussdiagramm darstellen, das folgende Darstellung wiedergibt.

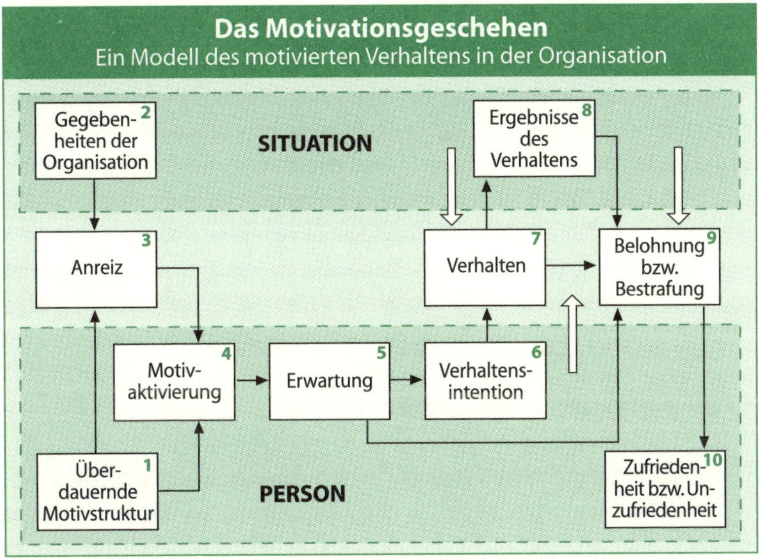

Man erkennt, dass eine Person mit einer aus Anlage und Lebenserfahrung gebildeten Motivstruktur in einer Organisation etwas Verlockendes wahrnimmt, was für sie nun zum Anreiz wird. Für den Ehrgeizigen könnte dies zum Beispiel eine frei werdende Führungsposition sein. Der Ehrgeiz wird dadurch aktiviert und führt zu

Überlegungen, auf welche Weise (Instrumentalität) man zum Ziele gelangen könnte. Der Ehrgeizige macht sich zum Beispiel Gedanken darüber, ob der Weg zum Ziel eher darin besteht, sich mit wichtigen Personen im Unternehmen »gut« zu stellen, das ihm unterstellte Profitcenter gewinnträchtiger zu machen, die ihm sehr zugetane Tochter eines Aufsichtsratsmitgliedes um ihre Hand zu bitten oder schlicht möglichst nicht aufzufallen. Er gelangt zu der Überzeugung, dass Gewinnsteigerungen des Profitcenters der beste Weg zum Ziel seien, und ist auch überzeugt, darauf Einfluss nehmen zu können. Entsprechend strengt er sich im Sinne dieser Intention an und gelangt – begünstigt durch seine eigene fachliche Qualifikation und eine positive Marktentwicklung – zu guten Ergebnissen. In der Folge wird – nach entsprechenden Entscheidungsprozessen im Unternehmen – seine Beförderung umgesetzt. Er erlebt dies als Belohnung und ist zufrieden. Außerdem wird dadurch sein Ehrgeiz gestärkt. Der Beförderte wird auch künftig intensiver auf Anreize ansprechen, die seinen Ehrgeiz aktivieren.

Ganz anders wäre es natürlich gewesen, wenn – mehrfach hintereinander – eine erhoffte Beförderung nicht eingetreten wäre. Der Ehrgeizige hätte dies als Bestrafung erlebt, wäre unzufrieden gewesen und hätte langfristig in seinem Ehrgeiz resigniert oder ihn auf andere Lebensbereiche – zum Beispiel Sport oder Kommunalpolitik – verschoben und wäre im Betrieb durch entsprechende Anreize nicht mehr zu aktivieren gewesen – bis hin zur inneren Kündigung.

Extrinsische und intrinsische Anreize

Die soeben exemplarisch besprochenen Anreize sind mehr oder weniger dafür geeignet, extrinsische Motivation zu aktivieren. Der Mensch aber arbeitet nicht nur der extrinsischen Motivation wegen, sondern auch deshalb, weil ihn die Tätigkeit selbst befriedigt. Er kann also, wenn die Tätigkeit seinen Fähigkeiten und seiner Neigung entspricht, durchaus intrinsisch motiviert sein, worauf bereits mehrfach verwiesen wurde.

Wäre es nun nicht wünschenswert, die Arbeit selbst so zu gestalten, dass sie intrinsisch befriedigt und die extrinsischen Anreize so zu konzipieren, dass die Leistungsbereitschaft noch zusätzlich gesteigert wird? Sollte man – um dies beispielhaft zu zeigen – nicht den Handlungsspielraum des Arbeitnehmers, dem Selbstständigkeit ein hoher Wert ist, vergrößern und zusätzlich seine guten Leistungen mit Hilfe eines Prämiensystems belohnen?

Es mag Situationen geben, in denen dies tatsächlich zu empfehlen wäre, doch sollte man hier vorsichtig sein. Vielfältige Untersuchungen zeigen, dass die **intrinsische Motivation durch die extrinsische zerstört** und korrumpiert werden kann. Der Spaß an der Tätigkeit geht verloren, weil mehr und mehr auf die erhoffte Belohnung geblickt wird.

Beispiel: Die beiden Kinder einer Familie und ihre Freunde bauen während der Ferien Tag für Tag mit großer Begeisterung aus Holzbauklötzen Burgen und Schlösser mit hohen Türmen. Dem Vater gefällt dieses kreative Spiel der Kinder. Er möchte es fördern und verspricht daher allen, wenn sie am nächsten Tag wieder so schön bauen, je einen Euro. Tatsächlich bauen die Kinder wiederum höchst fantasievoll und erhalten die versprochene Belohnung. Am zweiten und dritten Tag wird ähnlich verfahren. Am vierten Tag sagt der Vater: »Ihr baut mich ja arm. Ab heute gibt es keine Prämie mehr!« Die Kinder reagieren enttäuscht. Sie bauen künftig keine Burgen und Schlösser mehr. Der Spaß an diesem Spiel ist ihnen nun gründlich vergangen.

Man sieht, unter bestimmten Umständen können extrinsische Belohnungen die intrinsische Motivation korrumpieren oder verdrängen. Dies gilt auch dann, wenn altruistische Handlungen im sozialen Zusammenhang aus Hilfsbereitschaft, Solidarität und Freundschaft mit Überzeugung ausgeführt wurden und dann durch materielle Belohnungen verstärkt werden sollen. Aus der zwischenmenschlichen Beziehung wird dann ein Geschäft. Die prosoziale Motivation geht verloren. Aber auch auf anderen Gebieten kann der Gedanke an die Belohnung von der Bindung an die Tätigkeit selbst ablenken, diese nahezu aus dem Bewusstsein verbannen.

Beispiel: Ein junger Maler in Paris arbeitet mit großer Leidenschaft an modernen Bildern und sieht darin gleichermaßen Berufung und Selbstverwirklichung. Seine Kunst erfüllt ihn ganz, obwohl es ihm nicht gelingt, auch nur ein Bild zu verkaufen. Sein Geld verdient er aufgrund seines handwerklichen Geschicks mit Gelegenheitsarbeiten. Da rät ihm ein Freund, stattdessen doch einmal ein paar gefällige Bilder zu produzieren und in der Touristenzeit am Mont Martre zu verkaufen. Er folgt dem Rat. Tatsächlich finden diese Werke, die er mit einer Mischung aus Scham und Verachtung den Kunden im Touristenstrom feil bietet, reißend Absatz. Dies verführt ihn. Die Gedanken an seine künstlerische Berufung schwinden aus dem Bewusstsein. Bald produziert er ausschließlich gut verkäuflichen Kitsch, wird wohlhabend, scheitert aber als Künstler.

Es ist in der Praxis gelegentlich unumgänglich, mit extrinsischen Anreizen – insbesondere finanziellen – zu arbeiten. Vielfach ist dies zum Beispiel im Verkauf notwendig. Dennoch sollte einem bewusst sein, dass dies ein Weg der zweiten Wahl ist. Wo immer möglich sollten die Aufgaben so gestaltet werden, dass sie mit Freude, mit dem Gefühl des Erfülltseins, des »Flow-Erlebens«, ausgeführt werden. Dies ist die bessere, die langfristiger wirkende und auch befriedigendere Form der Motivation. Wo sie besteht, sollte man sie nicht mit dem Versuch, sie mit Hilfe extrinsischer Anreize zu steigern, gefährden.

Ziele und Motivation

Anders als finanzielle Anreize wie Prämien, Bonussysteme oder Leistungslohn lässt sich ein Anreizsystem bewerten, das an der Grenze zwischen intrinsischer und extrinsischer Aktivierung steht. Es handelt sich dabei um Ziele. Die leistungsförderliche Wirkung angemessen vereinbarter oder vorgegebener Ziele ist unstrittig. Ihre Wirksamkeit zeigt folgende Abbildung.

Die Wirkung von Zielen – Ergebnisse der Metaanalyse von Guzzo, Jette und Katzell

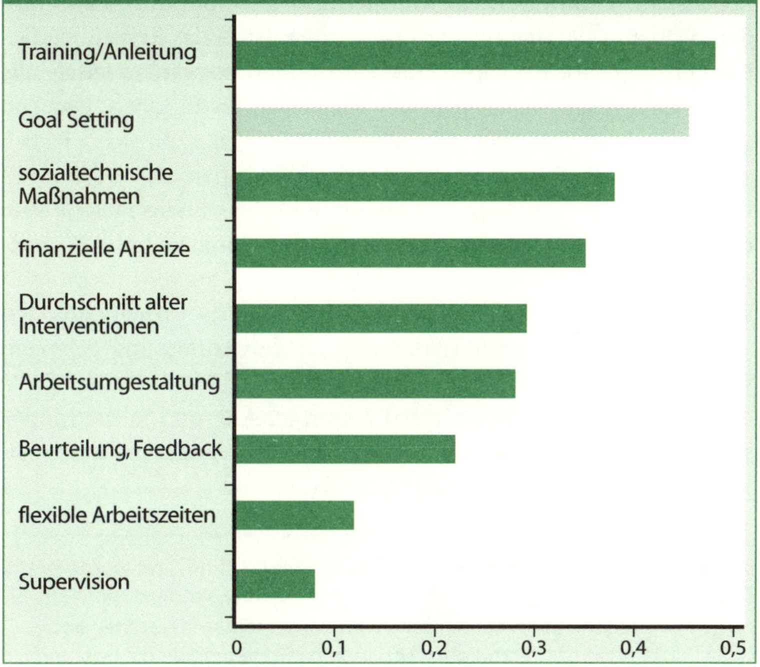

Man erkennt die **intensiv leistungsförderliche Wirkung der Ziele**, die – hier in einer so genannten Metaanalyse belegt – nahezu ähnlich starke Effekte haben wie verschiedene Trainingsmaßnahmen insgesamt und deutlich stärker wirken als die soeben angesprochenen finanziellen Anreize.

Wie ist dies zu erklären? – Ziele lassen sich insbesondere als Anreize der Leistungsmotivation interpretieren. Unter Leistungsmotivation versteht man das Bedürfnis eines Menschen, sich mit einem Gütemaßstab auseinander zu setzen, sodass er Erfolg oder Misserfolg erleben kann. Das Erfolgserlebnis wird angestrebt und nicht – zumindest nicht primär – eine damit einhergehende extrinsische Belohnung wie Lob, Gehaltserhöhung, Verbesserung der Karrierechancen.

Die Leistungsmotivation entwickelt sich unter dem Einfluss insbesondere der elterlichen Erziehung zwischen dem vierten und zehnten Lebensjahr daraus, dass ein Kind lernt, dass Belohnungen als Folge der eigenen Anstrengung gegeben werden. Ist es das Erziehungsziel, das Leistungsmotiv in einem Kind zu stärken, so wäre es falsch, alle Aktivitäten und Arbeitsergebnisse dieses Kindes zu loben. Das Lob sollte nur dann ausgesprochen werden, wenn das Kind sich wirklich angestrengt hat, denn die Lehre würde sonst ja heißen: »Warum soll ich mich anstrengen? Es geht auch ohne Mühe!« Ebenso falsch wäre es, das Kind ständig zu überfordern und ihm durch zu hohe Ansprüche ein Misserfolgserlebnis nach dem anderen zu vermitteln. Man würde sonst den ewigen »Looser«, den »Charly Brown« aus den »Peanuts«, schaffen, der schließlich zu der Auffassung gelangen würde: »Warum soll ich mich anstrengen? Es geht ja doch schief!«

Das Leistungsmotiv – einmal herausgebildet und in die Motivstruktur integriert – wird durch Bewertungsmaßstäbe angeregt. Derartige Bewertungsmaßstäbe sind Ziele.

Warum wirken angemessen konzipierte Ziele? – Ein Grund wurde bereits genannt: Ziele aktivieren das Leistungsmotiv, wodurch eine leistungsbezogene Motivation intensiviert wird und damit – stehen andere Barrieren in der Person oder Situation nicht dagegen – die Leistung.

Ursachenzuschreibung des Erfolgs

Als Ergebnis eines leistungsmotivierten Handelns kann es nun zum Erfolg und – psychologisch gesehen – zu Erfolgserlebnissen kommen, die sich positiv auf das Selbstbild, die Einschätzung der eigenen Leistungsfähigkeit und den Stolz auf sich selbst auswirken können.

Hier allerdings spielt Führung eine wesentliche Rolle, indem sie Mitarbeitern dazu verhilft, die subjektive Ursachenzuschreibung von Erfolg beziehungsweise Misserfolg angemessen vorzunehmen. Eine derartige subjektive Ursachenzuschreibung wird als Attribution bezeichnet. Diese beruht letztlich auf der schon von Immanuel

Kant beschriebenen Tendenz des Menschen, alles durch die Brille der Kausalität zu sehen und Ursachen für Beobachtetes selbst dort zu postulieren, wo die Kausalität gänzlich ungeklärt erscheint. Geht es nun zum Beispiel um Erfolge oder Misserfolge des eigenen Handelns, so kann man die Ursachen dafür in der eigenen Person oder außerhalb derselben suchen. Man spricht dann von **internaler oder externaler Attribution**.

Sowohl die internale als auch die externale Attribution kann nun darüber hinaus stabil oder variabel sein, also auf zeitlich überdauernde oder sich verändernde Ursachen zurückgeführt werden.

Des Weiteren ist danach zu differenzieren, ob diese subjektiven Ursachen als generell oder spezifisch wirkend angenommen werden. Und schließlich ist – ein vierter Betrachtungsaspekt – danach zu unterscheiden, ob die Ursachen von der Person kontrolliert werden können oder nicht. Versucht man dies im Rahmen einer Grafik zu erfassen, so ergibt sich folgende Darstellung.

Attribuierung von Leistung

Leistung: Erfolg bzw. Misserfolg															
internal								external							
stabil				variabel				stabil				variabel			
generell		spezifisch		generell		spezifisch		generell		spezifisch		generell		spezifisch	
kontrollierbar	nicht kontrollierbar	kontrollierbar	nicht kontrollierbar	kontrollierbar	nicht kontrollierbar	kontrollierbar	nicht kontrollierbar	kontrollierbar	nicht kontrollierbar	kontrollierbar	nicht kontrollierbar	kontrollierbar	nicht kontrollierbar	kontrollierbar	nicht kontrollierbar

Es ist offensichtlich, dass die Art der Attribution von Erfolg oder Misserfolg wesentlich für die künftige Leistungsbereitschaft sein kann. Besonders negativ wirkt es sich aus, wenn beispielsweise Misserfolge internal, stabil, global und unkontrollierbar attribuiert werden.

Beispielsweise versucht ein junger Kraftfahrzeugmechaniker zum ersten Mal, eine defekte Einspritzanlage am Motor eines Fahrzeugs zu reparieren. Es gelingt ihm nicht. Niedergeschlagen sagt er: »Ich bin eben immer für alles zu dumm!« Man darf vermuten, dass er ohne Erfolgszuversicht und schon im Voraus resigniert an die nächste schwierige Aufgabe gehen wird.

Positiv für künftiges Leistungsverhalten ist es, wenn jemand dagegen Misserfolge external, variabel, spezifisch und kontrollierbar attribuiert.

Ein anderer Mechaniker scheitert ebenfalls bei der Reparatur der Einspritzanlage. Er sagt: »Ich hatte dafür diesmal das falsche Werkzeug!« Man darf annehmen, dass er vor der nächsten Reparatur die Situation neu gestaltet, ein anderes Werkzeug verwendet und sich mit Zuversicht an die Aufgabe macht.

Entsprechend ist es für die Attribuierung des Erfolgs mit Blick auf die künftige Arbeitshaltung günstig, wenn der Einzelne die Erfolgsursachen internal, stabil, global und kontrollierbar attribuiert.

Der Mechaniker hat beim ersten Versuch die Einspritzanlage erfolgreich repariert und sagt: »Wenn ich vor einer unbekannten Schwierigkeit stehe, dann habe ich einfach die angemessenen Problemlösungstechniken, um zum Erfolg zu kommen!«

Ungünstig ist es demgegenüber, wenn der Erfolg external, variabel, global und nicht kontrollierbar attribuiert wird.

Nach der erfolgreichen Reparatur der Einspritzanlage sagt der Mechaniker: »Wenn mir einmal etwas gelingt, dann war das immer nur Glück!«

Vorgesetzte sollten also bei der Rückmeldung, zum Beispiel im Falle von Anerkennung und Kritik, darauf achten, dass die Mitarbeiter ihre Erfolge beziehungsweise Misserfolge erklären lernen. Sie sollen dabei kein gänzlich unrealistisches Bild von sich und der Welt gewinnen (»Ich kriege immer alles hin!«), sondern sowohl bei Erfolg und Misserfolg zumindest auch internale Ursachen sehen, die sie kontrollieren können, und diese als spezifisch annehmen. Das heißt, sie müssen lernen zwischen verschiedenen Anforderungen und Bedingungen zu differenzieren und schließlich bei wahrgenommenen externalen Ursachen erkennen, dass auch diese vielfach kontrollierbar sind.

Die Art und Weise, in der attribuiert wird, hat emotionale Konsequenzen, die dem Erfolgs- beziehungsweise Misserfolgsereignis eine spezifische Qualität geben, wie die folgende Abbildung exemplarisch zeigt.

Attributionen und dominate Emotionen bei Erfolg und Misserfolg

Attribution	Emotion
Erfolg	
Fähigkeit	Zuversicht, Kompetenz
Anstrengung (variabel)	Aktivation, Erregung
Anstrengung (stabil)	Entspannung
eigene Persönlichkeit	Selbstaufwertung
Anstrengung/Persönlichkeit anderer	Dankbarkeit
Zufall	Überraschung
Misserfolg	
Fähigkeit	Inkompetenz
Anstrengung (variabel oder stabil)	Schuld (Scham)
Persönlichkeit, intrinsische Motivation	Resignation
Anstrengung/Persönlichkeit, Motivation anderer	Aggression
Zufall	Überraschung

Über die zur Leistung motivierende und Erfolgserlebnisse begründende Wirkung von Zielen hinaus lässt sich sagen, dass sie dem Mitarbeiter Sicherheit geben. Er kann Prioritäten setzen, weiß was wichtig und unwichtig ist und kann sich auf diese Weise vor unliebsamen Überraschungen schützen. Er wird darüber hinaus in seinem Bedürfnis, sich in einer transparenten und durchschaubaren Situation zu befinden, befriedigt.

Kriterien für Ziele

Ziele können also eine ausgesprochen positive Wirkung entfalten; sie tun dies aber nicht immer. Sollen die positiven Effekte gesichert werden, so müssen Ziele – dies belegt eine breite und differenzierte Forschung – bestimmte Kriterien erfüllen.

Ziele sollten präzise und eindeutig formuliert sein!

Es sollte also – wenn möglich – angegeben werden, in welcher Menge, in welchem Zeitraum, nach welchen Qualitätsstandards, in welcher Zeit die Leistung zu erbringen ist, damit ein eindeutiger und nicht missverständlicher Gütemaßstab definiert ist. Häufig wird gegen diese Regel verstoßen – zum Beispiel mit Aussagen wie: »Tun Sie bitte Ihr Bestes!«

Ziele sollen messbar sein!

Eine noch so eindeutige und präzise Zielbestimmung hilft wenig, wenn es für die betroffene Person selbst und/oder den Vorgesetzten keinen bekannten oder in der Realität denkbaren Weg gibt, die Zielerreichung zu kontrollieren. Es ist also bereits bei der Zielformulierung anzugeben, wie man prüfen will, ob das Ziel erreicht wurde. In diesem Sinne sollte ein Vorgesetzter nicht im Rahmen eines Fördergespräches dem Mitarbeiter zum Beispiel das Ziel vorgeben: »Sie sollten täglich eine Stunde lang Wirtschaftsspanisch lernen!«, denn dieses Verhalten – es soll ja selbst organisiert zu Hause stattfinden – ist für den Vorgesetzten nicht kontrollierbar. Besser wäre, es als entsprechendes messbares Ziel zu formulieren: »Sie sollten in einem Jahr in der Lage sein, mit einem Spanisch sprechenden Kunden die Vertragsverhandlungen zu führen und den Vertrag selbst unterschriftsreif ohne Hilfe eines Dolmetschers zu Papier zu bringen!«

Ziele sollten wichtig sein!

Bei der Firma Hewlett-Packard gibt es den Satz: »Mehr als zwei Ziele sind kein Ziel!« Dies mag ein wenig überspitzt sein, enthält aber doch eine wesentliche Botschaft. Werden zu viele Ziele gleichzeitig angestrebt, so wird man sich auf keines wirklich konzentrieren und schließlich keines erreichen. Daher gilt es, sich auf wenige wichtige Ziele zu konzentrieren, die möglicherweise auch dringlich sind. Solche Ziele, die sich nach kritischer Analyse als weder wichtig noch dringlich herausstellen, sollte man ersatzlos streichen. Tatsächlich gibt es so etwas gar nicht selten. Es werden zum Beispiel bestimmte Ziele einfach tradiert, obwohl sie inzwischen alle Bedeutung verloren haben, oder sie wurden in bester Absicht formuliert, gehen aber an der Realität vorbei.

Beispiel: Für die Dekanatssekretärin an einem Fachbereich einer großen Universität galt das Ziel, dass sie spätestens eine Woche nach der Beendigung einer Sitzung sowohl an die fakultätsinternen Sitzungsmitglieder das Protokoll zu verschicken habe als auch an das Universitätsarchiv sowie an 16 weitere Personen, die der Universitätsleitung und der Universitätsverwaltung angehören. Eine Nachfrage zeigte, dass zwar im Archiv die Protokolle dokumentiert werden, dass aber die 16 Leitungs- und Verwaltungsmitglieder regelmäßig das Protokoll ungelesen in den Papierkorb warfen. Da diese Personen – sollte ausnahmsweise einmal Informationsbedarf bestehen – das Protokoll im Archiv oder beim Dekan einsehen oder angefordern konnten, wurde das Ziel, auch die 16 Leitungs- und Verwaltungsmitglieder mit dem Protokoll zu versorgen, ersatzlos gestrichen.

Ziele sollten einander nicht widersprechen!

Wer mehrere Ziele zugleich verfolgen soll, tut gut daran zu prüfen, ob diese einander nicht widersprechen (s. S. 74). Es kann durchaus der Fall sein, dass sich ein Ziel zu einem anderen sogar förderlich oder doch zumindest neutral verhält. Widerspricht jedoch ein Ziel einem anderen, so sollte klar vereinbart werden, welches in derartigen Konfliktfällen Priorität genießt.

In einem Produktionsunternehmen war es üblich, dass der Vorstand ganz bestimmte Zielorientierungen vorgab, die dann in den hierarchisch nachgeordneten Ebenen in präzise, kontrollierbare und herausfordernde Zielformulierungen zu übersetzen waren. Zu den Zielorientierungen für ein Jahr zählten auch die Orientierungen: »Verbesserung der Wirtschaftlichkeit« sowie »Anheben des Ansehens des Unternehmens in der Region«.
Im Personalbereich arbeitete ein Abteilungsleiter, dem mehrere große Wohnheime für ausländische Mitarbeiter unterstellt waren. Er wurde nun von seinem Hauptabteilungsleiter danach gefragt, was seiner Auffassung nach die genannten Orientierungsgrößen konkret für ihn bedeuten. Er antwortete: »Wirtschaftlichkeit – das ist klar. Die Investition in die Wohnheime war hoch, sodass es gilt, diese möglichst zu 100 Prozent auszulasten, damit der ›Return of Investment‹ sichergestellt ist. Außerdem sollten die Bewohner pfleglich mit dem Mobiliar umgehen, damit möglichst selten Reparaturarbeiten nötig sind. Ansehen in der Region – das ist auch klar. Denn in der Zeitung stehe ich, wenn es bei uns wieder einmal Schlägereien oder gar Messerstechereien gegeben hat. Und da liegt für mich das Dilemma – die beiden Ziele behindern sich. Ich habe ja keine Einbettzimmer, und wenn ich das Haus zu 100 Prozent belegen soll, komme ich nicht daran vorbei, gelegentlich Personen in einem Raum unterzubringen, die aus ethnischen, politischen, religiösen oder anderen Gründen miteinander im Konflikt geraten können. Wenn dann einmal Alkohol getrunken wird oder Reizthemen angesprochen werden, dann ist meist Gewalt die Folge!«
Der Hauptabteilungsleiter war geschult genug, um nicht zu sagen: »Darum werden sie ja als Führungskraft bezahlt, dass sie alles unter einen Hut bringen«, sondern er akzeptierte den Zielkonflikt und gab vor: »In Ihrem Falle hat das Ansehen in der Region Vorrang. Sie brauchen die Auslastung der Kapazität nicht erhöhen, aber wir sollten vereinbaren, in welchem Maße Sie die Konflikt- und Gewaltfälle in den Heimen reduzieren können!«

Ziele sollten repräsentativ für die Gesamtaufgabe sein!

Es gibt eine alte Anekdote. Sie berichtet von einem Mann, der in der finsteren Nacht unter einer Laterne seinen Haustürschlüssel sucht, der ihm aus der Tasche gefallen ist. Ein freundlicher Nachtschwärmer möchte ihm helfen. »Haben Sie ihn denn hier in der Nähe der Laterne verloren?«, fragt er nach erfolgloser Suche. »Nein«, lautet die Antwort, »vermutlich dort drüben in der Nähe der Haustür. Aber dort ist es ja so dunkel, da findet man doch nichts!«

Ganz ähnlich ist es bei Zielformulierungen. Man trifft sie dort, wo es leicht ist, ein Ziel präzise und kontrollierbar festzulegen, obwohl dieses möglicherweise für die Aufgabenstellung wenig relevant ist. Das aber, was wichtig erscheint, lässt sich gelegentlich schwerer als Ziel formulieren und wird vernachlässigt. So kann man zum Beispiel häufig feststellen, dass im Verkauf klar vorgegeben wird, welcher Umsatz pro Zeiteinheit getätigt werden muss, dagegen nur vage und nicht in der Form von Zielformulierungen darüber gesprochen wird, wie Kundenorientierung gelebt und die langfristige Bindung des Kunden an das Unternehmen sichergestellt werden soll.

Werden also Ziele einseitig und wenig repräsentativ für die Gesamtaufgaben formuliert, so besteht die Gefahr, dass jene Aufgabenteile, die in der Zielformulierung keinen Niederschlag gefunden haben, bei der Arbeit auch vernachlässigt werden.

Beispiel: In einem Unternehmen des Textileinzelhandels gewann die Geschäftsleitung den Eindruck, dass die Verkäufer und Verkäuferinnen in den einzelnen Abteilungen die Gespräche mit den Kunden nicht ausreichend abschlussorientiert führten. Um dieses zu forcieren, wurden über den bisherigen Stand hinausgehende Verkaufsziele formuliert. Zudem wurde ein extrinsisches Anreizsystem geschaffen, das den drei pro Monat erfolgreichsten Verkäuferinnen und Verkäufern eine Prämie zusicherte. Die Wirkung dieser Maßnahme war dysfunktional. Die Verkaufsleistungen insgesamt sanken, und darüber hinaus wurde das zwischenmenschliche Klima in den Abteilungen schlechter.

Eine Analyse zeigte die Ursachen. Das Prämiensystem forcierte die interne Konkurrenz, sodass bei geringem Kundenstrom der eine Kollege vom anderen nahezu aggressiv abgedrängt wurde. Darüber hinaus erlahmten trotz der Zielvorgabe bald jene, die bereits zu Beginn des Monats sahen, dass sie diesmal kaum in den Genuss der Prämie gelangen würden. Und schließlich – das ist nun im soeben besprochenen Zusammenhang wichtig – waren die Verkaufsziele nicht repräsentativ für die Gesamtaufgabe. So sollten die Verkäufer und Verkäuferinnen zum Beispiel immer dann, wenn sie den Kunden und Kundinnen Hemden, Pullover oder andere Kleidungsstücke vorgelegt hatten, nach Beendigung des Kundengesprächs oder nach dem Abschluss die vorgelegte Ware wieder ordnungsgemäß an die vorbestimmten Plätze legen beziehungsweise hängen. Darauf aber wurde vielfach verzichtet, wenn sich eine neue Kundin »am Horizont« zeigte. Die vorgelegte Ware wurde dann rasch und ungeordnet abgelegt, sodass später Kollegen, die danach suchten, nicht fündig wurden oder Zeit verschwenden mussten.

Ziele sollten eine Herausforderung darstellen!

Ziele sollten für den, der sie zu bewältigen hat, weder unerreichbar hoch noch in einer offensichtlichen Weise zu leicht sein. Kein Trainer, der einen Hochspringer auf die olympischen Spiele vorbereitet, wird mit ihm das »läppische«, weit unter seinen Möglichkeiten liegende Ziel vereinbaren, zwei Meter zu überspringen. Er wird allerdings auch nicht die über dem Weltrekord liegende Höhe von 2,45 m vorgeben, sondern als Ziel der Trainingseinheit zum Beispiel 2,30 m setzen, was für den Sportler schwierig zu erreichen ist, jedoch bei entsprechender Anstrengung durchaus realistisch erscheint. Zu niedrig angesetzte Ziele führen zu »billigen« Erfolgen, die kaum Gefühle der Befriedigung auslösen, während zu hohe Ziele ständig Misserfolgserlebnisse nach sich ziehen, die das Selbstwertgefühl gefährden und langfristig in Resignation enden.

Ziele sollten glaubhaft sein!

Wohl jeder kennt Folgendes aus der Politik, insbesondere aus Zeiten des Wahlkampfs: Der »Kanzler in spe« verspricht, die Arbeitslosenquote zu halbieren, die Inflationsrate unter zwei Prozent zu senken und das Wachstum der Wirtschaft auf über drei Prozent zu heben. Vielen der so Umworbenen fehlt der Glauben, ja mehr noch, sie sind überzeugt, dass der Kanzlerkandidat dies selbst nicht glaubt. Ähnlich wird auch im Bereich der Führung gelegentlich mit »Mondzielen« gearbeitet, die so ernst nicht gemeint sind. Da soll ein »Null-Fehler-Programm« realisiert werden, obwohl jeder weiß, dass gelegentliche Fehler unvermeidbar sind. Es soll das Profitcenter im kommenden Jahr wieder schwarze Zahlen schreiben, obwohl jeder froh wäre, wenn in der Verlustentwicklung zumindest wieder eine Trendwende einkehren würde. Weitere solcher Beispiele ließen sich anführen. Besonders problematisch aber erscheinen derartig unglaubwürdige Ziele, wenn derjenige, der sie vorgibt, sie nicht ernst meint, der Geführte aber glaubt, das Ziel müsse unbedingt erreicht werden und sei wichtig.

Beispiel: Für die Sonderanfertigung eines Spezialfahrzeugs, das nach dem Konzept der Werkstattfertigung produziert wurde, war als Zeitziel der Arbeitsgruppe vom Abteilungsleiter Montag, der 19. Mai, vorgegeben worden. Dieses Ziel, so wurde argumentiert, sei unbedingt einzuhalten, da der Kunde sonst das Recht habe, vom Vertrag zurückzutreten. Die Gruppe merkte bereits am Mittwoch der Vorwoche, dass es eng werden würde. Alle Gruppenmitglieder leisteten freiwillig Überstunden, arbeiteten schließlich Donnerstag und Freitag die halbe Nacht durch, kamen am Samstag noch einmal in die Werkstatt, und einige der Gruppenmitglieder sogar noch am Sonntag für die Endkontrolle. Am Montag, den 19. Mai, stand das Fahrzeug abholbereit im Werkshof. Der Kunde konnte kommen! Wer aber kam, war der zuständige Abteilungsleiter. Er lobte den Einsatz und das Engagement der Gruppe sehr, erklärte aber dann, dass man vorsichtig gewesen sei. Nicht dieser Montag, der Montag in einer Woche, der 26. also sei das Zeitziel gewesen …

Nicht immer wird so extrem wie in diesem Falle »gesündigt«, doch erlebt man häufig, dass zum Beispiel ein Bericht bis zum 1. Oktober in der Abteilung C liegen müsse. Es werden Überstunden geleistet, um dies zu erreichen. Pünktlich wird der Bericht abgegeben. Ein Mitglied der Arbeitsgruppe kommt dann am 5. Oktober in die Abteilung C. Dort liegt das Kuvert mit dem Bericht ungeöffnet!

Die Beispiele zeigen, dass Ziele starke motivationale Wirkung entfalten können, dass aber diese Wirkung langfristig zerstört werden kann, wenn die Ziele nicht glaubwürdig sind.

Ziele sollten akzeptabel sein!

Eine wichtige Voraussetzung dafür, dass Ziele motivierende Wirkungen entfalten können, besteht darin, dass der Geführte sich mit dem Ziel identifiziert, zumindest aber, dass er es akzeptiert. Es soll also eine hohe Zielbindung bestehen. Es gibt verschiedene Wege, diese Akzeptanz der Ziele zu sichern. Ein besonders wirksamer besteht fraglos darin, Ziele mit den Mitarbeitern zu vereinbaren. Wenn dies möglich erscheint, sollte es auch die Methode der ersten Wahl sein. Vielfach aber sind Zielvereinbarungen nicht möglich. Die Ziele müssen vorgegeben werden. Auch dies kann dann erfolgreich sein, wenn die Ziele überzeugend vertreten, in ihrer Wichtigkeit kommunikativ unterstrichen und dem Mitarbeiter als bedeutsam verdeutlicht wurden.

Ziele sollten nicht zu detailliert sein!

Die Unterscheidung zwischen Ziel und Weg ist vielfach nicht ohne Willkür zu treffen. Denn es lässt sich ja jeder Schritt auf dem Weg zum Ziel als Zwischenziel definieren. Für ein pharmazeutisches Unternehmen mag es im Forschungsbereich das letztlich zentrale Ziel sein, ein wirksames, markengängiges Medikament in die Apotheken zu bringen. Bedenkt man jedoch, dass in manchen Forschungsbereichen auf 20 Forscherleben ein marktgängiges Produkt kommt, so erscheint die Vereinbarung oder die Vorgabe eines derartigen Ziels nicht sonderlich hilfreich. Ziele sollten sich also besser darauf beziehen, dass bestimmte Analysen in angemessener Zahl nach gewissen Kriterien innerhalb eines halben Jahres durchzuführen sind. Oder dass drei unterschiedliche klinische Prüfungen innerhalb des Folgejahres abgeschlossen werden sollen und so weiter. Es geht also hier sinnvollerweise um Zwischenziele. Werden aber derartige Zwischenziele zu detailliert vorgegeben, so wird daraus schließlich eine Verhaltensvorschrift, die jeden Arbeitsschritt reglementiert und den Handlungsspielraum des Einzelnen zerstört.

Bei kooperativ zu erreichenden Zielen: Wer soll mitwirken?

Zunehmend lassen sich Ziele nicht von einem Einzelnen allein erreichen. Teamarbeit wird vermehrt erforderlich. Dann allerdings macht es wenig Sinn, die Ziele mit den Einzelnen zu vereinbaren. Es sollte mit der Gesamtgruppe das Ziel abgeklärt werden und den Teammitgliedern selbst überlassen bleiben, wie sie die Arbeit im Sinne des teilautonomen Handelns untereinander aufteilen, oder – wenn mehr Vorgabe erforderlich ist – muss jeweils abgeklärt werden, wer bei welchen der Ziele mitwirken muss.

Ziele sollten mit Feedback verbunden sein!

Führung mit Hilfe von Zielen ist langfristig auch deshalb erfolgreich, weil das Wissen des Einzelnen darum, ob er das Ziel erreicht hat oder nicht, Erfolgs- beziehungsweise Misserfolgserlebnisse begründet, die für die künftige Motivation ausschlaggebend sind. Entsprechend sollte der Einzelne auch wissen, ob und in welchem Maße er das Ziel erreicht hat. Vielfach liegt das in der Aufgabenstellung selbst. Der Schreiner sieht, dass der von ihm hergestellte Schrank pünktlich fertig gestellt wurde, nicht wackelt und dass seine Türen sauber schließen. Der Verkäufer weiß, dass er im Laufe der Woche die vereinbarte Stückzahl des Produktes abgesetzt hat. Bei vielen komplexen Tätigkeiten aber liegt die Rückmeldung nicht oder nur zum Teil sichtbar in der Aufgabe. Hier ist der Vorgesetzte gefordert.

Er muss die geleistete Arbeit an den vorgegebenen Zielkriterien beurteilen und den Mitarbeitern dann in angemessener Form Rückmeldung geben.

Was gilt in Gruppen?

Fast stets wird – wenn Motivationsmanagement mit Hilfe von Anreizen betrieben wird – an den Einzelnen gedacht. Was ist ihm wichtig? Was strebt er an? Spricht er wohl eher auf finanzielle Anreize an? Ist es ihm wichtiger, als Dienstwagen ein statusträchtiges Fahrzeug zu nutzen? Sucht er primär selbstständige, herausfordernde Aufgaben oder ist ihm eine langfristige persönliche Entwicklung bedeutsam, die ihm Verantwortung, Geld, Ansehen und Macht zu bringen verspricht? Ein überlegtes, nicht mit der »Gießkanne« arbeitendes Motivationsmanagement wird sodann entsprechend die Anreize individualisieren.

Dies ist im Grundsatz richtig, greift aber doch zu kurz. Keiner lebt auf einer Insel. Denn: Was der eine erhält, wird von anderen wahrgenommen, bewertet und mit der eigenen Situation verglichen. Dies wurde besonders nachhaltig in den so genannten Gleichheits-, Gleichgewichts- oder Gerechtigkeitstheorien gezeigt, die zu den besprochenen kognitiven Ansätzen der Motivation zählen (s. S. 46f.).

Die Grundüberlegung soll am Beispiel des Geldes, des Lohns, aufgezeigt werden, weil es dann besonders anschaulich wirkt. Zentral geht die Aussage dahin, dass eine Belohnung, zum Beispiel die Höhe des Einkommens oder einer Prämie, nicht absolut ihre motivationale Wirkung entfacht, sondern stets im sozialen Vergleich gesehen wird. Der Einzelne fragt sich: Was leiste ich, und was erhalte ich dafür, verglichen mit dem, was andere in einer vergleichbaren Situation leisten und dafür bekommen? Dabei ist es offensichtlich, dass es sich jeweils um wahrgenommene Leistungen und Belohnungen – bei sich selbst und bei anderen – handelt, die mit den objektiven Daten nicht übereinstimmen müssen.

Bedenkt nun jemand sein Gehalt und schätzt die Leistung ein, die er dafür erbringt, so kann er sich – etwa im Vergleich zu seinen Kollegen – als gerecht entlohnt, aber auch als über- oder unterbezahlt empfinden. Das Gefühl der Über- oder Unterbezahlung ergibt sich aus dem Wunsch nach Fairness, nach Gerechtigkeit. Man entwickelt zum Beispiel bei Überbezahlung ein Unbehagen, ein schlechtes Gewissen. Unterbezahlung dagegen wird als einfach unfair eingestuft, man fühlt sich ungerecht behandelt und entsprechend benachteiligt. Dabei zeigt die Forschung, dass das Gefühl der Überbezahlung innerpsychisch rascher kompensiert wird, da – wie es ein kluger Soziologe sagte – jeder, der in unserer Gesellschaft Glück hat, bald zu begründen weiß, warum er dieses Glück auch verdient.

An Unterbezahlung aber gewöhnt man sich nicht so rasch, sondern wird zu Handlungen motiviert, die die Gerechtigkeit wieder herstellen sollen. Eine Vielzahl von Forschungen zu diesem Thema hat die Aussagen konkretisiert, differenziert und zum Beispiel zeigen können, dass sich der Einzelne zunächst eher mit Personen auf gleicher Ebene vergleicht, dann mit solchen, die eine Ebene über ihm angesiedelt sind, dagegen kaum mit Personen, die eine Ebene unter ihm stehen. Es konnte auch gezeigt werden, dass jemand keineswegs nur die Arbeitsleistung als seinen Input sieht, sondern – hier allerdings gibt es interkulturelle Unterschiede – auch sein Lebensalter, seine Berufsausbildung, seine Kinderzahl. Als Belohnung wird dabei das Gehalt keineswegs allein wahrgenommen, sondern auch das Ansehen des Unternehmens, die Arbeitsplatzsicherheit, der Freizeitwert des Firmensitzes, die Dauer des Urlaubs und viele Zusatzleistungen mehr. Die zahlreichen empirischen Untersuchungen zu diesem Thema lassen sich grob folgendermaßen zusammenfassen:

Wirkung von Über- und Unterbezahlung bei Zeit- und Stücklohn

	Zeitlohn	**Stücklohn**
Überbezahlung	Leistung Quantität: hoch Qualität: mittel	Leistung Quantität: gering Qualität: hoch
angemessene Bezahlung	Leistung Quantität: mittel Qualität: mittel	Leistung Quantität: mittel Qualität: mittel
Unterbezahlung	Leistung Quantität: gering Qualität: mittel	Leistung Quantität: hoch Qualität: gering

Man erkennt erwartungsgemäß, dass der Einzelne bei wahrgenommener Überbezahlung bei Zeitlohn seine Leistungen steigert und bei Unterbezahlung absenkt. In einer plausiblen Weise wird so die wahrgenommene Gerechtigkeit wieder hergestellt – im Sinne eines: »Wenn ich schon so gut bezahlt werde, dann will ich mich dessen auch würdig erweisen!«, beziehungsweise: »Wenn ich schon schlechter als die anderen bezahlt werde, dannwerde ich auch weniger leisten!«

Interessant jedoch sind die Reaktionen auf Überbezahlung beziehungsweise Unterbezahlung bei Stücklohn. Hier zeigen die Untersuchungen, dass jemand, der sich überbezahlt fühlt, besonders gute Qualitätsarbeit leisten will, die mehr Zeit erfordert, wodurch die Stückzahl zurückgeht, sodass faktisch das Einkommen je Zeiteinheit absinkt. Derjenige dagegen, der sich zu Recht oder Unrecht unterbezahlt glaubt, die Gerechtigkeit dadurch wieder herzustellen versucht, dass er auf Kosten der Arbeitsqualität die Quantität erhöht und so sein Einkommen steigert.

Hält man sich vor Augen, dass Input und Output nicht einfach als gezahltes Gehalt einerseits und erbrachte Leistung andererseits zu interpretieren sind, so werden einem manche Phänomene eher erklärlich, die man sonst nur schwer interpretieren kann.

Beispiel: Ein Supermarkt in einer größeren Stadt zahlte deutlich geringere Gehälter als vergleichbare Geschäfte, obwohl Arbeitszeit und geforderte Arbeitsleistung sich nicht unterschieden. Darauf stiegen in diesem Supermarkt die Ladendiebstähle durch die Angestellten merklich an. Sie versuchten das, was man ihnen – ihrer Auffassung nach – an Lohn vorenthielt, »auf andere Weise« an sich zu bringen.

Zentral für das Motivationsmanagement bei diesen gerechtigkeitstheoretischen Überlegungen ist, dass Führende sowohl die Auswirkungen des Anreizes bei demjenigen Mitarbeiter bedenken müssen, der gezielt motiviert werden soll, als auch sich klar darüber sind, dass dies auch andere sehen, die ebenfalls darauf reagieren. Wird dies vernachlässigt, so kann es häufig dysfunktionale, ja geradezu paradoxe Effekte geben.

Beispiel: In einer Arbeitsgruppe arbeiten acht Mitarbeiter, die einen guten Kontakt zueinander haben, engagiert und erfolgreich an ähnlichen Aufgaben. Sie erhalten alle das gleiche Gehalt und haben den gleichen Status. Der zuständige Abteilungsleiter ist zwar zufrieden mit dem, was geleistet wird, möchte aber mit einem zusätzlichen Anreiz die Leistungsbereitschaft steigern. Daher ernennt er einen, den er für besonders engagiert hält, zu seinem Stellvertreter – eine Position, die mit einer beachtlichen Verbesserung des Gehalts verbunden ist. Den anderen sagt er: »Ihr seht, ich möchte euch alle gerne fördern. Wenn ihr eure Leistungen steigert, werde ich mich auch für euch in ähnlicher Weise einsetzen wie für euren Kollegen.« Die anderen aber sind bitter enttäuscht, fühlen sich zurückgesetzt und ungerecht behandelt. »Der leistet auch nicht mehr oder Besseres als wir!«, denken sie. Sie werden demotiviert, ihre Leistungen sinken ab und das Klima in der Abteilung wird schlechter, als es zuvor war.

Wenn Anreize innerhalb einer Gruppe oder generell dort, wo kooperativ gearbeitet werden soll, zum Einsatz kommen, muss Folgendes beachtet werden: Anreize gewinnen ihre Motivationskraft vielfach daraus, dass es sich um knappe Güter handelt. Das, was alle haben, wird meist weniger positiv bewertet. Entsprechend ist die Vergabe von Anreizen vielfach ein »Null-Summen-Spiel«. Dabei versteht man unter einem »Null-Summen-Spiel« eine Situation, in der die Gewinne und Verluste aller Beteiligten sich zu null addieren.

In ganz ähnlicher Weise sind viele Situationen im Unternehmen, die motivierend wirken sollen, als »Null-Summen-Spiel«-Situationen zu interpretieren. Erhält einer ein höheres Budget, so muss das des anderen gekürzt werden, Sind wie bei einer starren Pyramide die Aufstiegspositionen begrenzt, so kann nur einer nach oben kommen. Derartige »Null-Summen-Spiel«-Situationen erhöhen den gruppeninternen Wettbewerb. Dies wird oft gewünscht und gewollt. »Konkurrenz belebt das Geschäft«, heißt dann vielfach die Devise. Dies mag in vielen Fällen zutreffend sein, doch ist die Kehrseite dieser Medaille, dass dann die Kooperation leidet. Ist für den Gesamterfolg aber Kooperation erforderlich, so wirkt sich der interne Konkurrenzkampf negativ aus.

Ein Beispiel: In einem Handelsunternehmen mit 20 Geschäftshäusern in 20 verschiedenen deutschen Städten galt für den Einkauf die Regelung, dass 50 Prozent der Waren zentral eingekauft wurden, um auf diese Weise gemeinsame Prospekte und überregionale Werbungen zu ermöglichen und ein positives Gesamtimage des Unternehmens aufzubauen. 50 Prozent des Einkaufs aber erfolgten dezentral, um vor Ort flexibel auf Aktionen der Konkurrenz reagieren zu können. Zwischen den 20 Geschäftshäusern des Konzerns bestand ein intensiver Wettbewerb, der vom Vorstand geschürt wurde. Der Anreiz bestand dabei darin, dass die Leistung der Geschäftshäuser über Kennzahlen gemessen und allmonatlich die Geschäftshäuser in eine Reihenfolge gebracht wurden, wobei der flexible Gehaltsanteil der Geschäftsführer wesentlich durch den Rangplatz bestimmt wurde.
Zwei Geschäfte des Unternehmens fanden sich in den Städten A und B, zwischen denen seit langem eine geradezu gepflegte Rivalität bestand. Das Geschäftshaus in B lag fast stets einige Rangplätze hinter jenem in A, was den Geschäftsführer in B ärgerte. Eines Tages registrierte er, dass in der Stadt B ein Großhändler Pleite machte und Konkursware, die in das Angebot seines Hauses passte, kostengünstig erworben werden konnte. Er deckte sich mit der preiswerten Ware ein, doch war das Angebot größer, als er es nutzen konnte. Darauf rief er in der Stadt A an, aber nicht bei seinen Unternehmenskollegen, sondern bei deren härtesten Konkurrenten. Der Konkurrent deckte sich ebenfalls mit preiswerter Ware ein, was zur Folge hatte, dass im nächsten Monat der Geschäftsführer in B den Geschäftsführer in A in der Rangreihe überflügelt hatte. B hatte innerhalb des Anreizsystems rational gehandelt, er hatte sich darum bemüht, in der Rangreihe vor ihm liegende interne Konkurrenten zu überholen.
Dem Vorstand, dem der Fall bekannt wurde, erkannte an diesem Beispiel die dysfunktionalen Effekte des von ihm selbst ersonnenen Anreizsystems und modifizierte es. Künftig war der flexible Gehaltsanteil nicht allein vom eigenen Rangplatz abhängig, sondern auch vom Ergebnis des Gesamtunternehmens, sodass jeder Vorteile davon hatte, wenn es den Kollegen geschäftlich gut ging.

Welche Schlussfolgerungen sollte man daraus ziehen? – Bei der Gestaltung von Anreizen wird vielfach nur an die Person oder Personengruppe gedacht, die in ihrer Leistungsbereitschaft aktiviert werden soll. Menschen aber stehen in sozialer Interaktion, nehmen einander wahr, werten das, was mit anderen geschieht, und beziehen es schließlich auf sich selbst. So betrachtet, sollte jeder, der für Anreizgestaltungsmaßnahmen die Verantwortung trägt, stets mitbedenken, wie andere, die nicht gemeint sind, darauf reagieren.

Leistung und Zufriedenheit

Bei allen Maßnahmen der Anreizgestaltung, die bislang besprochen wurden, stand ausgesprochen oder unausgesprochen das Ziel im Vordergrund, die Leistungsbereitschaft der Mitarbeiter zu steigern. Dies entspricht dem, was in einem marktwirtschaftlichen Betrieb die Regel ist. Ein derartiges Ziel ist durchaus zu rechtfertigen und in einer Marktwirtschaft legitim. Erbrachte Leistung dient schließlich – wie bereits ausgeführt – der Bedürfnisbefriedigung anderer und ist somit gesellschaftlich nützlich. Allerdings sollte dieses Ziel nicht allein stehen. Es geht auch um Humanziele für den, der die Leistung erbringt. Er sollte die Chance haben, sich bei der Arbeit zu verwirklichen, seine Potenziale zu erkennen und weiterzuentwickeln. Er sollte die Möglichkeit haben, etwas Sinnvolles und Wichtiges zu tun und in diesem Sinne – unter ganz verschiedenen Aspekten – Zufriedenheit bei der Arbeit finden. Anreize sollten also möglichst zugleich verschiedenen Zielen dienen, was vielfach in die Kurzformel **»Leistung und Zufriedenheit«** gebracht wird.

Welche Maßnahmen, welche Anreizgestaltungen diesem Doppelziel dienen, lässt sich nicht allgemein gültig sagen, da Menschen unterschiedlich sind. Diese Unterschiede sollten beachtet werden. Dennoch hat die Forschung Hinweise geben können, welche Maßnahmen mit erhöhter Wahrscheinlichkeit sowohl die Leistungsbereitschaft als auch die Arbeitszufriedenheit stabilisieren beziehungsweise steigern können. Innerhalb dieser Forschung hat eine Arbeitsgruppe unter der Leitung des Amerikaners Herzberg (Herzberg/Mausner/Snyderman 1959) besondere Beachtung gefunden. Das dabei gewählte methodische Vorgehen war ebenso originell wie einfach. Unterschiedliche berufstätige Personen wurden mit Hilfe der so genannten »Methode der kritischen Ereignisse« gebeten, jeweils ein Ereignis aus ihrem beruflichen Leben zu schildern, bei dem sie besonders zufrieden, und dann ein zweites, bei dem sie ganz besonders unzufrieden gewesen waren. Man erkennt: Hier wurde nicht nach typischen, repräsentativen Situationen gefragt, sondern nach Extrembeispielen, um an diesen – wie in einer Karikatur – Typisches aufzuzeigen.

Die Forschungsbefunde waren überraschend. Es waren jeweils andere Ereignisse, die Zufriedenheit herbeiführen als jene, die Unzufriedenheit zur Folge hatten. Die Ergebnisse der Originalstudie zeigt folgende Abbildung.

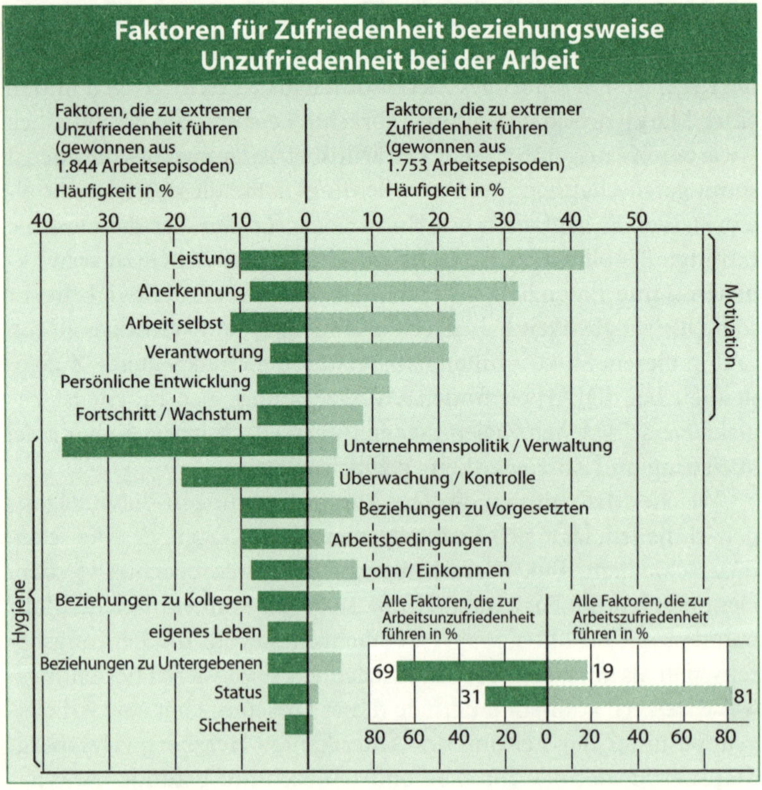

Motivatoren und Hygienefaktoren

Gefragt wurde bei der Untersuchungspopulation auch, wie sich das zufrieden beziehungsweise unzufrieden machende Ereignis auf die **Leistungsbereitschaft** ausgewirkt habe. Diese Bereitschaft wurde bei den zufrieden machenden Ereignissen – so der Durchschnitt der Antworten – meist gesteigert, während ein klarer Bezug zur Leistung – sei es in positiver oder negativer Richtung – bei den zur Unzufriedenheit führenden Ereignissen nicht gegeben war. Wegen ihrer leistungssteigernden Effekte wurden die »Zufriedenmacher« als **»Motivatoren«** bezeichnet. Sie beziehen sich primär auf den Inhalt dessen, was man bei der Arbeit tut. Es sind also Content-Variablen. Sie wirken primär auf die intrinsische Motivation. Die »Unzufriedenmacher« dagegen werden – wenn sie vorhanden sind – als selbstverständlich eingestuft, machen also nicht zufrieden. Fehlen sie allerdings, dann ist Unzufriedenheit die Folge. Man hat sie als **»Hygienefaktoren«** bezeichnet. Sie beziehen sich vor allem auf das Arbeitsumfeld, den Job-Kontext. Damit haben sie vor allem Wirkung auf die extrinsische Motivation. Die Wirkungsweise von Hygienefaktoren lässt sich recht gut an einem Alltagsbeispiel zeigen.

Beispiel: Kaum einer wird deshalb glücklich und zufrieden lächeln, weil er keine Zahnschmerzen hat. Schmerzt jedoch der Zahn, so ist alles Wohlbefinden verschwunden. Die gesamte Seele scheint im hohlen Zahn zu sitzen. Hier kann und muss der Zahnarzt helfen. Man erkennt: Der Zahnarzt ist dafür geeignet, menschliches Leid, menschliche Unzufriedenheit, zu mildern. Glücklich und zufrieden macht er uns dauerhaft nicht.

Da »Motivatoren« und »Hygienefaktoren« nicht Gegensätze auf einer Dimension sind, sondern unabhängig voneinander wirken, spricht man vielfach auch von einer »Zweifaktorentheorie der Zufriedenheit«, wie sie folgende Darstellung (Seite 168) zeigt.

Die Zweifaktorentheorie der Zufriedenheit

Zufriedenheit bedingt durch:	• Erbrachte Leistung • Zuteilwerden von Anerkennung • Interessanten Arbeitsinhalt • Übertragene Verantwortung • Erfolgten Aufstieg • Möglichkeiten zur Selbstverwirklichung
Unzufriedenheit bedingt durch:	**Keine Zufriedenheit bedingt durch:**
• Schlechte Unternehmenspolitik und -Verwaltung • Schlechte Personalführung • Schlechte Entlohnung • Schlechte zwischenmenschliche Beziehungen mit Vorgesetzten, Gleichgestellten und Nachgeordneten • Schlechte Arbeitsbedingungen	• Gute Unternehmenspolitik und -Verwaltung • Gute Personalführung • Gute Entlohnung • Gute zwischenmenschliche Beziehungen mit Vorgesetzten, Gleichgestellten und Nachgeordneten • Gute Arbeitsbedingungen
Keine Zufriedenheit bedingt durch:	• Unzureichende Leistung • Fehlen von Anerkennung • Langweiligen Arbeitsinhalt • Stellung mit geringer Verantwortung • Nicht erfolgten Aufstieg • Mangelnde Möglichkeiten zur Selbstverwirklichung

Dieser theoretische Ansatz hat in der Wissenschaft aus mancherlei Gründen – theoretischen, methodischen, begrifflichen – Kritik gefunden. Auf diese Diskussion wird hier nicht eingegangen, denn die Relevanz der Befunde für die Praxis ist trotz der Kritik beachtlich und kann leicht reproduziert werden. Dabei kann man wie folgt vorgehen: Man gebe einer Gruppe Berufstätiger – zum Beispiel den eigenen Mitarbeitern – eine Kurzfassung jenes Fragebogens, der in sehr viel umfangreicherer und differenzierter Form in der Forschung eingesetzt wurde.

Arbeitsbogen »Kritische Ereignisse«

1 a. Bitte skizzieren Sie knapp ein konkretes Ereignis aus Ihrem beruflichen Leben, das Sie besonders **zufrieden** machte.

----

1 b. Dieses Ereignis wirkte – zumindest für einige Zeit – auf meine Leistungsbereitschaft:

positiv ☐ negativ ☐

1 a. Bitte skizzieren Sie knapp ein konkretes Ereignis aus Ihrem beruflichen Leben, das Sie besonders **unzufrieden** machte.

----

1 b. Dieses Ereignis wirkte – zumindest für einige Zeit – auf meine Leistungsbereitschaft:

positiv ☐ negativ ☐

Alle Teilnehmer füllen diesen Fragebogen anonym aus und füllen sodann ihre zu Papier gebrachten Aussagen mit Hilfe einer Auswertungshilfe im schraffierten Codierfeld mit »M« oder »H« aus.

Auswertungshilfe für den Arbeitsbogen »Kritische Ereignisse«

»M«-Variablen:	»H«-Variablen:
1. Leistung	7. Führungsstil
2. Anerkennung	8. Unternehmenspolitik
3. Arbeit selbst	9. Arbeitsbedingungen
4. Verantwortung	10. Beziehungen zu Gleichgestellten
5. Aufstieg	11. Beziehungen zu Unterstellten
6. Möglichkeit zum »Wachstum«	12. Beziehungen zu Vorgesetzten
	13. Status
	14. Arbeitssicherheit
	15. Gehalt
	16. Persönlich berufsbezogene Lebensbedingungen

Der Einfachheit halber wird für diese Auswertung nicht danach differenziert, welcher Motivator beziehungsweise welcher Hygienefaktor in den Geschichten genannt wird. Alle Motivatoren werden unter »M«, alle Hygienefaktoren unter »H« zusammengefasst. Wichtig ist, darauf hinzuweisen, dass der Hygienefaktor Gehalt routinemäßig gezahltes, zum Beispiel tariflich vereinbartes Einkommen ist. Spezielle Zahlungen für gute Leistungen sind natürlich Anerkennung, also Motivatoren.

Gelegentlich sind die Erzählungen einzelner Teilnehmer recht komplex, sodass Motivatoren und Hygienefaktoren zusammenspielen. Hier sollte der auswertende Teilnehmer selbst entscheiden, ob M oder H überwogen hat. Dies erleichtert die Ergebnisdiskussion.

Diese lässt sich am besten mit Hilfe einer zusammenfassenden-Auswertungsschablone (s. S. 171) führen.

Werden nun die Codierungen aller Teilnehmer, innerhalb dieser Tabelle zusammengefasst, so sieht man meist, dass M (gleich Motivatoren) zum einen vor allem in den »Zufriedenheitsgeschichten« vorkommen und zudem als leistungsförderlich eingestuft werden, während H (gleich Hygienefaktoren) die »Unzufriedenheitsgeschichten« bestimmen und keinen klaren Bezug zur Leistung zeigen.

Zusammenfassung der Übungsergebnisse

Auswertung insgesamt					
	Z	UZ		L+	L-
M			M	Frage 1:	Frage 1:
				Frage 2:	Frage 2:
				Σ	Σ
H			H	Frage 1:	Frage 1:
				Frage 2:	Frage 2:
				Σ	Σ

Man sollte aus diesen Befunden nicht folgern, dass Hygienefaktoren unwichtig sind. Herrscht in einem Team, einer Abteilung, einem Zweigwerk oder einem Unternehmen deutliche Unzufriedenheit vor, so sind meist Hygienefaktoren dafür verantwortlich: zum Beispiel der Führungsstil, unzumutbare Arbeitsbedingungen, zwischenmenschliche Konflikte, Unterbezahlung, ein schlechtes öffentliches Ansehen des Arbeitgebers oder die Bedrohung der Arbeitsplätze durch Entlassung. Diese Punkte sind zu bearbeiten, um die Unzufriedenheit zu reduzieren. Liegt allerdings keine explizite Unzufriedenheit vor, so helfen eine noch bessere Ausstattung der Arbeitszimmer, ein zusätzlicher Betriebsausflug, eine Vermehrung von »Orden und Ehrenzeichen« wenig. Zu empfehlen ist in einer derartigen Situation die Arbeit mit Motivatoren. – Was heißt dies konkret?

- **Leistung:** Psychologisch bedeutet dies, dass dem Mitarbeiter ein Leistungs- und Erfolgserlebnis vermittelt werden sollte. Der beste Weg dafür besteht darin, dass zum einen Ziele vereinbart werden, die den zuvor genannten Kriterien entsprechen, und dass der Mitarbeiter zum anderen Feedback über den Grad der Zielerreichung bekommt – sei es durch die Aufgabe selbst, sei es durch den Vorgesetzten.

- **Anerkennung:** Beim Feedback sollte es nicht bleiben, sondern es sollte mit einer impliziten oder expliziten Wertung (der Anerkennung) verbunden sein. Hier reicht die bei manchen Vorgesetzten vertretene Auffassung »Nichts gesagt ist genug gelobt« keinesfalls aus. Die Anerkennung sollte ausdrücklich erfolgen.

Worauf man dabei achten sollte, fasst folgende Darstellung knapp zusammen.

Grundregeln beim Anerkennungsgespräch

Wer?	Derjenige, der das Verhalten des Mitarbeiters am besten kennt (in der Regel der direkte Vorgesetzte).
Was?	Verhaltensweisen, keine »Charakterzüge«; nicht nur Leistung, sondern auch andere erwünschte Verhaltensweisen (zum Beispiel das Schlichten von Konflikten); nicht nur Spitzen-, sondern auch Dauerleistung.
Wo?	Verhalten eines einzelnen unter vier Augen; Verhalten von Gruppen in der Gruppe.
Wie?	Ausdrücklich; differenziert; konkret; angemessen.
Wann?	Möglichst unmittelbar nach dem erwünschten und damit anzuerkennenden Verhalten.
Danach?	Den Worten bei Gelegenheit auch Taten folgen lassen.

Entspricht das Ergebnis der Arbeit der Zielvereinbarung nicht oder hat sich der Mitarbeiter – unabhängig von der Leistung – in einer für den Vorgesetzten nicht akzeptablen Weise verhalten, so ist – gewissermaßen als Spiegelbild der Anerkennung – Kritik erforderlich. Diese muss allerdings konstruktiv und hilfreich sein. Dies ist besonders zu beachten, da empirische Analysen zeigen, dass Mitarbeiter, die kritisiert wurden, nach einem Kritikgespräch beleidigt reagieren, sich ungerecht behandelt fühlen und für eine längere Zeit in ihrer Leistung nachlassen. Dies kann und darf nicht das Ziel sein, weshalb bei der Kritik trotz notwendiger Klarheit menschlich und schonend vorgegangen werden sollte. Worauf spezifisch zu achten ist, zeigt folgende Darstellung.

Grundregeln beim Kritikgespräch	
Wer?	Derjenige, der das Verhalten des Mitarbeiters am besten kennt (in der Regel der direkte Vorgesetzte).
Was?	Verhaltensweisen, keine »Charakterzüge«; nur berufsrelevante Aktivitäten; nur von Fakten, nicht von Gerüchten ausgehen. Analyse der Gründe für das Fehlverhalten.
Wo?	Verhalten eines Einzelnen unter vier Augen; Verhalten von Gruppen in der Gruppe. Günstige äußere Rahmenbedingungen (Zeit, Ruhe).
Wie?	Positiver Beginn (aber nicht stereotyp). Sachlich, nicht affektiv; klar, unmissverständlich, aber schonend; gemeinsame Wertung und Suche nach Ursachen, alternativen Verhaltensweisen (und Maßnahmen, um das erwünschte Verhalten zu erreichen). Positiver Abschluss: Mitarbeiter bekommt eine neue Chance. Zweites Gespräch vereinbaren.
Wann?	Möglichst unmittelbar nach dem unerwünschten Verhalten, es sei denn, die äußeren Rahmenbedingungen sind ungeeignet oder man selbst ist zu verärgert.
Danach?	Nichts nachtragen. Zweites Gespräch: Anerkennung bzw. erneute Kritik.

Arbeit selbst

Hier ist an all das zu denken, was zuvor über die Gestaltung von Aufgaben – insbesondere über den Handlungsspielraum – gesagt wurde. Ergänzend sei allerdings darauf hingewiesen, dass es hier nicht allein auf die objektive Gestaltung der Arbeit ankommt, sondern auch auf die Art und Weise, wie der Mitarbeiter die ihm zugeteilte Arbeit erlebt. Darauf kann ein Vorgesetzter erheblichen Einfluss nehmen. Als ein relativ gültiges psychologisches Prinzip darf man annehmen, dass besonders gerne eine Arbeit übernommen wird, bei der man sich in solchen Fähigkeiten und Fertigkeiten beweisen kann, die man zum einen zu besitzen glaubt und die man zum anderen hoch schätzt.

Beispiel: Zwei in ihrer Struktur und Zusammensetzung völlig vergleichbare Gruppen sollen – jedes Gruppenmitglied getrennt vom anderen – gleiche Aufgaben lösen. Der ersten Gruppe sagt man: »Wer diese Aufgaben gut löst, beweist damit seine kreative Intelligenz.« Den Mitgliedern der zweiten Gruppe wird gesagt: »Wer diese Aufgaben gut löst, beweist damit seine Konzentrationsfähigkeit.« In aller Regel zeigen die Mitglieder der ersten Gruppe die besseren Leistungen. Man ist lieber kreativ als »nur« konzentrationsfähig.

Ähnlich sollte man – ohne den Sachverhalt falsch darzustellen – bei der Übertragung von Aufgaben verfahren. Auch dazu ein Beispiel:

Eine relativ einfache Aufgabe soll bewältigt werden. Die Entwicklung von Umsatzzahlen soll innerhalb einer Matrix übersichtlich zusammengestellt werden, wobei die eine Dimension der Matrix durch die Monate des Geschäftsjahres, die andere durch die Regionen, in denen das Produkt vertrieben wird, definiert ist. Vorgesetzter A gibt diese Aufgabe seinem Mitarbeiter mit den Worten: »Wenn Sie diese Matrix bitte rasch erstellen würden. Es ist ganz einfach, das kann wirklich jeder ...« Vorgesetzter B sagt stattdessen: »Wenn Sie dies bitte erledigen. Ich bitte Sie dabei um große Sorgfalt. Die Darstellung wird in die Vorstandsvorlage integriert. Der Vorstand baut darauf seinen Marketingplan für das gesamte nächste Jahr auf.«

Es ist offensichtlich, dass der Mitarbeiter des Vorgesetzten B besser motiviert sein wird als jener des Vorgesetzten A.

Verantwortung

Hier ist darauf zu achten, dass der Mitarbeiter – wenn seine Qualifikation dafür ausreicht – die Rechte und die Verantwortung erhält, die dem Umfang der Aufgabe entsprechen. Darüber wurde bereits unter den Stichworten »Delegation« sowie »Handlungsspielraum« gesprochen (s. S. 121f.).

Aufstieg

Dabei ist primär nicht die Verbesserung des Gehalts gemeint, sondern die Möglichkeit, im Zuge der beruflichen Entwicklung mehr Einfluss, größere Entscheidungsmöglichkeiten, ein umfangreicheres Verantwortungsgebiet zu erhalten, wie es meist im Rahmen einer hierarchischen Karriere möglich ist. Allerdings ist es sehr wichtig, nicht mehr zu versprechen, als man halten kann. Dies geschieht oft, um zunächst einen qualifizierten Mitarbeiter zu gewinnen.

Davor muss jedoch gerade angesichts aktueller Entwicklungen gewarnt werden. Die Organisationen werden meist flacher. Der so genannte »Kaminaufstieg« wird immer seltener. Erfolgt keine realistische Tätigkeitsvorschau, keine valide Information über das, was möglich ist und was nicht, dann ist – nach einem kurzen Strohfeuer – mit Enttäuschung, aufkommenden Kündigungsgedanken oder sogar der Kündigung des Mitarbeiters zu rechnen.

Wachstum

Dieser Punkt berührt vor allem das Bedürfnis des Einzelnen nach Selbstverwirklichung, nach Entfaltung der eigenen Möglichkeiten. Konkrete Erfüllung findet dieser Wunsch in erster Linie durch ein Lernen im Arbeitsprozess, also eine Qualifizierung durch das berufliche Tun selbst und in zweiter Linie durch formalisierte Maßnahmen der organisationalen Fort- und Weiterbildung, die allerdings im Sinne eines kontinuierlichen Entwicklungskonzepts mit dem Mitarbeiter gemeinsam geplant werden sollten.

Personalentwicklung

Für Menschen und Tiere gilt gleichermaßen, dass ihr Verhalten teilweise durch die Anlage bestimmt ist. Die genetische Ausstattung determiniert über Reflexe und Instinkte, wie in bestimmten Situationen reagiert wird.

Beispiel: Bindet man jungen Tauben ihre Flügel bald nach dem Schlüpfen so fest an den Leib, dass sie keine Flugbewegungen erproben können, und sorgt man außerdem dafür, dass sie keinerlei Gelegenheit haben, einen fliegenden Vogel, schon gar nicht eine fliegende Taube, zu beobachten, so lässt sich ein interessantes Phänomen demonstrieren. Man kann die Tauben zu jenem Zeitpunkt, in dem gleichaltrige Tauben die Flugbewegungen erproben, andere Tauben fliegen sehen könnten und ihren ersten Flug wagen, in die Luft werfen. Sie fliegen, obwohl sie es nicht lernen konnten. Diese Fähigkeit liegt in ihrer Natur.

Beim Menschen gibt es ebenso eine Reihe von Verhaltensweisen oder Gefühlsreaktionen, die nicht erlernt werden müssen, sondern von Anbeginn in uns liegen oder im Zuge der biologischen Reifung entstehen. Man denke an das Saugen des Neugeborenen an der Mutterbrust, an die Angst von Kindern vor intensivem Lärm, an ihre Furcht vor Fremden nach dem achten Lebensmonat oder an den aufrechten Gang im Laufe des zweiten Lebensjahres.

Viele Verhaltens- und Handlungsweisen aber werden gelernt, und zwar bei keinem Lebewesen in so intensiver Weise wie beim Menschen. Das gilt nicht nur für das von außen beobachtbare Verhalten, sondern auch für Gefühle, Motive, Denkprozesse. Dies ist einerseits ein Nachteil. Kein Instinkt warnt uns davor, den wohlduftenden Knollenblätterpilz zu essen. Wir müssen lernen, dass er giftig ist. Andererseits gibt uns der Umstand, dass wir relativ wenig »vorprogrammiert« sind, Freiheit und Flexibilität. Wir können lernen, in der Wildnis oder in der Zivilisation einer Großstadt, am Äquator oder in der Nähe der Pole, allein wie ein Einsiedler oder im dichten Gedränge einer Metropole wie Kalkutta zu leben.

Gelernt wird vieles von einem Menschen, der in eine Kultur hineinwächst. Es ist nicht nur das Wissen, das uns im Elternhaus oder in der Schule beigebracht wird, es sind nicht nur Verhaltensweisen, die wir in kulturspezifischer Weise im Umgang mit anderen für den Erfolg im Beruf erwerben müssen, sondern es sind auch Gefühle und Motive. Ebenso wird das, was wir wollen und anstreben – ob wir das nun bemerken oder nicht –, vielfach durch Erfahrung erworben. Dies nun führt uns zu unserem Thema, denn Motive werden nicht nur vom Kind im Umgang mit seiner sozialen und physischen Umwelt, insbesondere im Kontakt mit Gleichaltrigen, bei der Erziehung durch die Eltern und die Schule erlernt, sondern als Erwachsener auch im Rahmen der betrieblichen Personalentwicklung erworben.

Personalentwicklung kann dabei unterschiedlich verstanden werden. Harte, eher betriebswirtschaftlich orientierte Begriffsfassungen sehen darin eine Umformung des unter Verwertungsabsicht zusammengefassten Arbeitsvermögens. Es steht also nicht der einzelne Mitarbeiter im Vordergrund, sondern das Personal insgesamt, sodass auch Entlassungen und Einstellungen – eine »Hire and Fire«-Strategie – zur Personalentwicklung zählen würden. In den meisten Definitionen wird jedoch davon ausgegangen, dass es um eine systematisch vorbereitete, durchgeführte und kontrollierte Förderung der einzelnen Mitarbeiter im betrieblichen und im persönlichen Interesse geht. Diese letztgenannte Sicht soll im Folgenden unter der Perspektive der Entwicklung von Motiven im Vordergrund stehen.

Was unterscheidet nun eine derartige Motiventwicklung von der Motivaktivierung durch Anreize? Bei der **Motivaktivierung** wird das Motiv als ein konstanter Persönlichkeitszug gesehen, der sich durch den Anreiz nicht verändert.

Zum Beispiel ist jemand möglicherweise durch seine Erziehung im Elternhaus mit einem überdurchschnittlich ausgeprägten Ehrgeiz gekennzeichnet. Im Urlaub, beim Besuch eines Konzertes oder beim Gespräch über Politik merkt man das nicht. Wird aber im Betrieb bekannt, dass eine Führungsposition bald frei wird, so aktiviert diese potenzielle Aufstiegschance seinen Ehrgeiz, und er unternimmt in weit stärkerem Maße als andere Personen Anstrengungen, in die frei werdende Position aufzusteigen. Bietet sich diese Chance nicht mehr, so unterscheidet er sich wiederum von den anderen nicht. An seinem Ehrgeiz als überdauerndem Persönlichkeitszug hat sich nichts geändert.

Bei der **Motiventwicklung** sieht dies anders aus. Hier wird angenommen, dass der Persönlichkeitszug selbst sich modifiziert, sodass er zu einem späteren Zeitpunkt zum Beispiel leichter oder intensiver ansprechbar ist als zuvor.

Beispielsweise zeigt jemand, der im Elternhaus und in der Schule sehr autoritär geführt wurde und kaum selbstständig handeln durfte, zunächst im Beruf stets Furcht, wenn ihm Aufgaben zur selbstständigen Bewältigung übertragen werden. Er neigt zur Rückdelegation, fragt immer wieder seinen Vorgesetzten und seine Kollegen um Rat und lehnt es ab, selbst die Verantwortung für die Ergebnisse zu übernehmen. Sein Vorgesetzter überträgt ihm daraufhin sehr vorsichtig zunächst kleine, dann immer umfangreicher werdende Aufgaben zur selbstständigen Bearbeitung und sorgt dafür, dass er dabei zu Erfolgserlebnissen gelangt. Das Motiv hat sich dadurch geändert. Das Angebot, eine Aufgabe selbstständig zu bearbeiten, löst nach einiger Zeit keine Angst mehr aus, sondern weckt den Wunsch nach selbstständigem Handeln. Das Selbstständigkeitsmotiv wurde entwickelt.

Im Rahmen einer intendierten und geplanten Personalentwicklung, bei der Fort- und Weiterbildung, aber auch bei weniger gezielten Aktionen im Zuge der beiläufig stattfindenden Sozialisation in und durch die Organisation lassen sich relativ viele Möglichkeiten der Motiventwicklung beobachten. Einige davon seien nachfolgend exemplarisch dargestellt.

Fort- und Weiterbildung

Im Rahmen systematischer Fort- und Weiterbildungsmaßnahmen lässt sich ein Motiv entwickeln. Dies sei am Beispiel des Leistungsmotivs demonstriert, das ja vor allem in der Kindheit durch den elterlichen Erziehungsstil geprägt wird. Es kann aber auch später, im Erwachsenenalter, noch modifiziert werden. Dies wurde am Beispiel indischer Geschäftsleute demonstriert, die aufgrund der Erziehungsnormen der indischen Kultur ein – verglichen mit US-Amerikanern, Westeuropäern oder Japanern – nur schwach ausgeprägtes Leistungsmotiv haben. Das Training bestand aus den folgenden vier Schritten (McClelland/Winter 1969):

- Im ersten Schritt sollten die Trainingsteilnehmer zu verschwommen und unklar gezeichneten Bildern (so genannte TAT-Tafeln) möglichst spannende Geschichten erzählen, die einen Leistungsbezug haben. Das Ziel bestand darin, im Denken leistungsbezogene Assoziationen und Gedankenverbindungen zu schaffen.
- Im zweiten Schritt sollten derartige Leistungsfantasien mit der eigenen Arbeitssituation und dem eigenen Arbeitsverhalten verbunden werden.
- Im dritten Schritt wurde dies konkretisiert, indem die Trainierten sich mit Bezug auf die eigene Arbeitssituation kurz-, mittel- und langfristige Leistungsziele setzten. Anschließend wurde gemeinsam analysiert, welche Bedingungen sich bei der Umsetzung als hinderlich und welche als förderlich erwiesen hatten.
- Im vierten Schritt schließlich wurden die Trainierten zu einem »elitären Club« zusammengefasst, in dem sie sich regelmäßig trafen und von ihren Leistungserfolgen berichteten.

Vergleich der Trainingsgruppe (TG) mit der Kontrollgruppe (KG)
(nach McClelland/Winter 1969)

	vor dem Kurs 1962 – 1964		nach dem Kurs 1962 – 1964	
	TG	KG	TG	KG
Unternehmerisch aktiv	18%	22%	51%	25%
Mehr als acht Stunden Arbeitszeit pro Tag	7%	11%	20%	7%
Konkurse	–	–	25%	7%
Neugründungen von Geschäften	4%	7%	22%	7%
Neue Kapitalinvestitionen	32%	29%	74%	40%
Einkommensverbesserungen	75%	57%	80%	76%
Anstieg der Beschäftigtenzahl	35%	31%	59%	33%

Das Training zeigte Wirkung. Verglichen mit Geschäftsleuten, die nicht am Training teilgenommen hatten (Kontrollgruppe), erwiesen sich die Trainierten nach dem Training als deutlich in ihrem Verhalten verändert, wie der Vergleich der Teilnehmer der Trainingsgruppe (TG) mit denen der Kontrollgruppe (KG) bei einzelnen unternehmerischen Aktivitäten in der Zeit vor und nach dem Kurs zeigt (s. S. 179). Man erkennt insgesamt ein höheres Aktivitätsniveau, eine größere Risikobereitschaft und mehr zielorientiertes unternehmerisches Verhalten bei den Trainierten. Dies führte zum einen zum Beispiel zu mehr Neugründungen von Geschäften, zum anderen aber auch – hier zeigt sich die Kehrseite der Risikobereitschaft – zu mehr Konkursen. Insgesamt aber sind die Daten ein Beleg dafür, dass nicht nur das Rechnen, Schreiben und Lesen, sondern auch Motive gelehrt und gelernt werden können.

Gewohnheitsbildung

Ein anderer Weg besteht in der Differenzierung und inhaltlichen Auffächerung eines unspezifischen, angeborenen Motivs.

Überformung eines angeborenen Motivs:
Was wird in verschiedenen Kulturen aus dem Bedürfnis nach Aktivität?

	Entwicklungsland		**Industrieland**	
	Typische Arbeits-aktivität	Typische Freizeit-aktivität	Typische Arbeits-aktivität	Typische Freizeit-aktivität
Kultur-spezifische Aktivität	Hüten der Haustiere und Fische	Tanzen	Produktions-arbeit in Gruppen	Joggen am Morgen
Kultur-spezifisches Bedürfnis	Bedürfnis nach Arbeit unter freiem Himmel in der Einzel-situation	Bedürfnis nach gemein-samem Tanz am Abend	Bedürfnis nach gemeinsamer Arbeit in ge-schlossenen Räumen	Bedürfnis nach sport-licher Aktivität am Morgen in der Einzel-situation

Angesichts des Arbeitsverhaltens lässt sich feststellen: Menschen sind nicht von Grund auf faul, sondern wollen aktiv sein. Allerdings lässt sich sofort die Frage stellen, ob dies nun gleich zu täglicher beruflicher Arbeit führen müsse. Dies ist die Folge langjähriger direkter und indirekter Erfahrung, der Gewohnheitsbildung. Nicht nur allgemein aktiv zu sein, sondern sich beruflich zu betätigen, wird zu einem Motiv für viele, obwohl sie die Arbeit des Geldes oder anderer extrinsischer Gründe wegen nicht benötigen. In anderen Kulturen, auch dies zeigt die oben stehende Übersicht, wird das Bedürfnis nach Aktivität anders ausgelebt und führt zu einer entsprechend anderen Überformung des Motivs.

Generell lässt sich zeigen, dass dann, wenn jemand im Unternehmen Jahr für Jahr die gleiche Arbeit ausführt, der Wunsch, dies unverändert weiterhin zu tun, in den meisten Fällen stabilisiert wird. Dies bringt den Vorteil mit sich, dass der Einzelne sich an eine bestimmte Form der Aufgabenbewältigung bindet. Aber nachteilig wirkt sich aus, dass der Widerstand gegen jede Veränderung dabei wachsen wird. Angesichts der häufigen Notwendigkeit des Wandels in modernen Organisationen der Wirtschaft ist es daher besser, wenn jemand häufiger seine Tätigkeit wechselt, damit Flexibilität und Offenheit für neue Erfahrungen erhalten bleiben.

Mittel zum Zweck werden zum Selbstzweck

Es zeigt sich, dass Verhaltensweisen, die zunächst einen rein instrumentellen Charakter hatten, also ausgeführt wurden, um bestimmte Ziele zu erreichen, die nicht in der Handlung selbst liegen, schließlich um ihrer Selbst willen ausgeführt werden. Mittel zum Zweck werden also zum Selbstzweck. Man bezeichnet dies als eine »funktionale Autonomie der Motive« (Allport 1970).

Beispiel: Für einen jungen Mann mag zunächst die Nutzung eines Cabriolets, ein Urlaub an der Riviera, der Gebrauch eines Herrenparfüms oder das Verbringen der Mittagspause an sonnigen Tagen im öffentlichen Park im Dienste des erotischen Motivs stehen. Aber all diese Verhaltensweisen behält er schließlich bei, nachdem sein erotisches Motiv längst versandet ist. In diesem Sinne findet man häufig, dass Menschen so viel Gefallen an den

Wegen gefunden haben, dass sie schließlich die Ziele vergessen, die damit erreicht werden sollten.

Was dieses Beispiel lehrt, lässt sich für die berufliche Arbeit vielfach aufzeigen. Arbeit selbst – verstanden als zweckvolles Handeln – das der Daseinsfürsorge dient, ist für nahezu jeden zunächst ein Mittel zum Zweck. In unserer Gesellschaft soll durch Erwerbsarbeit primär Geld verdient werden, möglicherweise aber auch Ansehen innerhalb und außerhalb der Organisation erworben, Kontakt mit anderen hergestellt, Einfluss ausgeübt, etwas Sinnvolles und Nützliches geschaffen oder die eigene Leistungsfähigkeit unter Beweis gestellt werden. Häufig kann man allerdings feststellen, dass manchen Personen – zum Beispiel Menschen, die vorzeitig in den Ruhestand gehen und die finanziell ausreichend versorgt, in ihrem Ansehen im Umfeld gesichert sind und vielerlei Kontakte haben – die Arbeit fehlt. Sie werden unruhig und unglücklich, als sei ein angeborenes Motiv unbefriedigt geblieben.

Für die Führung von Menschen im Unternehmen lässt sich daraus ableiten, dass die Einzelnen immer wieder die Erfahrung machen können, dass erwünschte Verhaltensweisen – zum Beispiel engagiertes Leistungsverhalten, das Entwickeln neuer Ideen, Hilfsbereitschaft den Kollegen und Kolleginnen gegenüber, die Übernahme von Sonderaufgaben – zu erwünschten Zielen wie Gehaltserhöhung, Beförderung, Wertschätzung durch Vorgesetzte, Akzeptanz durch Kollegen und zu Ähnlichem mehr führen. Dies kann schließlich zur Konsequenz haben, dass sich Leistungsbereitschaft entwickelt, Hilfsbereitschaft entsteht oder Sonderaufgaben um ihrer selbst willen übernommen werden und dies zur Befriedigung führt. Wichtig ist, dass im Unternehmen Erwünschtes zum Mittel wird, um Ziele zu erreichen. Dagegen freilich wird häufig gesündigt, wie nachfolgendes Beispiel zeigt.

In einer Studie wurde das Kommunikationsverhalten von Führungskräften analysiert. Dabei wurden zwei Extremgruppen einander gegenübergestellt, und zwar zum einen solche Manager, die rasch Karriere machten und zum anderen solche, die eine hohe Bindung der Mitarbeiter an das Unternehmen sicherten und mit der von ihnen geführten Gruppe besonders hohe Leistungen erbrachten, also effektiv waren. Es erscheint zunächst schon überraschend, dass es sich hierbei um zwei Gruppen handelte und nicht die effektiven Manager zugleich jene waren, die Karriere machten.

Was kennzeichnete nun die »Karrieristen«? Sie investierten relativ wenig Kommunikationszeit in die ihnen gestellte Aufgabe und besonders wenig in die Förderung und Entwicklung der von ihnen geführten Mitarbeiter, sondern widmeten besonders viel Zeit ihrer Selbstdarstellung, der Mikropolitik und der Netzwerkbildung. Genau dies aber taten die effektiven Manager nicht, sondern sie investierten ihre Arbeitszeit primär in Gespräche über die alltäglichen Aufgaben und in die Förderung und Entwicklung der von ihnen Geführten. Dies aber wurde vom Unternehmen nicht honoriert.

Lernen durch Verstärkung

Es ist verbreitetes Alltagswissen, das wohl jedem vor aller wissenschaftlichen Analyse bekannt ist, dass durch Belohnungen das Auftreten erwünschten Verhaltens wahrscheinlicher gemacht werden kann. Eltern und Lehrer nutzen daher das Mittel des Lobes beziehungsweise Tadels, um das Verhalten von Kindern ihren Vorstellungen gemäß zu modellieren. Vorgesetzte geben Anerkennung, Prämien, Gehaltserhöhungen, Beförderungen oder sonstige Vergünstigungen in einem positiven Sinne, oder sie setzen Kritik, unterdurchschnittliche Personalbeurteilungen, Hindernisse bei der Beförderung oder den Entzug von Privilegien als Mittel der Steuerung ein. Generell lässt sich danach unterscheiden, ob Belohnungen gegeben oder ausgesetzt beziehungsweise Bestrafungen eingesetzt oder darauf verzichtet wird, wie die Darstellung auf der nächsten Seite zeigt.

Wirkung angenehmer beziehungsweise unangenehmer Konsequenzen

	angenehme Konsequenz nach dem Verhalten	unangenehme Konsequenz nach dem Verhalten
Darbietung	Verhaltenswahrscheinlichkeit steigt	Verhaltenswahrscheinlichkeit sinkt
Beseitigung	Verhaltenswahrscheinlichkeit sinkt	Verhaltenswahrscheinlichkeit steigt

Über die vorwissenschaftliche Erfahrung hinaus konnte die Forschung zur Klärung der Wirkmechanismen wesentlich beitragen und so dabei helfen, Belohnungen – in der Psychologie spricht man von Verstärkung, Bekräftigung oder »Reinforcement« – in ihrer Wirkung systematisch zu prognostizieren und zu nutzen. Dabei hilft die so genannte Verhaltensformel S-O-R-K.

Die Darstellung auf der gegenüberliegenen Seite lässt sich wie folgt lesen. In einer Situation, die wahrgenommen wird, reagiert der Organismus – sei es nun ein Mensch oder ein Tier – und dies zieht positive oder negative Konsequenzen nach sich. Folgen positive Konsequenzen auf ein bestimmtes Verhalten in einer spezifischen Situation, so wird das Lebewesen in dieser oder in ähnlichen Situationen häufiger mit jenem Verhalten reagieren, dem zuvor positive Konsequenzen folgten. Dies erscheint als einfaches Prinzip, dennoch lässt sich in der Praxis vielfach zeigen, dass beim Umgang mit sich selbst, aber auch im Umgang mit anderen »gesündigt« wird.

Beispielsweise bemerkt ein recht gut geschulter Vorgesetzter das Fehlverhalten eines seiner Mitarbeiter. Er weiß, dass man einen Mitarbeiter, dem ein Fehler unterläuft, nicht in affektiver oder persönlich werdender Weise kritisieren sollte. (Gute Leistungen

Die Verhaltensformel S–O–R–K
(nach Skinner)

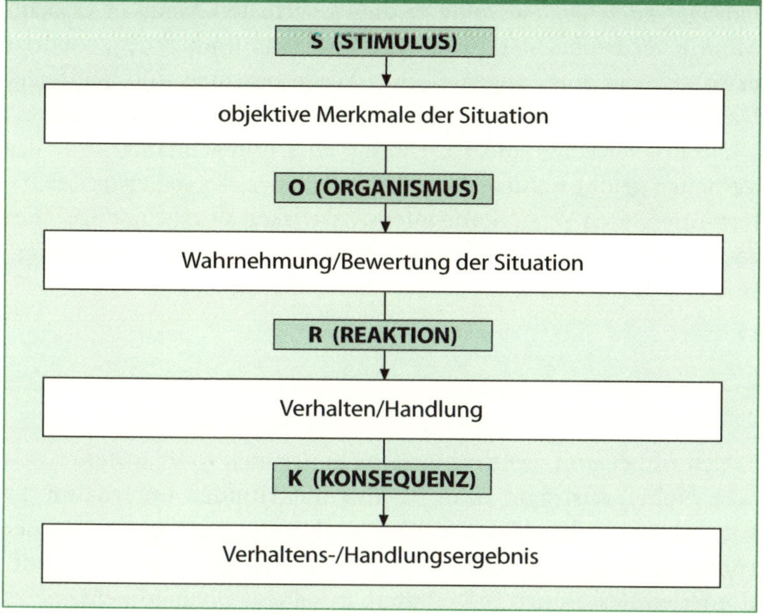

hält er allerdings für selbstverständlich und dementsprechend erkennt er sie nur selten an.) Er bittet nun den Mitarbeiter zu einem Gespräch in sein Büro. Er fragt nach, ob er das Fehlverhalten richtig beobachtet habe, und erkundigt sich nach den Gründen. Er bittet den Mitarbeiter, die Arbeit künftig anders anzugehen, sichert ihm dabei seine Unterstützung zu und drückt in freundlichen Worten am Ende die Hoffnung aus, dass es jetzt »besser laufen« werde.

Hat man vor Augen, dass für die meisten Mitarbeiter der Kontakt mit dem Vorgesetzten Belohnungscharakter hat, und denkt man weiterhin daran, dass der genannte Vorgesetzte äußerst sparsam mit Lob bei guten Leistungen umgeht, so ist es nahe liegend, dass die Mitarbeiter – mehr oder weniger bewusst – zu der Auffassung gelangen, dass bei diesem Vorgesetzten »erst einmal etwas in den Sand gesetzt« werden muss, wenn man ausführlich mit ihm sprechen möchte.

Will also ein Vorgesetzter erreichen, dass sein Mitarbeiter den Wunsch in sich entwickelt, erwünschtes Verhalten intensiver oder häufiger zu zeigen, so sollte er dieses Verhalten, wenn er es beim Mitarbeiter beobachtet, nicht stillschweigend hinnehmen, sondern er sollte es in einer angemessenen Weise beachten und belohnen. Dabei erscheint es nicht ratsam, dies jedes Mal zu tun, wenn das erwünschte Verhalten auftritt. Häufig, aber unregelmäßig sollte das Verhalten gelobt werden, da derartige Formen der so genannten intermittierenden Verstärkung intensiver wirken als regelmäßige. Dieses Vorgehen entspricht einem Führungsprinzip, das als **»Management by Reinforcement«** bekannt geworden ist.

Klassisches Konditionieren

Vielen ist bekannt, welch sinnreiche Experimente der spätere russische Nobelpreisträger Iwan Pawlow mit Hunden unternahm. Er wusste, dass es bei Hunden ganz bestimmte angeborene Auslöser (unkonditionierte Stimuli = uS) gibt, die zu angeborenen unkonditionierten Reaktionen (uR) führen. In seinem Urexperiment war es Futterduft, der – die angeborene Reaktion – Speichelsekretion auslöste. Als neutraler Stimulus (nS) diente ein Glockenton. Nachdem nun Pawlow mehrfach den angeborenen und den neutralen Stimulus zeitgleich geboten hatte, setzte er den neutralen Stimulus isoliert ein. Er war durch die mehrfache Wiederholung zum konditionierten Stimulus (cS) geworden, der nun auch die Speichelsekretion auslöste, die jetzt als konditionierte Reaktion (cR) bezeichnet wurde (s. S. 187).

Der Lernprozess muss hier nicht aufhören. Man kann die Konditionierung ersten Grades dazu verwenden, einen weiteren neutralen Stimulus zu konditionieren. Wird zum Beispiel der bereits konditionierte Glockenton mehrfach hintereinander annähernd zeitgleich mit einem optischen Reiz geboten, zum Beispiel einem weißen Kreis, so löst schließlich auch der weiße Kreis die Speichelsekretion aus.

Dieses so genannte **klassische Konditionieren** wirkt keineswegs nur bei Tieren und auf dem Felde körpernaher Reaktionen, sondern es ist auch beim Menschen nachweisbar und kann dazu genutzt wer-

Das klassische Konditionieren
(nach Pawlow)

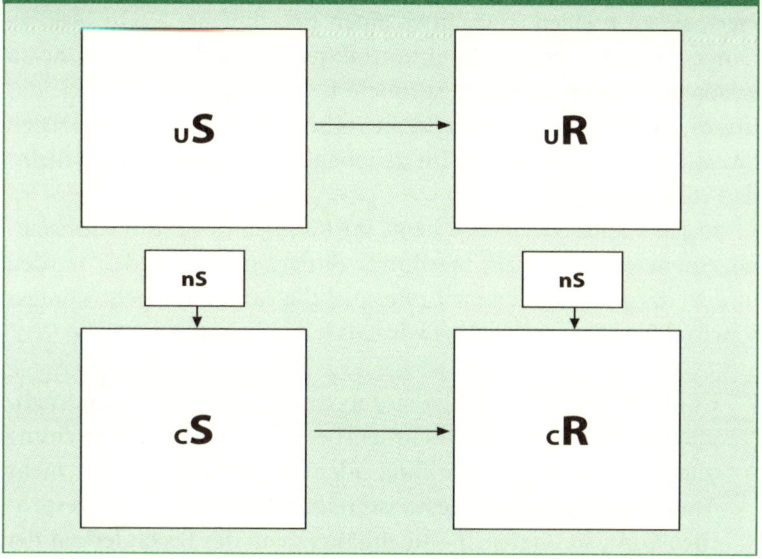

den, Emotionen und Motive an ganz bestimmte Auslöser zu binden. Wir kennen dies aus vielen Lebensbereichen zum Beispiel aus der Werbung, der Erziehung oder auch der »Gehirnwäsche«.

Beispielsweise lösen Bilder einer unberührten, wilden Natur, in der einsam ein heroischer Naturbursche agiert, in der Regel bei uns ein »Gefühl von Freiheit und Abenteuer« aus. Wird nun durch die Werbung immer wieder das Bild des verwegenen, einsamen Helden im unwegsamen Dschungel gemeinsam mit dem Namen einer Zigarettenmarke oder der Darstellung der entsprechenden Packung geboten, so lösen schließlich Zigarettenname und Zigarettenpackung das entsprechende Gefühl aus.

In diesen und ähnlichen Fällen spricht man von der klassischen Konditionierung von Emotionen. Der auf diese Weise emotional »aufgeladene« Gegenstand ist nun wiederum ein Anreiz beziehungsweise Ziel für die aktivierte Motivation. Wir streben ihn an oder – bei Konditionierung mit negativen Gefühlen – suchen ihn zu vermeiden.

Auf diese Weise werden für uns im Laufe eines kulturspezifischen Erziehungsprozesses manche Dinge Furcht erregend. Wir sind motiviert, sie zu meiden – wie etwa einen Friedhof bei Nacht. Andere Dinge dagegen werden für uns attraktiv; wir sind motiviert, sie zu erlangen – zum Beispiel ein sprudelndes alkoholisches Getränk, das uns die Werbung immer wieder in Verbindung mit solchen sozialen Situationen präsentiert, die für gehobenen Status oder für prickelnde Erotik sprechen.

In ganz ähnlicher Weise kann im Rahmen des Motivationsmanagements ein Motiv an bestimmte Situationen gebunden werden und so dazu führen, dass zum Beispiel die Arbeit in einem Kontext sehr viel freudiger ausgeführt wird als in einem anderen.

Untersucht man beispielsweise in einem Produktionsunternehmen, in welchem Unternehmensbereich – Verkauf, Forschung und Entwicklung, Verwaltung oder Produktion – relativ mehr Anerkennung beziehungsweise relativ mehr Kritik ausgesprochen wird, so zeigt sich – unabhängig von der Besonderheit der dort arbeitenden Menschen – fast immer das Gleiche: Viel Anerkennung wird im Verkauf, aber auch in der Forschung und Entwicklung ausgesprochen. Dies überrascht nicht, denn dort fallen Spitzenleistungen besonders auf. Dagegen wird in Produktion und Verwaltung sehr viel mehr kritisiert. Auch dies verwundert nicht. Gute Arbeit in Produktion und Verwaltung ist unauffällig; es geht alles seinen geordneten Gang. Auffallen können dort nur Störungen oder Fehler, die dann entsprechend kritisiert werden. Da Anerkennung positive Gefühle auslöst, Kritik dagegen meist negative, ist die Konsequenz offensichtlich. Gearbeitet wird meist lieber im Verkauf oder in der Forschung und Entwicklung. Menschen arbeiten eben sehr viel lieber dort, wo ihnen positive Erlebnisse vermittelt werden.

Vorgesetzte können also wesentlich dazu beitragen, dass bestimmte Arbeitssituationen, spezielle Anforderungen aber auch Arbeitsräume oder soziale Situationen für Mitarbeiter erstrebenswert werden. Sie sind durch ihr Verhalten gelegentlich dafür verantwortlich, dass eine bestimmte Arbeitssituation den Mitarbeiter zur Flucht verleitet und ihn – dann geht es bereits in das Feld der psychischen Erkrankung – arbeitsunfähig macht.

Beispiel: Ein sehr jähzorniger Vorgesetzter rief jedes Mal, wenn er sich ärgerte oder in Wut geriet, im Vorzimmer bei seiner Sekretärin an, um sie »als Blitzableiter« zu missbrauchen. Ihr kündigte ein besonderer Klingelton an, dass ihr Chef am Apparat war. Bald entwickelte sie erhebliche Angst, wenn sie diesen speziellen Klingelton hörte. Das Symptom verschlimmerte sich dadurch, dass es nach und nach zu einer **»Reizgeneralisierung«** kam: Zunächst bekam sie Angst, wenn sie irgendwo das Läuten eines Telefons hörte, dann übertrug sich die Angst schon auf den Anblick des Telefons, und schließlich war sie unfähig, sich in Häusern aufzuhalten, wenn sie wusste, dass es dort ein Telefon gab. Sie wurde dadurch arbeitsunfähig und bedurfte einer Psychotherapie.

Lernen am Vorbild

Soeben wurde dargestellt, dass positive Konsequenzen dazu führen können, dass die betroffene Person belohntes Verhalten in der entsprechenden Situation häufiger zeigt. Die Belohnung war direkt und unmittelbar erlebt worden. Dies aber muss keineswegs immer der Fall sein. Auch eine indirekte, bei einem anderen wahrgenommene Belohnung, kann entsprechende Folgen haben. Man spricht hier mit jeweils etwas anderer Akzentsetzung von **stellvertretender Verstärkung** oder vom **Modelllernen**. Die Umgangssprache nennt dies **»Vorbildwirkung«**.

Wovon hängt es ab, ob man jenes Verhalten anstrebt, das bei einem anderen Menschen, den man beobachten konnte, zum Erfolg führte? Ganz bestimmte Bedingungen müssen gegeben sein:

- Das Modell muss dem Beobachter ähnlich sein, sodass dieser sich mit dem Modell identifizieren kann.
- Das beobachtbare Verhalten des Modells muss zum Erfolg führen.

- Der Erfolg, den das Modell erlangt, muss auch für den Beobachter erstrebenswert sein.
- Der Beobachter muss überzeugt sein, dass er diese zum Erfolg führenden Verhaltensweisen auch selbst zeigen kann.

Der Wunsch, es dem erfolgreichen Vorbild gleichzutun, kann in manchen Feldern zu einem zentralen, verhaltensbestimmenden Motiv werden.

Zum Beispiel war ein junger, ideenreicher Abteilungsleiter im Alter von Mitte 30 aus einem Großunternehmen ausgeschieden, weil er sich durch die Vielzahl der dort herrschenden bürokratischen Regelungen in seinen Initiativen und seinem Ideenreichtum behindert sah. Mit Mut und unterstützt durch zwei Hochschulabsolventen machte er sich daran, ein Unternehmen zu gründen, in dem er erfolgreich daran ging, seine Ideen zu erproben, marktreif zu machen und an die Kunden heranzutragen. Das Unternehmen wuchs. In rascher Folge stellte er geeignete Mitarbeiterinnen und Mitarbeiter ein. Diese sahen in ihm einen der ihren und bewunderten ihn zugleich. Sie strebten danach, es ihm gleichzutun, achteten bei ihrer Arbeit nicht auf die Zeit, entwickelten neue Ideen und wurden – wenn auch nicht gleich selbstständig – zu Unternehmern im Unternehmen. Der Verhaltensstil des Gründers wurde zum Modell für viele und prägte so die Kultur des neu entstandenen Unternehmens.

Konformität

Es scheint in der Natur des Menschen zu liegen, so sein zu wollen wie andere, die ihm wichtig sind. Besonders deutlich sieht man es dort, wo sich Gruppen bilden – sei es bei spielenden Kindern, in der Schule oder bei der Arbeit. Die Vielfalt der Meinungen, des beobachtbaren Verhaltens, der Kleidung ist zunächst groß. Nach und nach – und dies ohne äußeren Druck – gleichen sich die Gruppenmitglieder einander an, werden in ihren Meinungen, Verhaltensweisen und in ihrer Kleidung einander immer ähnlicher.

Beispiel: In einer zweiten Grundschulklasse, in der achtundzwanzig 7- bis 8-jährige Buben und Mädchen gemeinsam lernen und spielen, tragen alle fast täglich Jeans. Nur ein Kind »tanzt aus der Reihe«. Seine Eltern verbringen Jahr für Jahr den Urlaub in Bayern, sie lieben den bayerischen Lebensstil und kleiden ihr Kind mit einer Lederhose. Das Kind akzeptierte es, solange es noch nicht eingeschult war. Nun aber, in der Schule, leidet es darunter, anders zu sein als die anderen, entwickelt den vehementen Wunsch, auch mit einer Jeans in die Schule zu gehen und bedrängt die Eltern entsprechend.

Die Neigung, so zu sein wie andere in der Gruppe, zu denen man gehören will, wird als Konformität bezeichnet. Der Angleichungsprozess erfolgt gelegentlich nahezu automatisch, ohne Bewusstseinsbeteiligung der Person. Vielfach – insbesondere, wenn sich Widerstände in den Weg stellen, kann eine intensive Motivation daraus erwachsen, es den anderen gleichtun zu wollen. Für Vorgesetzte kann dies Chance und Risiko sein.

Einem Chef ist zum Beispiel eine Gruppe unterstellt, in der das Schaffen des Neuen, das Experimentieren ein hoher gemeinsamer Wert ist. Die Integration eines neuen Mitarbeiters, der aus Angst vor Fehlern stets auf bewährten, ausgefahrenen Wegen des Arbeitens bleibt, kann hier eine Chance sein, die Motive und Zielvorstellung des ängstlichen Neuen zu wandeln. Er wird durch die Gruppe sozialisiert und findet Freude an neuen Wegen.

Eine Gefahr wird es entsprechend im umgekehrten Fall. Wenn in der Gruppe strenge Spielregeln herrschen, jeder, der etwas anderes versucht, als Normenbrecher, Störenfried oder gar Querulant erlebt wird, so wird sich auch ein neues Gruppenmitglied bald anpassen und in seinen Wünschen, etwas Neues zu wagen, erstickt sein.

Rollenerwartung

Es sind nicht unsere Persönlichkeitsmerkmale allein, die unser Handeln bestimmen, sondern auch viele Bedingungen des Umfeldes. Sehr wichtig sind dabei die Erwartungen, die andere an uns herantragen. Wir erleben sie zunächst als von außen kommend, verinnerlichen sie aber nach und nach und neigen dazu, so zu handeln, wie es andere von uns erwarten. Diese verinnerlichten Erwartungen werden als **»Rolle«** bezeichnet. Da Menschen in verschiedenen sozialen Situationen leben, haben sie auch verschiedene Rollen, zum Beispiel als Ehefrau, Mutter, Sekretärin und Betriebsrätin. In jeder dieser Situationen wird ganz selbstverständlich eine andere Rolle gespielt, ohne dass man dabei »Theater macht«. Dies wiederum hat zur Folge, dass in Arbeitsgruppen oder Teams nicht nur Konformität herrscht, die zur Angleichung führt, sondern dass außerdem als Folge einer Rollendifferenzierung jeder – seiner Rolle entsprechend – auch anders als die anderen ist: Vom Führenden wird erwartet, dass er die Initiative ergreift, Ziele vorgibt und mehr »bringt« als der Rest der Gruppe. Der Harmonisierer wiederum soll immer dann eingreifen, wenn es Spannungen oder Konflikte in der Gruppe gibt, er trägt so konstruktiv zu Kompromissen und zu einem guten sozialen Klima bei. Oft gibt es dann noch den Gruppenclown, der sich bemüht, mit einem Spaß oder Klamauk die anderen aufzuheitern, die nun gerade dies ausschließlich von ihm erwarten.

Werden die Rollenerwartungen verinnerlicht, so will der Einzelne – bewusst oder nicht – die anderen in eben diesen Erwartungen nicht enttäuschen. Er wird motiviert sein, der akzeptierten Rolle zu entsprechen.

Es wird häufig gesagt: Wem Gott ein Amt gibt, dem gibt er auch Verstand. Daran mag man manchmal zweifeln, aber es geht auch nicht nur um den Verstand, sondern um den Wunsch, dem Amt zu genügen, das als Rolle interpretierbar ist. Vorgesetzte können – falls sie dadurch Mitarbeiter nicht überfordern – nicht nur deren Verhalten prägen, sondern auch den Wunsch, das Motiv, den Erwartungen gerecht zu werden.

Beispiel: In einer Abteilung arbeitet ein fachlich hoch kompetenter und von den anderen sehr geschätzter freundlicher junger Ingenieur, der aber eher zurückhaltend und etwas schüchtern auftritt. Gestützt auf verschiedene Beobachtungen während des Betriebsausfluges, bei internen Diskussionen und anderen zwischenmenschlichen Situationen gewinnt der Vorgesetzte den Eindruck, dass der junge Ingenieur das Potenzial zur Führungskraft hat. Er setzt sich mit ihm zusammen, sagt ihm, dass er überzeugt davon sei, dass er eine Führungsrolle erfolgreich wahrnehmen könne. Er wolle ihm die Chance geben, zunächst einmal ein zeitbegrenztes Projekt zu übernehmen. Zuvor solle er aber – um sich entsprechend fachlich zu qualifizieren – auf eine Seminarveranstaltung zum Thema Projektmanagement gehen. Nach Abschluss dieses Seminars setzt ihn der Vorgesetzte als Projektleiter ein. Die Projektmitarbeiter akzeptieren ihn in seiner Rolle. Er entwickelt nun den Wunsch zu führen, das Projekt erfolgreich zu managen. Er ergreift die Initiative, vereinbart mit den Projektmitgliedern Ziele, unterstützt sie, wenn sie Schwierigkeiten haben und vertritt das Projekt ohne Schüchternheit dem eigenen Vorgesetzten und anderen Abteilungen gegenüber. Man erkennt ihn nicht wieder. Durch die Übernahme der Rolle ist er beinahe ein »anderer Mensch« geworden.

Die Vielzahl der Beispiele zeigt: Menschen bleiben nicht, was sie waren. Sie können sich ändern. Das gilt auch für ihre Motive. Vorgesetzte mit einem entsprechenden psychologischen Wissen können dies aktiv steuern.

Kapitel 4: Identifikation sichern und begeistern

Zum Motivationsmanagement gehört es nicht nur, Barrieren der Motivation zu beseitigen, Anreize angemessen zu gestalten und die Motive im Zuge der Personalentwicklung zu verändern, sondern es gehört auch dazu, die Identifikation der Mitarbeiter mit ihrer Aufgabe, dem Team, dem Unternehmen so zu stärken und ihre Begeisterung für die Ziele so zu entfachen, dass weitere Führungsbemühungen (fast) gar nicht mehr erforderlich sind. Die Mitarbeiter führen und motivieren sich selbst. Wesentlich ist dabei, dass sich diese mit ihrer Situation – etwa der Organisation – identifizieren. Identifikation ergibt sich daraus, dass das, was einem selbst wichtig ist, auch von der Organisation, der man angehört, angestrebt wird. Man ist dann in dieser Organisation zu Hause, erlebt sie als die einem selbst gemäße Welt. Es ist ähnlich wie in einer Kultur, in der man völlig selbstverständlich seinen Aufgaben nachgeht, ohne dafür des Anstoßes von außen oder der Belohnung zu bedürfen.

Die europäischen Gesellschaften im Hochmittelalter waren beispielsweise geprägt durch den Wert des Religiösen. Die meisten Mitglieder der Gesellschaft waren in den Werthaltungen religiös und identifizierten sich daher mit einer Gesellschaft, die Kirchen baute, auf eine religiöse Lebensführung achtete und die christlichen Religion in andere »heidnische« Kulturen zu tragen suchte. Man identifizierte sich mit den Zielen dieser Gesellschaft und war ganz selbstverständlich bereit, zum Bau der Kathedrale beizutragen, an Sonn- und Feiertagen in die Kirche zu gehen und all das zu tun, was die Religion forderte. Mit dem Wandel der Werte und einer fortschreitenden Säkularisierung, mit dem Aufbruch der modernen Naturwissenschaften und der beginnenden Aufklärung änderte sich dies. Viele identifizierten sich nicht mehr mit dem religiös geprägten Staat; sie begehrten gegen die Macht der Kirche auf, zweifelten aufgrund wissenschaftlicher Erkenntnis an vielen zuvor wörtlich genommenen Aussagen der Bibel und forderten Gedankenfreiheit.

Denken Sie einmal an die Darstellung auf Seite 13. Dort war gezeigt worden, dass das Unternehmen seine Mitglieder durch Zwang, durch Belohnung, aber auch durch Identifikation dazu bringen kann, dass das getan wird, was getan werden soll. Bedenkt man aber den Wandel gesellschaftlicher Wertorientierungen, so stellt man fest, dass Mitarbeiter autonom handeln wollen. Vielfach sind sie auf ihrem Spezialgebiet ihrem Vorgesetzten überlegen. So wird verständlich, dass Belohnung als Führungsmittel an Bedeutung verlieren kann. Entsprechend wächst das Bemühen, eine Identifikation der Mitarbeiter mit ihrer Aufgabe oder mit dem Unternehmen zu sichern. Einige der dabei bewährten Wege werden nachfolgend skizziert.

Unternehmenskultur

Überall dort, wo Menschen über eine längere Zeit gemeinsam leben und handeln, bilden sich gewohnte und tradierte Weisen des Denkens, Fühlens und Handelns, die so selbstverständlich sind, dass sie kaum noch reflektiert werden. Übereinstimmende Auffassungen entstehen von dem, was wichtig und was nicht wichtig ist, was man tut und besser bleiben lassen sollte. So sind auch all jene Inhalte und Gestaltungen, die geschaffen und weitergegeben werden, Ausdruck der gemeinsamen Lebensführung. Dies hilft wiederum dabei, wichtige Probleme in einer allgemein akzeptierten Weise zu lösen. All dies macht die Kultur aus.

Kulturen sind – so verstanden – gleichermaßen kennzeichnend für ein Land in einer bestimmten historischen Epoche, beispielsweise für einen noch steinzeitlich lebenden Stamm im südlichen Afrika, aber auch für ein Großunternehmen oder ein erst vor kurzem gegründetes Spring-Off der biologischen Fakultät einer führenden Universität. Kultur sollte aber nicht in dem Sinne verstanden werden, dass zum Beispiel ein Unternehmen **Kultur »hat«**, und sich Kultur auf Kunst am Bau, auf gemeinsame Feste oder die Formen des sozialen Umgangs miteinander beschränkt. Vielmehr bedeutet es, dass das Unternehmen eine **Kultur »ist«**, also alles im Unternehmen bei einer entsprechenden Betrachtungsweise zur Kultur gehört.

In diesem Sinne existiert Unternehmenskultur seit es Unternehmen gibt. Dass dieses Thema von immer größerem Interesse ist, dürfte damit zusammenhängen, dass es zunehmend notwendig erscheint, dass sich hoch kompetente Mitarbeiter, die durch Zwang und Belohnung nicht ausreichend zu steuern sind, mit dem Unternehmen und seinen Zielen identifizieren und sich dadurch selbst motivieren und führen.

Es hat sich als nützlich erwiesen, von der Unternehmenskultur eine Modellvorstellung zu entwickeln, die mehrere Ebenen hat. Die bekannteste dieser Vorstellungen stammt von Schein (1985). Er unterscheidet drei Ebenen, die in Wechselwirkung miteinander stehen:

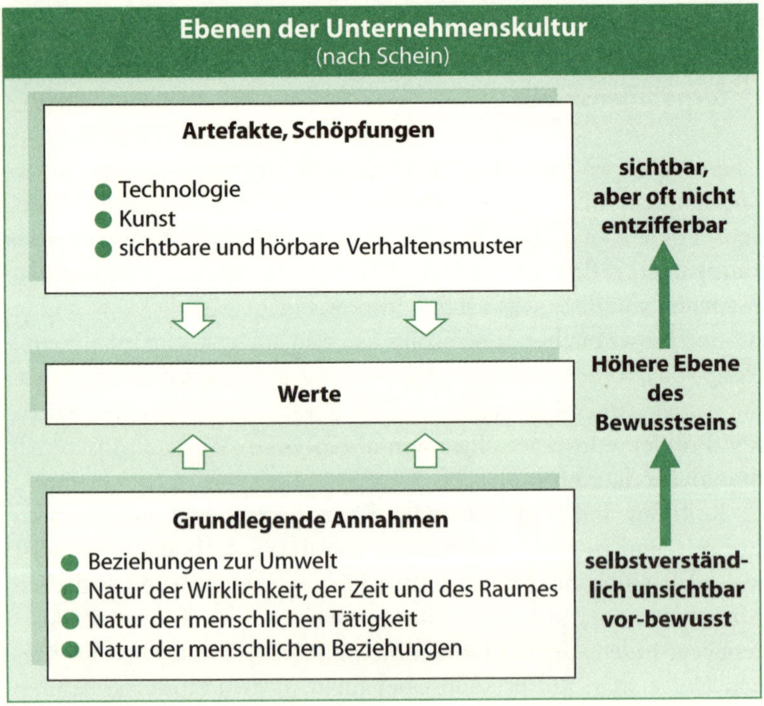

- Die Ebene der selbstverständlichen und damit nicht bewusst reflektierten Grundannahmen,
- die Ebene der bewusstseinsfähigen Werte sowie
- die Ebene der sichtbaren, aber oft nur schwer zu deutenden Handlungsweisen und Schöpfungen der Menschen im Unternehmen.

Eine Unternehmenskultur lässt sich nicht einfach mit Hilfe von Befragungsinstrumenten erfassen. Hier sind qualitative Vorgehensweisen zu empfehlen, die die sichtbaren, aber oft schwer entzifferbaren Verhaltensweisen der Organisationsmitglieder und das, was sie geschaffen haben, deuten. Dabei spielen die folgenden Symptome oder gar Symbole eine Rolle:

Symptome der Unternehmenskultur

verbale	interaktionale	artifizielle (objektivierte)
Geschichten Mythen Anekdoten Parabeln Legenden, Sagen, Märchen Slogans, Mottos, Maximen, Grundsätze Sprachregelungen Jargon, Argot, Tabus Lieder, Hymnen	Riten, Zeremonien, Traditionen Feiern, Festessen, Jubiläen Konventionen Konferenzen, Tagungen Vorstandsbesuche, Revisorbesuche Organistations-entwicklung Auswahl und Einführung neuer Mitarbeiter; Beförderung Degradierung, Entlassung, freiwillige Kündigung, Pensionierung, Tod Beschwerden Magische Handlungen (Mitarbeiterauswahl, strategische Planung usw.) Tabus	Statussymbole Abzeichen, Embleme, Geschenke, Fahnen Logos Preise, Urkunden, Incentive-Reisen Idole, Totems, Fetische Kleidung, äußere Erscheinung Architektur Arbeitsbedingungen Plakate, Broschüren, Werkszeitung schriftlich fixierte Systeme (z. B. der Lohnfindung), Einstufung, Beförderung

Diese Hinweise auf die Unternehmenskultur können aus zwei Perspektiven interpretiert werden. Die erste entspricht der zweckrationalen Betrachtung, die dem betriebswirtschaftlichen Verständnis einer Organisation gleicht. Das Verwaltungsgebäude einer Großbankzentrale soll in diesem Sinne dafür geeignet sein, für die Mitarbeiter angemessene Arbeitsplätze bereit zu halten, Kunden zu empfangen, Konferenzen und Versammlungen durchzuführen sowie – im Sinne einer PR-Maßnahme – auch Kunstausstellungen, Podiumsdiskussionen und Konzerte zu veranstalten. Dies ist die eine, die rationale Sicht. Sie aber beantwortet die Frage nicht, warum beispielsweise das Gebäude alle anderen im Stadtteil überragt, warum die Eingangshalle in einer kaum genutzten, Platz verschwendenden Größe ausgelegt ist. Sollen hier Größe und Macht demonstriert werden? Sollen sich Besucher klein und demütig vorkommen? Dies könnten Vermutungen sein, die man freilich nicht an einem der Symptome allein überprüfen kann, sondern die einen Zugang von unterschiedlichen Sichtweisen über verschiedenartige Symptome der Kultur erfordern. Hier kann der Wissenschaftler Anleihen bei der Kulturforschung, der Ethnologie machen. Entsprechend kann man in ähnlicher Weise, wie man es dort bei der Deutung der Rituale und der sozialen Regeln eines bislang von Fremden kaum besuchten Stammes im brasilianischen Urwald tut, die scheinbar so rationalen Verhaltensweisen bei Siemens oder einem anderen Großunternehmen deuten und interpretieren.

Unternehmenskulturen wandeln sich – wie andere Kulturen auch – beständig, sie sind aber nur schwer gezielt gestaltbar. Am ehesten geht dies noch in einem kleineren, auf eine Zentralperson, beispielsweise den Gründer, fixierten Familienunternehmen, dessen Wertorientierungen sich schließlich in den Strukturen und Regeln des Unternehmens, in den Wertorientierungen und Verhaltensweisen der Mitarbeiter, in der Ausstattung der Büros oder dem Marktauftritt widerspiegeln.

Beispiel: Der Gründer eines Lebensmittel produzierenden Unternehmens, der es in relativ kurzer Zeit zu einer beachtlichen Größe führte, war ein überaus misstrauischer Mensch. Zu seinen grundlegenden Annahmen zählte es, dass seine Mitarbeiter in egoistischer Weise ihren eigenen Vorteil suchen, ihn um sein mühsam erarbeitetes Geld bringen und sich am liebsten vor der

Arbeit drücken würden. Über seine Lieferanten und Kunden dachte er ähnlich. »Niemandem kann man trauen!« und »Vertrauen ist gut, Kontrolle ist besser!« waren stets seine Worte. Entsprechend gab es in seinem Unternehmen fast keine Mitarbeiter, die sich vertrauensvoll einem anderen öffneten – sei es, dass sich solche dort nicht bewarben, sei es, dass ihnen nach kurzer Zeit im Betrieb eine solche Haltung ausgetrieben worden war. Kennzeichnend für die Kultur im Unternehmen waren unter anderem ein starres Zeiterfassungssystem an der Pforte, das bis hinauf zu den Vorgesetzten die Aufenthaltszeiten im Unternehmen minuziös kontrollierte, außerdem ausgefeilte Spesenabrechnungen für alle Mitarbeiter, die dienstlich abwesend waren, die Verpflichtung, dass jede finanzielle Entscheidung, die einen Betrag von 1.000 Euro überstieg, über den Schreibtisch des Unternehmers laufen musste sowie eine Unzahl schriftlich festgelegter Regeln und Bestimmungen, die das Verhalten im Unternehmen steuerten. Im Umgang mit Lieferanten und Kunden galt nicht das gesprochene Wort oder gar ein Handschlag, sonders es wurde alles in Form von Verträgen schriftlich fixiert und von einem Hausjuristen überprüft. Überspitzt könnte man sagen: Das Unternehmen war das Spiegelbild des Gründers.
Sein Sohn allerdings war ganz anders. Er hatte studiert und die Normen des offenen Umgangs miteinander, des freien Wortes, des Lernens und Arbeitens im Team und der Wahrnehmung des Menschen als eines autonomen Wesens verinnerlicht. Als der Vater unerwartet verstarb und der Sohn relativ kurz nach Abschluss des Studiums die Führung des Unternehmens übernahm und sich als »Befreier der geknechteten Mitarbeiter« feiern lassen wollte, war allgemeine Verunsicherung die Folge. Ältere Führungskräfte, die ganz am Gründer orientiert waren, verteidigten die von diesem geschaffenen Regeln. Der Junior jedoch gab nicht nach, bestand – unterstützt durch Berater – auf partizipativen Führungskonzepten, vermehrter Projektorganisation sowie der Reduzierung schriftlich fixierter Regelungen und technischer Überwachungsinstrumente. Einige der jüngeren Führungskräfte unterstützten ihn, zwei Ältere kündigten, andere resignierten und zogen sich in die innere Kündigung zurück. Der Junior stell-

te dafür Neue ein, die seines Geistes waren, was letztlich zu einer »Kulturrevolution« führte, die für das Unternehmen eine Krise darstellte, durch die auch Kunden- und Lieferantenbeziehungen berührt wurden. All dies hatte zur Folge, dass das Unternehmen schließlich drei Jahre nach der Übernahme durch den Junior eine veränderte Kultur aufwies.

Was in kleineren Unternehmen – insbesondere in Familienunternehmen – möglich erscheint, ist in dieser Form in Großunternehmen kaum vorstellbar. Die Macht ist weit weniger auf eine Person konzentriert; in den verschiedenen Zweigwerken, Bereichen und Abteilungen entwickeln sich jeweils voneinander abweichende Subkulturen, Traditionen, Normen. Diese haben sich bis zur Starrheit verfestigt und zeigen gelegentlich auch dort Wirkung, wo man es nicht erwarten würde. Dennoch kann auch hier – zum Beispiel durch eine konzertierte Aktion des Aufsichtsrats und des Vorstands – im Sinne eines »Macher«-Ansatzes die Kultur verändert werden, was dann allerdings eine längere Zeitspanne beansprucht.

Beispiel: Die einstige »Bayerische Hypotheken- und Wechselbank« war eine recht erfolgreiche Regionalbank, deren Image auf dem Markt freilich etwas überspitzt so aussah, dass dieses Institut seine Stärke vor allem in bayerischen Dörfern habe und dort den Bauern für die Renovierung ihrer Scheunen die Finanzierung bereitstelle, jedoch für internationale Finanzgeschäfte inkompetent sei. Im Inneren wurde das Haus patriarchalisch – in einer Mischung aus autoritärem und wohlwollendem Verhalten – geführt. Dieses Bild, die ihm zu Grunde liegenden Strukturen und die entsprechende Kultur sollten nun nach dem Willen von Vorstand und Aufsichtsrat nachhaltig reformiert werden. Der Name wurde in »Hypo-Bank« gewandelt, Vorstandsmitglieder wurden von einem weltweit operierenden Elektronikkonzern abgeworben, ein weithin sichtbares, noch heute sehr modern wirkendes Verwaltungsgebäude in München wurde errichtet, das sich als vielfach dysfunktional erwies, jedoch durch seine moderne Architektur, seine verspiegelten Glasflächen und seine Größe, Stärke, Modernität, Originalität und Internationalität ausdrückte. Arbeitsprozesse wurden in starkem Maße elektronisiert, und das Gespräch zwischen den Führungsebenen durch ein speziell geschaffenes, beim Vorstand aufgehängtes Ressort »Kultur und Kommunikation« verbessert. Ein nachhaltiger Wandel der Kultur zum technologisch Fortschrittlichen, kommunikativ Offenen war die Folge. Bis schließlich eine Fusion mit einem Mitbewerber der Kulturentwicklung eine gänzlich andere Richtung gab.

Was hat die Unternehmenskultur mit der Motivation der Mitarbeiter zu tun? – Dies wurde bereits angedeutet und sei noch einmal differenziert. Im Zentrum der Kultur stehen Werte, die sich in dem ausdrücken, was im Unternehmen gesprochen, getan und geschaffen wird. Auch Mitarbeiter haben ihre Wertorientierungen, die dem, was das Unternehmen für wichtig erachtet, mehr oder weniger entsprechen. Erlebt man die Kultur so, dass sie den eigenen Auffassungen vom Wünschenswerten entspricht, so wird man sich mit ihr identifizieren, begeistert mitwirken und dies nahezu als Selbstverwirklichung erleben. Da die Unternehmenskultur mittelfristig auch das Image des Unternehmens auf dem Personalmarkt prägt, werden sich solche Personen bewerben, die dieser Kultur entsprechen, während andere sich abwenden. Dies ist selbstverständlich der Preis.

Bleiben wir bei dem soeben geschilderten Beispiel. Personen, die sich in der alten Kultur besonders wohl fühlten, die Enge des Vertrauten und Regionalen als Quell von Sicherheit erlebten und den kalten Wind des internationalen Wettbewerbs beziehungsweise die Verpflichtung zur Selbstständigkeit und Verantwortungsübernahme bedrohlich fanden, dürften sich nach dem Kulturwandel kaum noch von dem Unternehmen angesprochen und in diesem heimisch gefühlt haben. Sie verließen es, zogen sich in die innere Kündigung zurück und wurden nach und nach eher von solchen Personen ersetzt, die in der Modernität, in den internationalen Geschäften, in der Arbeit mit hochelektronisierten Prozessen beziehungsweise in der Eigenverantwortung eine Herausforderung sahen. Diese freilich wurden durch die neue Kultur nicht nur angezogen, sondern auch motiviert und in hohem Commitment an das Unternehmen gebunden.

Das Unternehmen ist – bei der Betrachtung aus einem bestimmten Blickwinkel – eine Kultur. Einige Teilaspekte dieser Kultur sind nun für die **Identifikation** der Mitarbeiter mit dem Unternehmen und darum für deren Motivation besonders wichtig.

Vision und Leitbild

Kaum ein qualifizierter Berufstätiger wird sich damit zufrieden geben, bei der Arbeit gut zu verdienen. Er sucht in der beruflichen Tätigkeit auch Kontakt mit anderen Menschen, Geltung und Ansehen, Einflussmöglichkeiten mit Gestaltungschancen aber – und darum soll es jetzt gehen – ebenso Sinn und Orientierung.

Stellen Sie sich folgendes Gespräch vor. Es sagt jemand zu seinem Freund: »Lieber Freund, du hast ja wirklich Glück gehabt. Du hast einen angenehmen Job, bei dem du mit ausgesprochen netten Kolleginnen und Kollegen arbeitest, viel Freiraum hast, über ein wunderschönes klimatisiertes Büro mit Blick auf einen Park verfügst, aber – jetzt sei mal ehrlich! – was ihr da tut, ist doch für keinen Menschen auf der Welt für irgendetwas nützlich!« Man stelle sich die Reaktion des so Angesprochenen vor …!

Es gibt eine Vielzahl von Hinweisen darauf, dass Menschen in ihrem Handeln **Orientierung und Richtung** suchen. Sie wollen das, was sie tun, als sinnvoll erleben und bedeutsam für größere Zusammenhänge. So ist es selbst für einen gewerblichen Arbeitnehmer in der Produktion wichtig zu wissen, welchen Stellenwert sein Handgriff für das schließlich fertige Produkt hat. Ein Sachbearbeiter in der Verwaltung ist sicherlich frustriert, wenn die Arbeit, der er sich drei Tage lang gewidmet hat, ungelesen in einem Papierkorb landet. Unser berufliches Handeln soll Beitrag für etwas sein, das wir schätzen und für gut halten.

Die Formulierung eines Leitbildes kann dabei helfen. Im Rahmen eines Leitbildes wird in der Regel schriftlich festgehalten, was das Unternehmen anstrebt und wie es sich selbst definiert. Dabei gilt als eine Faustregel, dass zwischen einer knappen Präambel und einem Schlusswort maximal sieben Leitsätze stehen sollen, die jeweils durch maximal sieben kurze Sätze erläutert werden. Die Kernsätze beziehen sich zum Beispiel auf die geplante Zukunft des Unternehmens, auf seine Beziehung zu den Mitarbeitern, zu den Kunden, zum Umfeld, zur Umwelt und Ähnliches mehr. Die folgende Darstellung visualisiert die äußere Struktur eines Leitbildes.

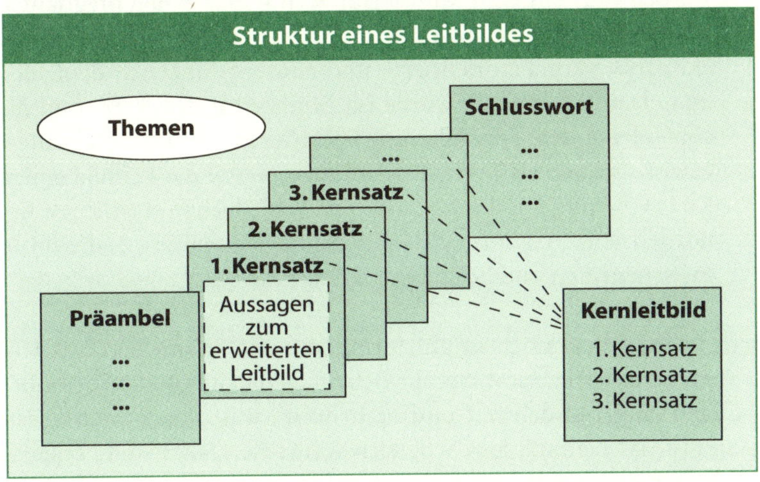

Selbstverständlich gibt es vielerlei Qualitätsunterschiede bei der Gestaltung eines Leitbildes. Manche sind verwaschen formuliert, unprägnant gegliedert oder wiederholen immer gleiche Botschaften mit anderen Worten. Viele sind jenen anderer Unternehmen zum Verwechseln ähnlich. All dies aber macht nicht zentral den Wert oder Unwert eines Leitbildes aus. Viel wichtiger ist der **Prozess der Entstehung**, die unternehmensinterne Kommunikation darüber sowie ein Handeln, das dem Leitbild entspricht.

Dagegen wird vielfach verstoßen. Dies geht im Extrem so weit, dass Vorstand oder Geschäftsführung einen externen Werbetexter mit der Formulierung eines Leitbildes beauftragen, über die Annahme des Textes im engsten Führungskreis beschließen, den Text dann in guter, grafisch optimierter Gestaltung auf Hochglanzpapier drucken lassen, diesen dann gemeinsam mit dem externen Berater im Unternehmen vorstellen und die Hochglanzbroschüre verteilen.

Der Ministerrat eines deutschen Bundeslandes beschloss beispielsweise – angeregt durch das Vorbild größerer Industrieunternehmen – auch für die staatliche Verwaltung ein Leitbild formulieren zu lassen. Eine Beratungsfirma wurde damit beauftragt. Ein sprachgewandter junger Mann formulierte – nachdem er durch einen Mitarbeiter des Innenministeriums darauf hingewiesen worden war, was dem Ministerrat wichtig ist – einen prägnanten Text, in dem es um Formulierungen wie »bürgernah«, »flexibel«, »kreativ«, »kundenorientiert« und »unternehmerisch denkend« ging. Der Textentwurf wurde im Ministerrat diskutiert und die eine oder andere Formulierung leicht verändert. Danach stellte – gewissermaßen als Testlauf – der junge Berater das Leitbild einem Kreis von Führungskräften aus unterschiedlichen staatlichen Behörden vor. Er kam nicht weit. Seine Vorstellung erstickte in Zwischenrufen und höhnischem Gelächter …

Ein Leitbild mag noch so gut formuliert sein. Wenn der Text von einem Fremden stammt, der die Betroffenen kaum in die Formulierungen eingebunden hat und nicht weiß, was diesen wichtig ist, dann ist das Leitbild zum Scheitern verurteilt. Daher sollte Folgendes beachtet werden:

- Ein Leitbild sollte in einer Vielzahl moderierter Workshops entstehen. Alle Bereiche und Ebenen des Unternehmens sollten exemplarisch mit einbezogen werden, damit die Mitarbeiter zum Ausdruck bringen können, was ihnen wichtig ist und was sie sich vom Unternehmen wünschen.
- Die Endformulierung des Leitbildes sollte von einer Projektgruppe geleitet werden, der wiederum Vertreter mehrerer Ebenen und Bereiche sowie Vorstandsmitglieder und möglicherweise ein externer Berater angehören.
- Die Vorstellung des Leitbildes sollte von den Vorgesetzten aller Ebenen für ihre jeweiligen Verantwortungsbereiche übernommen werden. Dabei sollte sehr konkret darüber gesprochen werden, was sich nun ändern soll und wie das konkrete Verhalten – aufgezeigt an Beispielen – künftig aussehen sollte.
- Die Handlungsweisen im Alltag, insbesondere auch jene der Vorgesetzten, sollten dem Leitbild entsprechen und dieses so mit Glaubwürdigkeit und Leben erfüllen.

Beispiel: Im neuen Leitbild eines großen deutschen Konzerns der Elektronikbranche steht der Kernsatz »der Kunde bestimmt unser Handeln«. In einer der Abteilungen dieses Konzerns war es ein wesentlicher Bestandteil der Kultur, dass die allmonatlichen Sitzungen, die der Geschäftsplanung für die nächsten vier Wochen dienten und vom Vorgesetzten einberufen und geleitet wurden, »heilig« waren. Jeder, der nicht gerade krank war, hatte pünktlich zu erscheinen. Die Sitzung genoss höchste Priorität. Kurz nach der Implementierung des Leitbildes erschien einer der Mitarbeiter um eine volle Stunde verspätet zur Sitzung. »Es tut mir Leid,« sagte er, »einer unserer Kunden erschien unangemeldet vor eineinhalb Stunden bei mir. Er war ziemlich aufgebracht und hatte eine Reklamation vorzubringen. Ich musste das mit ihm besprechen«. »Akzeptiert«, sagte der Chef. »Auch wenn es mir schwer fällt. Der Kunde bestimmt unser Handeln!«

Selbstverständlich kann auch – neben dem Prozess der Entwicklung – die Formulierung eines Leitbilds mehr oder weniger geglückt erscheinen. Dies wird zum Beispiel in der Präambel des Leitbildes der Flachglas AG deutlich, die bewusst die Relativität und Offenheit der Formulierungen für Veränderungen betont.

Präambel des Leitbildes der Flachglas AG

Unser Leitbild ist für uns Verpflichtung auf dem Weg in die Zukunft. Es setzt Schwerpunkte für unser unternehmerisches Handeln.
Nicht jedes Handeln im Unternehmen entspricht den Vorstellungen unseres Leitbildes. Wir werden es daher zum ständigen Anlass nehmen, Schwachstellen im Unternehmen aufzuspüren, die uns hindern, das Gewollte zu verwirklichen. Diese Hindernisse gilt es durch konkrete Maßnahmen beharrlich abzubauen.
Dieses Leitbild beruht auf vielen Annahmen. Sollten sie sich als unzutreffend erweisen, werden wir notwendige Korrekturen vornehmen. Auch neue Ideen werden wir aufgreifen und das Leitbild fortentwickeln.
Nur so kann unser Leitbild mit Leben erfüllt werden.

Flachglas Aktiengesellschaft
Der Vorstand

Aber auch eindeutige, von anderen Unternehmen klar abweichende Formulierungen, die für die Mitarbeiter eine wirkliche Orientierungsfunktion haben, kann man gelegentlich in einem Leitbild finden.

Aus dem Leitbild eines Familienunternehmens

1-M-1 SPEDGUT als Familienunternehmen
SPEDGUT soll auch in Zukunft ein unabhängiges Familienunternehmen sein, das sich in seiner Kultur von reinen Kapitalgesellschaften unterscheidet. Die Gesellschafter und Gesellschafterinnen bemühen sich gemeinsam mit der Geschäftsführung darum, diese Kultur in aktiver Weise zu pflegen und zu fördern.
Sollte sich einmal die Notwendigkeit ergeben, im Interesse der Unternehmensentwicklung zusätzliches Kapitel aufzunehmen oder weiter gehende Kooperationen einzugehen, dann besteht die feste Absicht, die Kontrolle der Geschäftstätigkeit nicht aus der Hand zu geben und den Charakter des Familienunternehmens zu bewahren. (…)

1-M-3 Professionelle Führungsorganisation und Systeme
Das Unternehmen SPEDGUT wird professionell geführt. Die Organisation muss den Ansprüchen eines moderenen Unternehmens vergleichbarer Größenordnung genügen. Das schließt die Unterstützung der Führung durch adäquate Systeme – wie etwa das Controlling – mit ein. (...)

2-M-1 Organische Zusammenarbeit aller Beteiligten
Alle Beteiligten bemühen sich, organisch und möglichst störungsfrei zusammenzuarbeiten. Formale Regelungen sind nur ein »Netz«, das sicherstellen soll, dass in Einzelfällen auftretende Friktionen nach verlässlichen und fairen Regeln aufgelöst werden können. Wenn diese Regelungen ständig in Anspruch genommen werden (»Dienst nach Vorschrift«), ist die Effizienz der Organisation nicht mehr gewährleistet.

2-M-2 Einbeziehung der Eigentümerfamilie in die Geschäftsführung
Die Heranführung von Mitgliedern der Eigentümerfamilie an die Geschäftsführung ist Aufgabe der Gesamtgeschäftsführung.

2-M-3 Anzahl der Ressorts
Die operative Geschäftsführung der SPEDGUT verteilt sich auf vier Ressorts. Ein fünftes Ressort kann eingerichtet werden, wenn es die Komplexität der Aufgabe opportun erscheinen lässt. (…)

Dieses Leitbild eines Familienunternehmens macht deutlich, dass geeignete Führungsnachwuchskräfte, die der Familie angehören, bewusst bei Stellenbesetzungen bevorzugt werden. Junge Fremdmanager erhalten so eine klare Tätigkeitsvorschau und werden – wenn sie sich dennoch für das Unternehmen engagieren – kaum auf diesem Felde enttäuscht.

Wirkung und Kraft entfaltet aber ein Leitbild nur dann, wenn es mit den anderen Instrumenten der Führung und Personalarbeit vernetzt ist. Es stellen sich dann die Fragen: Entsprechen die Kriterien bei der Personaleinstellung, bei der Personalbeurteilung, bei der Beförderung oder bei Gehaltserhöhungen tatsächlich dem, was im Leitbild steht? Oder haben jene Personen bessere Chancen, deren Verhaltensweisen sichtbar vom Leitbild abweichen? Werden zum Beispiel in einem pharmazeutischen Unternehmen, dessen Leitbild den Kernsatz »Leistung lohnt« beinhaltet, jene Personen als Führungsnachwuchskräfte eingestellt oder befördert, deren bisherige Leistungen und deren aktuelle Leistungsfähigkeit (zum Beispiel im Assessment-Center) objektivierbar ist? Oder bevorzugt man ganz offensichtlich Kinder einflussreicher Mitarbeiter (»Mikis«) oder Kinder wichtiger Kunden (»Kukis«).

Ein Leitbild kann vor allem eine klare Orientierung geben und dadurch eine motivierende Wirkung entfalten. Diese aber wird sehr viel stärker, wenn auch eine herausfordernde **Vision** dahinter steht. Wie bereits gezeigt, muss eine wirkungsvolle Vision gut vorstellbar sein, die Möglichkeit zur Identifikation bieten, also auch emotional »aufgeladen« sein. Bei entsprechender Anstrengung muss sie als realisierbar erscheinen, jedoch als Spitzenanspruch verstanden werden. Im Alltag muss sie von Leben erfüllt sein und darf nicht allein Gegenstand von »Sonntagsreden« sein. Eine derartige Vision kann sich auf die innere Verfasstheit des Unternehmens beziehen.

Wenn ein Spitzenmanager der Siemens AG öffentlich erklärt: »Mein Traum sind 464.000 kleine Unternehmer«, so ist das in diesem Sinne ein Spitzenanspruch, der unternehmerisch denkende Mitarbeiter des Hauses sehr wohl motivieren kann und Bewerber, die sich künftig unternehmerischen Freiraum wünschen, anziehen wird.

Hier aber ist es besonders wichtig, dass die Kultur des Unternehmens Realisierbarkeit zulässt. Wenn Mitarbeiter im Vertrauen auf die Vision eigene Initiativen entwickeln, dann aber durch bürokratische Regelungen massiv gebremst und von ihren Vorgesetzten zurückgepfiffen werden, dann entpuppt sich eine derartige Vision als »leere Blase« und hinterlässt nicht Aufbruchstimmung, sondern Ernüchterung, Frustration und Demotivation.

Ähnliches gilt, wenn sich die visionäre Aussage, die sich konkretisieren muss, auf das Ergebnis des Tuns, das Produkt, die Dienstleistung oder Idee bezieht.

Wenn ein Hersteller von Automobilen der Premiumklasse in visionärer Weise erklärt: »Das Beste oder nichts«, dann ist dies ein motivierender Anspruch. Dieser bricht dann in sich zusammen, wenn die Mitarbeiter sehen, dass in der Forschung, in der Entwicklung und in der Produktion das Diktat des Rotstifts herrscht und qualitativ bessere Materialien und Lösungen der Maxime des Kostensparens zum Opfer fallen.

Noch wirksamer – Glaubwürdigkeit immer vorausgesetzt – sind Visionen, die sich auf die Wirkung dessen beziehen, was im Unternehmen getan werden soll.

Wenn zum Beispiel ein Hersteller pharmazeutischer Mittel erklärt: »Wir wollen Aids besiegen«, ein Anbieter auf dem Internet-Sektor: »Wir wollen das Wissen demokratisieren und jedermann den Zugang zu dem eröffnen, was in der Welt gewusst wird!«, oder der Vorstand eines Automobilunternehmens verkündet: »Wir wollen unseren Beitrag zum Bewahren der Umwelt leisten und in zehn Jahren nur noch Fahrzeuge mit der Schadstoffemission null bauen!«, so lässt sich deren motivierende Wirkung erahnen. Sie wird besonders deutlich in dem viel zitierten Satz des französischen Schriftstellers Antoine de Saint-Exupéry: »Wenn du ein Schiff bauen willst, dann trommle nicht Männer zusammen, um Holz zu beschaffen, Aufgaben zu vergeben und die Arbeit einzuteilen, sondern lehre die Männer die Sehnsucht nach dem weiten, endlosen Meer.«

Menschen wollen etwas Sinnvolles tun und darauf stolz sein. Sie wollen sich nicht dessen schämen, was sie erarbeitet haben. Dazu noch ein konkreter Fall:

Vor nicht allzu langer Zeit war es in Deutschland noch gestattet, Dünnsäure in der Nordsee zu verkappen. Allerdings wandten sich Umweltschutzorganisationen wie Greenpeace bereits vehement und öffentlich sichtbar gegen derartige Praktiken. In jener Zeit interviewte ein Team von Psychologen Offiziere und Mannschaften auf Schiffen, die diese umstrittene Arbeit leisteten. Das Ergebnis war überraschend. Mehr als die Hälfte der Besatzungsmitglieder hatte nicht einmal dem eigenen Lebenspartner »gebeichtet«, welche Aufgaben sie erfüllten. So sehr schämten sie sich ihres Tuns ...

Scham demotiviert. Auf der anderen Seite kann Stolz durchaus motivierende Wirkung haben und mit Zufriedenheit erfüllen. Auch hierzu ein Beispiel:

Ein mittelständisches Unternehmen des Tiefbaus litt darunter, dass der Straßenbau in der Gesellschaft vielfach als ökologische Sünde gebrandmarkt wurde. Das zu entsorgende Material, das bei Reparaturen oder Neugestaltungen von Straßen entstand, galt als überaus umweltunverträglich und musste als Sondermüll entsorgt werden. Daraufhin wurde die eigene kleine Forschungs- und Entwicklungsabteilung damit beauftragt, ein geeignetes Recyclingverfahren zu entwickeln. Die Forschungsarbeiten führten zum Erfolg und bald bestand die Hauptaktivität des Unternehmens darin, auch das von den Mitbewerbern zu entsorgende Material gegen Gebühr zu verarbeiten und sodann für die Wiederverwendung zu vermarkten. Die Mitarbeiter waren stolz auf diesen Erfolg, auf ihre Pioniertat auf dem Gebiete umweltverträglichen Handelns, und arbeiteten hoch motiviert und zufrieden auf dem neu erschlossenen Betätigungsfeld.

Es gibt zahlreiche Hinweise und einige empirische Studien, die dafür sprechen, dass das Ansehen, das die Produkte und Dienstleistungen eines Unternehmens in der Öffentlichkeit genießen, und das Image, das das Unternehmen selbst hat, auf die Mitarbeiter zurückwirkt und für deren Motivation und Zufriedenheit wichtig ist.

Werden zum Beispiel die von einem Automobilhersteller ausgelieferten Fahrzeuge in der Fachpresse als rückständig, reparaturanfällig, qualitativ minderwertig beurteilt und sinkt damit das Image des Herstellers in der Öffentlichkeit, so bröckelt auch der Stolz der Mitarbeiter. Sie schämen sich dafür, bekennen sich in der Öffentlichkeit nicht zu ihrem Arbeitgeber und werden unzufrieden.

Ähnliches lässt sich beobachten, wenn ein Unternehmen in die Schlagzeilen gerät, wenn beispielsweise auf unkorrekte Finanzmanipulationen, auf Bestechungen und ähnlich Negatives mehr verwiesen wird. Dies mit Hilfe der Öffentlichkeitsarbeit zu heilen ist zugleich eine Maßnahme, die auch nach innen wirkt, zur Remotivierung der Mitarbeiter sowie zur Wiederherstellung ihrer Zufriedenheit beitragen kann. Dabei darf sich diese Arbeit der Öffentlichkeit gegenüber nicht auf schöne Worte beschränken. Public Relations (PR) werden ja vielfach salopp wie folgt definiert: »Tue Gutes und rede darüber!« Es gilt also entsprechend im Unternehmen zunächst einmal Gutes zu tun, beispielsweise die Angebote zu verbessern, die Produktionsprozesse, die Strategien, die Personalpolitik, die Umweltschutzmaßnahmen zu optimieren, bevor dann über das Geleistete gesprochen wird.

Werteorientierte Personalarbeit

Die Identifikation der Mitarbeiter mit Unternehmen wirkt nachhaltig, wenn die persönlichen Orientierungen den Werten entsprechen, die im jeweiligen Unternehmen hochgehalten und mit Nachdruck verfolgt werden. Die Werte eines Unternehmens zeigen sich dabei nicht nur in dem, was im gemeinsamen Handeln angestrebt wird, sondern auch in den Strukturen. In diesem Sinne lässt sich eine streng hierarchische Struktur in der Organisation als Hochschätzung des Wertes Befehl und Gehorsam interpretieren, ein Zeiterfassungssystem an den Ein- und Ausgängen des Unternehmens als

Ausdruck dafür, dass die Werte Pünktlichkeit und Kontrolle sehr geschätzt werden.

Ist den Mitarbeitern das wichtig, was im Unternehmen angestrebt wird, dann werden sie sich dort wohl fühlen. Haben sich dagegen ihre eigenen Wertorientierungen nachhaltig gewandelt, so werden die Regelungen des Unternehmens als **»erstarrte Strukturen«** erlebt, dem dann die Menschen mit **gewandelten Wertorientierungen** verständnislos, fremd oder gar feindlich gegenüberstehen. Sie können sich damit nicht identifizieren.

An dieser Überlegung orientierten sich nun einige Unternehmen. Sie versuchten, die sich auftuende Kluft zwischen der Organisation und ihren Mitarbeitern, insbesondere den jüngeren, nicht dadurch zu schließen, dass man ausdrücklich solche Mitarbeiter auswählte, die in ihren Wertorientierungen zum Unternehmen passten, oder die Mitarbeiter so im Unternehmen zu prägen und zu sozialisieren, bis sie dem im Unternehmen Gewollten entsprachen. Man ging den umgekehrten Weg. Die Strukturen, Regeln und Orientierungen des Unternehmens sollten dem angeglichen werden, was den Mitarbeitern wichtig und erstrebenswert erscheint. Dabei standen keineswegs allein Humanziele im Vordergrund, sondern die Maßnahme diente dem Ziel, die Identifikation der Mitarbeiter mit dem Unternehmen und damit ihrer Leistungsbereitschaft zum Wohle des wirtschaftlichen Erfolgs des Unternehmens zu nutzen.

Besonders bekannt geworden sind in diesem Zusammenhang die Maßnahmen von BMW zur so genannten »werteorientierten Personalarbeit« (Bihl 1995), die modellhaft für das gesamte Unternehmen im Werk Regensburg erprobt wurde.

Man ging dort zunächst den Weg, aus dem Studium der Verfassung der Bundesrepublik Deutschland und der Literatur zum Wertewandel 16 bedeutsame Werte zu eruieren (s. S. 212).

Werteskala der 16 Werte

Wert / Gewichtung	* 1	2	3	4	5	** 6
Orientierung des Verhaltens (Führungsverhaltens) an ethischen Zielen		I		T, S_1	S_2	N
Menschlichkeit (Humanität)/ Würde des Menschen			T, I	S_1	N, S_2	
Liberalität und Toleranz (z.B. gegenüber Randgruppen/Minderheiten)	I		T, S_1	S_2	N	
Gerechtigkeitsstreben (z.B. in der Gleichbehandlung gleicher Tatbestände)				T, I, S_1	N, S_2	
Eigentum/ Besitzstreben				N, I, S_1, S_2	T	
Prinzip von Leistung und Gegenleistung			N	I	T, S_1, S_2	
Selbstständigkeit und Individualität			I	T, S_1	N, S_2	
Selbstverwirklichung in der Arbeit			I	T	S_1, S_2	N
Selbstverwirklichung außerhalb der Arbeit		T	I, S_1	S_2	N	
Status, Macht, Hierarchie (Streben nach sozialem Aufstieg)				N, S_2	T, S_1	I

* = weniger wichtig ** = sehr wichtig

Werteskala der 16 Werte
(fortgesetzt)

Wert / Gewichtung	* 1	2	3	4	5	** 6
Streben nach sozialen Kontakten/ Gemeinschaftsgefühl		I	T, S_1	S_2	N	
Information und Kommunikation		T, I		S_1	N, S_2	
Freie Meinungsäußerung		I	T, S_1	S_2	N	
Sicherheitsstreben				T, N, S_1, S_2	I	
Sozialer Nutzen der Arbeit		T, I	S_1, S_2		N	
Demokratie (z.B. Beteiligung an Entscheidungen/ Selbstbestimmung)		I	T, S_1	S_2		N

* = weniger wichtig ** = sehr wichtig

Im nächsten Schritt wurde nun auf einer sechstufigen Skala nach dem Studium einschlägiger Untersuchungen und fachkundiger Beratungen durch Experten skaliert, wie es traditionellerweise um die Ausprägung dieser Werte in der Gesellschaft steht (T) und wie im Gegensatz dazu die neuen Werte (N) ausgeprägt sind. Danach wurde in Workshops mit Personalfachleuten und Führungskräften diagnostiziert, wie im Unternehmen BMW die aktuellen Wertrealisierungen im Sinne eines Ist-Zustandes (I) aussehen und was als derzeitiges Soll (S_1) gilt. Danach wurde unternehmenspolitisch über das künftige Soll (S_2) entschieden. Folgende Darstellung zeigt dies nochmals am Beispiel des Wertes »Information und Kommunikation«.

Werteskala Wert »Information und Kommunikation«

Wert / Gewichtung	* 1	2	3	4	5	** 6
Information und Kommunikation		T	I	S_1	N, S_2	

* = weniger wichtig ** = sehr wichtig

Man erkennt, dass in der Gesellschaft der Wert Information und Kommunikation deutlich gestiegen ist. So war zum Beispiel Geheimdiplomatie früher eine Stärke, während heutzutage nicht transparente politische Prozesse geradezu als Skandal gebrandmarkt werden. Auch in Unternehmen ist es die Regel, viele Akten mit dem Stempel »streng vertraulich« zu versehen und den meisten Mitarbeitern den Zugang zu Forschungs- und Entwicklungsräumen zu verwehren.

Das derzeitige Soll sieht etwas anders aus. Es wird zum Beispiel ausdrücklich gefordert, dass Mitarbeiter rechtzeitig und ausreichend zu informieren seien, und zwar nicht nur über Dinge, die ihren Arbeitsplatz unmittelbar betreffen, sondern über das Unternehmen insgesamt. Dieser Sollwert wird allerdings nicht realisiert. Dennoch wurde politisch ein noch anspruchsvolleres Soll gesetzt und damit eine Entscheidung im Sinne des Trends in der Gesellschaft gefällt. Personalfachleute und Führungskräfte sollten nun entsprechend Maßnahmen ersinnen, um dem Bedürfnis nach Information und Kommunikation im Unternehmen gerechter zu werden. Eine dieser Maßnahmen sei kurz geschildert.

In der Automobilindustrie gehört das Design eines neuen Modells zu den bestgehüteten Geheimnissen. Selbst die Mitarbeiter erfahren hier nichts Konkretes, obwohl erste Zeichnungen und »Erlkönigfotos« bereits in der Presse publiziert wurden. Bei BMW wurde im Werk Regensburg ein anderer Weg gewählt, um dem höheren Anspruch in Bezug auf Information und Kommunikation gerecht zu werden. Ein Jahr vor der offiziellen Vorstellung des neuen Modells, das im Werk gebaut werden sollte, wurden alle Mitarbeiter vom Werksleiter bis zur untersten Ebene in eine große Halle mit der Bitte eingeladen, keinen Fotoapparat mitzubringen. Dort wurden ihnen jene Produkte präsentiert, die sie ein Jahr später bauen würden. Sie hatten die Möglichkeit, mit Entwicklungsingenieuren und Designern zu sprechen und konnten das neue Modell im Rahmen einer »bayerischen Brotzeit« feiern.

Wie vielfältig die aus einem Wert abgeleiteten Strategien und operativen Maßnahmen aussehen können, zeigt folgende Darstellung am Beispiel »Selbstständigkeit und Individualität«.

Realisierung von Werten in der konkreten Personalpolitik

Gesellschaft/ Mitarbeiter Grundwerte	Ziele	**Personalpolitik** Strategien/ Konzepte	Instrumente/ Maßnahmen
• Selbstständigkeit und Individualität	• Schaffung persönlicher Freiräume und Wahlmöglichkeiten	• Flexibilisierung des Zusatzleistungsprogramms	• Cafeteria-System
		• Flexibilisierung der Arbeitszeit	• Teilzeit • Trennung Arbeitszeit/Betriebszeit • Gleitzeit • Brückentageregelung • Vorzeitige Pensionierung • Alternative Schichtpläne
	• Förderung der Selbstständigkeit	• Förderung der Übernahme persönlicher bzw. gemeinsamer Verantwortung	• Führungsstil • Prinzipien der Delegation (Übertragung von Aufgaben, Befugnissen und Verantwortung) • Projektmanagement/ Teamarbeit
		• System der Zielvereinbarung • Beteiligung der Betroffenen an Entscheidungen	• Beteiligung der Mitarbeiter an der Zielvereinbarung • Lernstatt/Qualitätszirkel • Organisationsentwicklungsmaßnahmen • Einbeziehung der Mitarbeiter in Arbeitsgestaltungskreise

Man erkennt, dass neben weit verbreiteten und längst gekannten Maßnahmen, wie zum Beispiel Führung nach den Prinzipien der Delegation, Projektmanagement, Qualitätszirkel, die hier lediglich in einen spezifischen Wertbezug gesetzt wurden, auch innovative, weit weniger bekannte Konzepte umgesetzt wurden. Dazu zwei Beispiele:

Beispiel 1: Das Cafeteria-System bei Lohn- und Sozialleistungen ist in Analogie zu einer Cafeteria zu verstehen, in der sich jeder seine Mahlzeit nach Wunsch zusammenstellt. Entsprechend hat der Mitarbeiter nun die Möglichkeit, im Rahmen der vereinbarten Gehaltssumme die geldwerten Leistungen des Unternehmens, seinen Wertorientierungen entsprechend, zu definieren. Die Personalabteilung leistet dabei beratende Hilfe. So kann zum Beispiel der, dem eine besonders gute Ausbildung seiner Kinder ein hoher Wert ist, kostengünstig aufgrund der Nachfragemacht des Unternehmens eine zum Teil steuerlich absetzbare Ausbildungsversicherung für die Kinder abschließen, die ihnen später Schulbesuch und Studium im Ausland ermöglicht. Ein anderer, der den Bau eines Eigenheimes plant, kann zinsgünstig eine Hypothekenfinanzierung vereinbaren und vieles mehr. Den interindividuell unterschiedlichen Wertorientierungen der Mitarbeiter kann man auf diese Weise gerecht zu werden suchen.

Beispiel 2: Die Trennung von Arbeitszeit und Betriebszeit ist ein viel diskutiertes und auch in der Politik umstrittenes Konzept. Die Investitionen für das neue Werk in Regensburg waren hoch. Für einen angemessenen »Return of Investment« reichte es nicht aus, den Betrieb nur 38,5 Stunden in der Woche zu nutzen. Ein Dreischichtmodell mit einer Produktion rund um die Uhr war wegen notwendiger täglicher Nachrüstarbeiten nicht möglich. So ging man einen anderen Weg. Gearbeitet wurde von Montag bis Samstag in drei Schichtgruppen. Jede dieser Gruppen war vier Tage lang in der Woche neun Stunden tätig, sodass insgesamt pro Tag 18 Stunden gearbeitet wurde. Die Schichtpläne waren darüber hinaus so gestaltet, dass jeder Mitarbeiter pro Monat einmal fünf Tage an einem Stück frei hatte, ohne dafür einen Urlaubstag zu opfern.

Das Modell war eine Provokation. Die Arbeitgeberverbände beklagten, dass BMW damit freiwillig in die 36-Stunden-Woche zu vollem Lohnausgleich einsteigen wolle. Die Gewerkschaften liefen dagegen Sturm, dass am Samstag gearbeitet werden und der einzelne Arbeitstag neun Arbeitsstunden umfassen soll. Als Konfliktlösung wurde eine Betriebsvereinbarung zwischen Werksleitung und Betriebsrat geschlossen, die das Konzept sicherte. Dies löste bei den Mitarbeitern mehrheitlich große Zufriedenheit aus, die die 4-Tage-Woche sehr begrüßten. Die neue Regelung kam auch den Interessen des Unternehmens entgegen, das eine ausreichende Rentabilität der neuen Produktionsanlage forderte. Die Entscheidung entsprach auch den Zielsetzungen der Stadt Regensburg, die dadurch zu einer 20-prozentigen Reduzierung der Infrastrukturbelastung durch das neue Werk kam.

Das Konzept der werteorientierten Personalarbeit wurde zum Erfolg. Andere BMW-Werke übernahmen viele jener Maßnahmen, die sich bewährt hatten. Die Kennzahlen im Werk Regensburg – man denke an Fehlzeiten, Fluktuation, Ausschuss, Produktqualität etc. – waren überdurchschnittlich gut, was freilich nicht allein durch das innovative Personalkonzept verursacht sein muss. Der Begriff »werteorientierte Personalarbeit« ist natürlich vielen Mitarbeitern des Werkes gar nicht bekannt, was allerdings der Wirkung dieses Konzeptes keinen Abbruch tut.

Beispiel: Fragt man einen Produktionsarbeiter in Regensburg, was er von der werteorientierten Personalarbeit halte, so antwortet er möglicherweise: »Davon habe ich noch nie gehört.« Fragt man ihn dagegen, wie er das Arbeitszeitmodell einschätzt, so wird die Antwort lauten: »Das finde ich ausgezeichnet!«

Symbolisches Management

Von Führungskräften sagt man, dass sie in der Regel ein hohes **Ansehen** hätten. Den Begriff »Ansehen« kann man dabei wörtlich nehmen. Überall dort, wo wir organisiertes soziales Leben beobachten können – sei dies im Hühnerhof, in einer Paviankolonie oder im Industriebetrieb – wird derjenige, der in der Hackordnung oder in der Hierarchie oben steht, von den anderen häufig angesehen. Diese orientieren sich in ihrem Verhalten an den Aktionen des Alpha-Tiers beziehungsweise des »Hierarchen« und richten sich daran aus.

Beispiel: Der Verhandlungsführer eines Unternehmens erwartet einen ausländischen Gesprächspartner, um über ein »Joint Venture« zu versprechen. Es kommt allerdings überraschenderweise nicht eine Person, sondern eine Delegation, die aus vier Vertretern des ausländischen Unternehmens besteht. Der Beauftragte weiß nun nicht, wer von diesen Vieren »das Sagen hat«. Er tut nun gut daran, darauf zu achten, wer von diesen am meisten angesehen wird, wenn einer aus der Gruppe seinen Redebeitrag beendet hat. Dieser nämlich sichert sich ab, will wissen, ob der »Mächtige« in den eigenen Reihen sein Argument wohlwollend oder kritisch aufgenommen hat und sieht ihn deswegen an.

Führungskräfte wären häufig überrascht, wenn nicht gar erschreckt, wenn sie wüssten, was alles ihre Mitarbeiter an ihnen beobachtet haben. Entsprechend werden sie auch vielfach zum Modell, zum Vorbild. Ihr beobachtetes Verhalten beeinflusst dann die Mitarbeiter weit stärker als das, was sie sagen.

Beispiel: Ein Vater beobachtet beim Blick aus dem Fenster, wie sein 7-jähriger Sohn den 5-jährigen Nachbarsbuben heftig auf dem Spielplatz prügelt. Der Vater wird zornig, er reißt das Fenster auf und schreit: »Söhnchen, komm sofort her!« Der verängstigte Sohn kommt mit furchtsam steifen Schritten nach Hause. Der erzürnte Vater empfängt ihn bereits an der aufgerissenen Tür, packt ihn am Kragen, legt ihn übers Knie, schlägt ihn und schreit: »Wie oft muss ich dir noch sagen, dass ein Größerer keinen Kleineren haut ...!«

Das am Vorgesetzten beobachtete Verhalten hat in diesem Sinne Vorbildwirkung. Der Effekt geht jedoch vielfach darüber hinaus. Dem am Vorgesetzten wahrgenommenen Verhalten, seinem Tun, seinen Aussagen wird eine Bedeutung beigemessen, die auf den ersten Blick nicht offensichtlich ist. Handlungen und Handlungsergebnisse des Vorgesetzten werden zum Symbol. Ein **Symbol** lässt sich dabei als Sinnbild verstehen, als ein Zeichen, dem eine bestimmte Bedeutung innewohnt, sodass das sinnlich Wahrnehmbare und die zugeschriebene Bedeutung ineinander übergehen und so ihre Wirkung entfalten.

Beispiel: Die Fahne eines Staates ist für dessen Bewohner, insbesondere für die im Kampf stehenden Soldaten, mehr als ein farbiges Stück Stoff, das im Winde flattert. Es steht für Vaterland, Heimat, Ehre. Manch einer, der die Fahne in den Händen der Feinde sieht, ist entsprechend bereit, sein Leben aufs Spiel zu setzen, um sie zurückzuerobern.

Setzt man sich mit dem symbolischen Management auseinander, so ist es ratsam – ähnlich wie wir es bereits bei den Symptomen der Unternehmenskultur getan haben –, die Handlungen oder Handlungsergebnisse eines Führenden auf zwei Ebenen zu deuten: der funktionalen, zweckrationalen einerseits und der symbolischen, Bedeutung verleihenden andererseits. Die Darstellung auf Seite 220 sucht dies zu verdeutlichen.

Man erkennt, dass der Führende – zum Beispiel mit einer bestimmten Entscheidung, mit einer Anweisung, einem Fachgespräch – Tatsachen setzt, die funktional und zweckrational wirken. Die Anweisung wird verstanden, ausgeführt, kontrolliert, und auf diese Weise wird im Unternehmen etwas bewegt. Zugleich aber machen sich die Mitarbeiter möglicherweise über diese Anweisung Gedanken. Warum hat der Vorgesetzte vor allem darauf geachtet und nicht auf anderes, was auch wichtig ist? Hat dies etwas zu bedeuten? Könnte das für Dinge, die man sonst zu erledigen hatte, bestimmte Konsequenzen haben? Auch diese Deutungen beeinflussen das Verhalten und steuern es symbolisch.

So verstanden, können Führende nicht »Nicht-Führen«. Alles, was sie tun, wird beobachtet und entfaltet Wirkungen, die häufig intensiver sind, als solche, die man mit Zwangsmaßnahmen, ständiger Kontrolle und nachfolgender Bestrafung zu erreichen sucht.

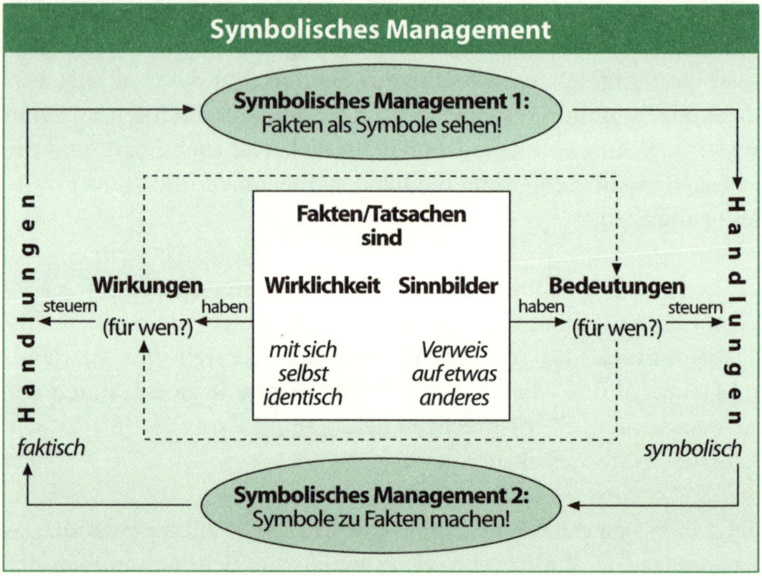

Schlussbemerkung

Es kann kein Zweifel darüber bestehen, dass die Stärkung und Entwicklung der Motivation der im Unternehmen Handelnden eine wichtige Aufgabe ist. Zum Erfolg trägt eben nicht nur das Können bei; das Wollen gehört ebenfalls dazu. Dennoch erscheint das Konzept der Motivation, so wie es in der Praxis verstanden und genutzt wird, zwiespältig. Werden Maßnahmen gewählt, die für die Betroffenen nicht transparent sind, so werden die Motivationsversuche zur **Manipulation**. Hat man einen zu engen Begriff von Motivation, indem man ihn auf »Zuckerbrot und Peitsche« reduziert, dann kann man tatsächlich von einem »Mythos Motivation« sprechen. Die erhofften Wirkungen sind dann bei reifen, selbstbewussten und qualifizierten Mitarbeitern nicht zu erwarten.

Ein angemessenes Verständnis von Motivation dagegen – wie es in diesem Buch vorgestellt wurde – hat zur Konsequenz, dass Menschen ihre Aufgaben mit größerer Freude bewältigen und zugleich durch die Arbeit die in ihnen liegenden Möglichkeiten entwickeln. Das aber liegt nicht nur in ihrem eigenen Interesse. Es hat auch zur Folge, dass Führung mit größerer Befriedigung verbunden ist und dass das Unternehmen mit und durch seine Mitarbeiter erfolgreich ist.

Literaturverzeichnis

Allport, G. (1970). Entstehung und Umgestaltung der Motive. In: Thomae, H. (Hrsg.), *Die Motivation menschlichen Handelns.* (S. 488 – 497). Köln: Kiepenheuer & Witsch.

Argyris, C. (1975). Das Individuum und die Organisation. In: Türk, K. (Hrsg.), *Organisationstheorie* (S. 215-233). Hamburg: Hoffmann & Campe.

Baumgarten, R. (1977). *Führungsstile und Führungstechniken.* Berlin: de Gruyter.

Bihl, G. (1995). *Werteorientierte Personalarbeit.* München: Beck.

Bruggemann, A. (1976). Zur empirischen Untersuchung verschiedener Formen der Arbeitszufriedenheit. *Zeitschrift für Arbeitswissenschaft, 30,* 71 – 74.

Comelli, G./Rosenstiel, L. v. ([3]2003). *Führung durch Motivation. Mitarbeiter für Organisationsziele gewinnen.* München: Vahlen.

Csikszentmihalyi, M. (1992). *Flow. Das Geheimnis des Glücks.* Stuttgart: Klett.

Etzioni, A. (1965). Organizational control structure. In: March, J.G. (ed.), *Handbook of organizations* (S. 650 – 678). Chicago: Rand McNally.

Festinger, L. (1957). *A theory of cognitive dissonance.* Evanston, Ill.: Row and Peters.

Gulowsen, J. (1972). A measure of work-group autonomy. In: Davis, L.E./Taylor, J. (ed.), *Job design* (S. 374 – 390). Harmondsworth: Penguin Books.

Guzzo, R.A./Jette, R.D./Katzell, R.A. (1985). *The effects of psychologically based programs on worker productivity: Ametaanalysis,* Personnel Psychology, 38, 275 – 291.

Hackman, J.R./Oldham, G.R. (1975). Development of the job diagnostic survey. *Journal of Applied Psychology,* 60, 159 – 170.

Heckhausen, H. ([2]1989). *Motivation und Handeln.* Berlin: Springer.

Herzberg, F./Mausner, B./Snyderman, B. (1959). *The motivation to work.* New York: Wiley & Sons.

Kehr, H.M. (2000). *Motivation und Volition. Habilitationsschrift.* Insitut für Psychologie und Pädagogik: LMU München.

Kehr, H.M. (2002). *Souveränes Selbstmanagement.* Weinheim und Basel: Beltz.

Madsen, K. (1968). *Modern theories of motivation.* Kopenhagen: Madsen & Muntesgaard.

Maslow, A.H. (1954). *Motivation and personality.* New York: Harper.

McClelland, D.C./Winter, D.G. (1969). *Motivating economic achievement.* New York: Free Press.

McGregor, D. (1970). *Der Mensch im Unternehmen.* Düsseldorf: Econ.

Müller-Fohrbrodt, G./Cloetta, B./Dann, H.D. (1978). *Der Praxisschock bei jungen Lehrern. Formen, Ursachen, Folgerungen.* Stuttgart: Klett.

Nerdinger, F.W. (1995). *Motivation und Handeln in Organisationen.* Stuttgart: Kohlhammer.

Rohracher, H. ([13]1988). *Einführung in die Psychologie.* München: Psychologie Verlags Union.

Rosenstiel, L. v. (1988). Motivationsmanagement. In: Hofmann, M./Rosenstiel, L. v. (Hrsg.), *Funktionale Managementlehre* (S. 214 – 264). Berlin: Springer.

Rosenstiel, L. v. (2001). *Motivation im Betrieb.* Leonberg: Rosenberger.

Rosenstiel, L. v./Nerdinger, F.W./Spieß, E. (1991). *Was morgen alles anders läuft.* Düsseldorf: Econ.

Rosenstiel, L. v./Nerdinger, F.W./Spieß, E. (Hrsg.). (1998). *Von der Hochschule in den Beruf.* Göttingen: Verlag für Angewandte Psychologie.

Rosenstiel, L. v./Nerdinger, F.W./Spieß, E./Stengel, M. (1989). *Führungsnachwuchs im Unternehmen.* München: Beck.

Schein, E.H. (1985). *Organizational culture and leadership.* San Francisco: Jossey-Bass.

Sprenger, R.K. ([15]1998). *Mythos Motivation.* Frankfurt am Main, New York: Campus.

Streich, R. (1994). *Managerleben.* München: Beck.

Taylor, F.W. (1911). *The principles of scientific management.* London: Harper and Brothers.

Volpert, W. (1990). Welche Arbeit ist gut für den Menschen? Notizen zum Thema Menschenbild und Arbeitsgestaltung. In: Frei F./Udris, I. (Hrsg.), *Das Bild der Arbeit* (S. 23 – 40). Bern: Huber.

Vroom, V.H. (1964). *Work and motivation.* New York: Wiley.

Weber, M. (1921) ([2]1924). *Wirtschaft und Gesellschaft. Grundriß der verstehenden Soziologie.* Köln: Kiepenheuer und Witsch.

Weiner, B. (1996). *Motivationspsychologie.* Weinheim: Beltz.